Hilary Boynton & Mary G. Bracket

Heile deinen Darm!

Mit 180 Rezepten!

Die GAPS-Diät

Nährstoffreiche Ernährung für die innere Gesundheit

Leopold Stocker Verlag
Graz – Stuttgart

Umschlaggestaltung: DSR Werbeagentur Rypka GmbH, 8143 Dobl, Thomas Hofer, www.rypka.at
Bildnachweis: Umschlagabb. Vorderseite/Umschlagabb. Rückseite/Abb. Innenteil: Mary G. Brackett

Titel der US-amerikanischen Originalausgabe: Hilary Boynton & Mary G. Brackett: The Heal your Gut Cookbook. Nutrient-Dense Recipes for Intestinal Health using the GAPS Diet. Foreword by Dr. Natasha Campbell-McBride, Chelsea Green Publishing, Vermont/USA 2014.

Aus dem Englischen ins Deutsche übertragen von Mag. Tanja Bruxmeier

Bibliografische Information der Deutschen Nationalbibliothek
Die Deutsche Nationalbibliothek verzeichnet diese Publikation in der Deutschen Nationalbibliografie; detaillierte bibliografische Daten sind im Internet unter http://dnb.d-nb.de abrufbar.

Hinweis: Dieses Buch wurde auf chlorfrei gebleichtem Papier gedruckt. Die zum Schutz vor Verschmutzung verwendete Einschweißfolie ist aus Polyethylen chlor- und schwefelfrei hergestellt. Diese umweltfreundliche Folie verhält sich grundwasserneutral, ist voll recyclingfähig und verbrennt in Müllverbrennungsanlagen völlig ungiftig.

Auf Wunsch senden wir Ihnen gerne kostenlos unser Verlagsverzeichnis zu:
Leopold Stocker Verlag GmbH
Hofgasse 5/Postfach 438
A-8011 Graz
Tel.: +43 (0)316/82 16 36
Fax: +43 (0)316/83 56 12
E-Mail: stocker-verlag@stocker-verlag.com
www.stocker-verlag.com

ISBN 978-3-7020-1536-7

Layout: DSR Werbeagentur Rypka GmbH, 8143 Dobl, www.rypka.at

In Liebe und Dankbarkeit an meine fünf großartigen Kinder: Dossie, Cooper, Campbell, Wyatt und Tanner. Und an meinen wundervollen Ehemann Nick: Mit dir macht es riesig Spaß!

HB

An meine Liebsten: Chris, den besten Partner, den sich eine Frau wünschen kann, du warst meine Inspiration, mein Ansporn, meine zweite Meinung und mein Felsen in der Brandung auf dieser wilden (und geschmacksintensiven!) Reise. Und an Chet, das wunderbarste Geschenk, das mir Zeit meines Lebens zuteil wurde … du machst mein Leben lebenswert. Ich liebe euch beide mehr, als ihr es euch vorstellen könnt.

MGB

Expert/innenmeinungen zum Buch *Heile deinen Darm! – Die GAPS-Diät*

„Die GAPS-Diät kann unser Leben verändern. Doch wie schaffen wir es, sie umzusetzen? Einsatz für Hilary Boynton! Sie ist eine vielbeschäftigte, fünffache Mutter, die die Nahrung als Medizin entdeckt hat. Zusammen mit der Fotografin Mary Brackett hat sie dieses wunderschön illustrierte Handbuch geschaffen, das die Zubereitung von köstlichen, nährstoffreichen GAPS-Gerichten in einfachen, verführerischen Rezepten veranschaulicht. Dieses Buch bietet einen familientauglichen Fahrplan zur vollständigen Wiederherstellung der Darmfunktion und unterstützt Sie dabei, die Gesundheit Ihres Darmes selbst in die Hand zu nehmen."

Dr. Joseph Mercola, Begründer von www.mercola.com

„Wenn Sie ‚Heildiät' mit Verzicht auf schmackhaftes Essen in Verbindung bringen, dann werden Sie überrascht sein: Das Buch Heile deinen Darm! – Die GAPS-Diät *macht jeden Bissen zum Genuss, während sich Ihr Körper vom chronischen Mangel an Nährstoffen und lebenslangen Verzehr industriell hergestellter Lebensmittel erholt. Die Rezepte sind köstlich und das Buch wunderschön illustriert. Es ist eine wunderbare Ergänzung zu dem, was bereits zu diesem Thema geschrieben wurde."*

Sally Fallon Morrell, Präsidentin der Weston A. Price Foundation

„Mehr als die Hälfte der Kinder in den USA sind mit einer chronischen Erkrankung diagnostiziert. Ein maßgeblicher Teil dieser Statistik lässt sich auf eine lange Liste schädlicher Einflussfaktoren zurückführen (von Antibiotika bis zu genetisch manipulierten Organismen), die die Darmgesundheit der amerikanischen Bevölkerung zunichte gemacht haben. Trotz des großen Schadens, den wir unserem Darm und unserer Immungesundheit zugefügt haben, gibt es noch Hoffnung. Grundlegend für die Genesung des Darmes ist eine nährstoffreiche, kräftigende Ernährung, wie sie die GAPS-Diät vorsieht. Heilung ist in Sicht, und das Buch Heile deinen Darm! – Die GAPS-Diät *ist ein fantastischer Begleiter auf dem Weg dorthin.*

Beth Lambert, Autorin von *A Compromised Generation: The Epidemic of Chronic Illness in America's Children,* Geschäftsführerin von Epidemic Answers und leitende Produzentin von The Canary Kids Project

„All die Jahre, in denen ich mich mit Ernährung zur Heilung von Erkrankungen – insbesondere von Erkrankungen des Darmes – beschäftigt habe, lag eines der größten Probleme darin, die Erkenntnisse hierzu an die Menschen heranzutragen und die heilbringenden Nahrungsmittel verfügbar zu machen. Zu Beginn meiner Studien waren die entsprechenden Produkte kaum wo zu finden; Ernährungspläne, Rezepte und erklärende Informationen gab es nicht. Über die Jahre hinweg begann sich das zu ändern. Bauernmärkte, Kleinbetriebe und landwirtschaftliche Kooperativen sorgen nun für eine weitläufige Verfügbarkeit. Hilarys und Marys Buch liefert wertvolle Antworten auf die Frage, wozu wir darmfreundliche Lebensmittel brauchen und wie wir sie zubereiten. Es ist ein weiterer kleiner Baustein zur Vervollständigung meiner Lebensaufgabe, denn endlich kann ich sagen: ‚Jetzt ist alles Notwendige vorhanden. Befolgen Sie einfach die Hinweise und die wunderbaren Rezepte. Meine Arbeit ist getan.'"

Dr. Thomas Cowan, Autor von *The Fourfold Path to Healing und Co-Autor von The Nourishing Traditions Book of Baby & Child Care*

„Hilary Boynton, vielbeschäftigte und leidenschaftlich engagierte Mutter von fünf Kindern, hat gemeinsam mit der herausragenden Fotografin Mary Brackett dieses wunderschöne Buch geschaffen, das auf stilvolle und präzise Weise ausgewogene, genussvolle, ansprechende und lustige Rezepte für die GAPS-Diät bereithält. Fortan wird sich beim Kochen heilbringender Mahlzeiten garantiert niemand mehr langweilen. Ein riesengroßes Kompliment an Hilary und Mary: Heile deinen Darm! – Die GAPS-Diät *ist ein Geschenk an uns alle!"*

Monica Corrado, MA, zertifizierte Ernährungsberaterin

Inhalt

Vorwort

zur deutschen Ausgabe von Damaris Pfeiffer-Böhme[1]

Was ist GAPS™?

Vermutlich ist dieses wunderbare Buch für Sie, liebe Leserin, lieber Leser, nicht das erste in Sachen „Gesunde Ernährung“: Wer zu GAPS™ findet, hat häufig für sich und/oder Familienangehörige, die unter den im Folgenden genannten rapide ansteigenden Zivilisationskrankheiten leiden, schon länger Hilfe gesucht und auch die eine oder andere Kostform ausprobiert, oft nur mit mäßigem oder zeitlich begrenztem Erfolg.

Als Heilpraktikerin in mindestens zweiter Generation – mein Vater war 40 Jahre lang „Vollblutheilpraktiker“ und meine Großmutter arbeitete schon mit Schüssler-Salzen, Wickeln, Kräutern und vielem mehr, bevor die Kurierfreiheit aufgehoben wurde – stammen meine Geschwister und ich von hochgradig allergischen Eltern ab, obwohl dieses Krankheitsbild damals noch gar nicht so richtig bekannt war.

Als Baby bzw. Kleinkind starb mein Vater fast an „Milchschorf“ – heute würde man es Neurodermitis nennen – und hatte zeitlebens nicht nur mit chronischen Sinusitiden und schnellwachsenden Polypen zu tun, deren Ursache erst in den 1980er-Jahren überhaupt bekannt wurde: massive und multiple Lebensmittelunverträglichkeiten. Mit seiner stark tuberkulinischen Konstitution erkrankte er als Jugendlicher an Diphtherie – auch hier hing sein Leben am seidenen Faden.

Natürlich frage ich mich heute, was denn damals schon diese massive Problematik ausgelöst haben könnte, war doch die Ernährung, zumal auf dem Dorf, noch wesentlich ursprünglicher und naturbelassener als das, was heute gang und gäbe ist. Ob die Pockenimpfung in diesem Zusammenhang schon eine wichtige Rolle spielte?

Meine Geschwister und ich waren als Kinder immer äußerst anfällig für Infekte aller Art, später kamen dann Heuschnupfen, Neurodermitis und andere Allergien dazu.

Obwohl meine Eltern eine gesunde Ernährung nach damaligen „neuesten Erkenntnissen“ anstrebten, meine Mutter sich viel Arbeit mit der Essenszubereitung machte und uns zum Beispiel allmorgendlich ein Müsli aus Getreideflocken mit geraspelten Äpfeln, Rosinen und Milch servierte, waren wir immer wieder krank … Heute ist mir natürlich klar, dass genau diese Kombination, die ich auch überhaupt nicht mochte, eine sehr schwer verdauliche, auf Dauer schädliche Mahlzeit war.

Als junge Frau und Mutter habe ich dann selbst die unterschiedlichsten Versuche unternommen, über verschiedene Ernährungsformen mehr Wohlbefinden zu erlangen und den Heuschnupfen loszuwerden. Leider habe auch ich meiner Familie dabei schier Unzumutbares zugemutet – immer in der Hoffnung, jetzt endlich die perfekte Ernährungsform gefunden zu haben.

Das ging so weit, dass ich mit Ende zwanzig ca. acht Monate nur Pflanzenrohkost und danach noch eine ganze Weile vegan aß – schließlich hatte ich Bücher wie *Fit for Life* von Harvey und Marilyn Diamond und Helmut Wandmakers *Willst Du gesund sein, vergiss den Kochtopf!* verschlungen und war sicher, damit den Stein der Weisen in puncto Ernährung gefunden zu haben.

Tatsächlich ging es mir auch erst einmal besser (obwohl ich im Winter erbärmlich fror) – die Sonnenallergie verschwand, Schweißfüße und Heuschnupfen gehörten der

[1] Die Autorin ist zertifizierte GAPS™-Therapeutin.

Vergangenheit an; aber ich verlor nicht nur Gewicht, sondern auch viel Muskulatur und wog mit 173 cm gerade noch 46 kg. Damals war mir noch nicht klar, was ich mir damit angetan hatte: Ich hatte zwar gründlich entgiftet – ein an und für sich begrüßenswertes Ziel, aber nun hatte ich massive Mangelerscheinungen, die mich zwangen, wieder Lebensmittel zu essen, die ich aus ethischen und anderen Überzeugungen zeitweise komplett abgelehnt hatte.

Ein paar Jahre danach, nun in eigener Praxis tätig, empfahl ich meinen Patienten häufig, Tests auf Lebensmittelunverträglichkeiten durchführen zu lassen und die Elimination verschiedener Lebensmittel brachte in vielen Fällen auch die rasche Linderung diverser Beschwerden, aber trotz versuchter Darmsanierungen fanden in vielen Fällen statt endgültiger Heilung nur Verschiebungen statt – mit der Zeit reagierten meine Patienten auf immer mehr und andere Lebensmittel und es wurde immer schwieriger, alles, was positiv testete, zu meiden.

Vor über zehn Jahren stieß ich dann bei Recherchen über gesunde Fette – ich suchte Informationen über die Schädlichkeit von Margarine – auf den Artikel „Die Wahrheit über gesättigte Fette“ von Dr. Mary G. Enig, der mich aufhorchen ließ. Im Zuge weiterer Recherchen fand ich Sally Fallons Kochbuch *Nourishing Traditions: The Cookbook That Challenges Politically Correct Nutrition and the Diet Dictocrats.* Was ich hier las, war genau 180 Grad entgegengesetzt zu dem, was meine Rohkost- und Veganbücher behaupteten. Hatte ich zum Beispiel geglaubt, Fleisch- und Knochenbrühen seien der Inbegriff aller tierischen Gifte und eine Ursache für Erkrankungen unterschiedlichster Art, wurden hier die gesundheitlichen Vorteile dieser Zubereitung beschrieben.

Ich war hin- und hergerissen, aber letztendlich überzeugte mich die Argumentation des Zahnarztes Dr. Weston A. Price, der in den 1930er-Jahren die Welt bereist und nach noch ursprünglich lebenden Volksstämmen gesucht hatte, um deren Zahngesundheit zu studieren.

Die in seinem Buch *Nutrition and Physical Degeneration* beschriebenen Erkenntnisse sind hochspannend, für meine Begriffe in sich schlüssig und brachten erstmals eine nachvollziehbare Richtung in das Gewirr theoretischer Erkenntnisse, die ich in Jahrzehnten über das Thema Ernährung angesammelt hatte. Trotzdem blieb Sally Fallons Kochbuch überwiegend ungenutzt im Schrank stehen ... Solche umständlichen und altmodischen Rezepte nachkochen? Das passte nun mal gar nicht in meinen Tagesablauf ... So setzte ich nur wenige Tipps tatsächlich um, zumal es mir persönlich recht gut ging.

Als ich dann vor gut drei Jahren auf Dr. Natasha Campbell-McBrides „GAPS™-Buch“ und ihren Blog im Internet (der Artikel „Feeding versus Cleansing“ war für mich ein Augenöffner!) aufmerksam wurde, fiel endlich der Groschen:

Hier fand ich das, was ich schon lange gesucht hatte – den Grund dafür, weshalb meine Rohkost und vegane Ernährung nur anfangs wirklich hilfreich waren und weshalb Auslassdiäten nicht wirklich funktionierten. Ferner fand ich die mir theoretisch schon vertrauten „umständlichen alten“ Ernährungstipps, aber nun in ein System gebettet, das hilft, einen geschädigten Darm dauerhaft und ganzheitlich zu heilen.

Mittlerweile mehrfache Großmutter mit Kindern, Schwiegerkindern und Enkeln, die an den unterschiedlichsten Verdauungsproblemen und Allergien leiden, habe ich das GAPS™-Buch gleich weiterverschenkt und in der Familie erlebt, wie ein Sprung ins kalte GAPS-Wasser eine komplette arbeitsmäßige Überforderung bedeuten kann. Andererseits konnte ich aber auch beobachten, wie hilfreich sich diese Kost- und Lebensform auswirkt, sobald man die ersten Herausforderungen erfolgreich gemeistert und dieses wertvolle Wissen in die Essenszubereitung integriert hat.

Um etwas Abwechslung in den Essensplan zu bringen und die Umstellung einigermaßen bewältigen zu können, habe ich damals stundenlang im Internet nach brauchbaren Rezepten gesucht und verschiedene Anleitungen auch käuflich erworben – umso mehr bin ich den beiden Autorinnen des vorliegenden Buchs von Herzen dankbar, dass sie die wertvolle Arbeit geleistet haben, eine so praxisnahe Anleitung zu schreiben, die ich in Zukunft jedem meiner Patienten empfehlen werde, der auch nur im Entferntesten seine Ernährung optimieren möchte.

Das vorliegende Buch ist eine ganz wertvolle Hilfe, die der eben beschriebenen Überforderung entgegenwirkt. Die beiden Verfasserinnen geben wunderbar praktische Tipps, die sich vielfach bewährt haben. Dieses Buch ist neben dem GAPS-Buch von Dr. Natasha Campbell-McBride praktisch Pflichtlektüre für jeden, der GAPS praktizieren möchte. Für mich als zertifizierte GAPS™-Therapeutin ist es eine Bereicherung und ein wertvolles Werkzeug, das ich keinesfalls mehr missen möchte. Ich bin überzeugt, dass auch Sie davon profitieren werden!

Die „Darm-Körper-Kopf-Verbindung"

Was ist nun das Besondere an GAPS™ und weshalb könnte diese Ernährungsform inklusive der erforderlichen Lebensstiländerungen den von Ihnen schon lange erhofften Unterschied bewirken? Zwei Zitate sollen zu Beginn der Antwort stehen:

„Ein Mensch ist das, was seine Bakterien aus ihm machen." (Kopeloff, 1930)

90 Prozent des gesamten genetischen Materials in unserem Körper stammt von den Bakterien, die in uns leben. Was bedeutet das für uns?

„Die zwei riskantesten Dinge, die ein Astronaut … mit in die Raumkapsel nimmt, sind sein Gehirn und seine Darmflora." (Bengson, 1979)

Was wäre, wenn es zwischen diesen beiden einen Zusammenhang gäbe?

Viele in unseren modernen Gesellschaften rasant ansteigenden Erkrankungen haben eine gemeinsame Ursache: die „Darm-Körper-Kopf-Verbindung". Ihre Bedeutung bei der Entstehung und Heilung vieler moderner Zivilisationskrankheiten zeigt die russisch-englische Neurologin und Ernährungswissenschaftlerin Dr. Natasha Campbell-McBride in ihrem Buch *Gut and Psychology Syndrome* – kurz GAPS™ genannt – auf.

GAPS: Dieses Wort bedeutet wortwörtlich aus dem Englischen übersetzt „Lücken" und als Kunstwort kreiert von Campbell-McBride steht es für „Gut and Psychology/Physiology Syndrome", also jenes Syndrom, das beschreibt, wie ein gestörter Darm sich auf Seele und Körper krankmachend auswirken kann – genaugenommen handelt es sich um die „Darm-Körper-Kopf-Verbindung".

Aber auch die wörtliche Übersetzung „Lücken" hat ihre Berechtigung, nicht zuletzt ist das mittlerweile sehr verbreitete „Leckdarmsyndrom" (auch „Leaky-Gut-Syndrom") durch ebendiese gekennzeichnet und bei einer Vielzahl der Beschwerden mitbeteiligt. Patienten, die darunter leiden, fallen häufig durch jedes schulmedizinische Raster. Dies sind nun keineswegs umwerfend neue Erkenntnisse: Nicht zuletzt gehört der jahrtausendealte Ausspruch des Hippokrates: „Der Tod sitzt im Darm" zu einer häufig zitierten und hoffentlich immer öfter beachteten Erkenntnis.

Dennoch kommt Campbell-McBride das Verdienst zu, in ihrem Buch *Gut and Psychology Syndrome* nicht nur die Entstehung „moderner" psychischer Erkrankungen speziell bei Kindern und Erwachsenen ausführlich und verständlich erklärt zu haben, sondern auch mit der von ihr entwickelten GAPS™-Diät eine Lösungsmöglichkeit zu bieten, die nicht nur vielversprechend klingt, sondern weltweit einen immer größeren Bekanntheitsgrad erreicht. Dieser hängt ganz sicher nicht von der Einfachheit der Durchführung, sondern von den positiven Erfahrungsberichten Betroffener ab.

Die Gründe, GAPS™ durchzuführen, sind so vielfältig wie die Störungen, die von einem fehlregulierten Darm herrühren können. Bei der folgenden Aufzählung einiger Erkrankungen darf nicht vergessen werden, dass selbstverständlich auch andere Ursachen diese auslösen oder verschlimmern können – dennoch ist ein gestörter Darm eine Gemeinsamkeit, die wir immer wieder finden.

So dürfte jedem klar sein, dass psychische Konflikte und Stresssituationen ebenso wie die ausufernde Elektrosmogbelastung, aber auch Bewegungsmangel und falsche Erwartungen an das Verhalten von Kindern einen nicht unerheblichen Anteil an Krankheitsbildern haben; selbstverständlich sind dies Faktoren, die bei der Therapie unbedingt bedacht werden sollten.

Auch Giftbelastungen der Mutter, die diese an das Ungeborene weitergibt, zum Beispiel durch Quecksilber (häufig durch Amalgamfüllungen, Impfungen, Abluft von Krematorien, zerbrochene Sparlampen, belasteten Fisch etc.), Impfungen, Medikamente und andere Schadstoffe (zum Beispiel Gifte in Möbeln, Farben, Teppichen, Trinkwasser etc. jeder Art, Körperpflegeprodukte, Reinigungsmittel, Kunststoffe, aber auch Schimmelbildung etc.) haben einen nicht unerheblichen Anteil an Krankheitsbildern von Kindern und gehören immer berücksichtigt.

Bei der Vorstellung von GAPS™ und der entsprechenden Diät beschränken wir uns allerdings mehr auf das direkt auf den Darm einwirkende und von diesem ausgehende Geschehen, ohne die erwähnten Risikofaktoren unberücksichtigt zu lassen, weshalb GAPS nicht nur eine Diät, sondern eine komplette Lebensstiländerung umfasst.

So ordnet Campbell-McBride, die als Mutter eines autistischen Sohnes selbst zu den unmittelbar Betroffenen zählte und heute als eine der bekanntesten Ernährungsexpertinnen auf diesem Sektor gilt, unter anderem folgende Erkrankungen dem unmittelbaren GAPS™-Spektrum zu: psychische Erkrankungen wie zum Beispiel Autismus, Asperger-Syndrom, Dyspraxie, AD(H)S, Legasthenie, Dyskalkulie, Depressionen, Schizophrenie, Aggressivität, Verhaltensstörungen, Bipolare Störungen, Essstörungen, Hyperaktivität, Lernstörungen, Konzentrationsstörungen, Zwangserkrankungen, Manien etc.

Bei den körperlichen Symptomen und Erkrankungen dürften nebst weiteren die Folgenden besonders häufig auftreten: Akne, Allergien, Anämie, Angina, Magersucht, Asthma, Arteriosklerose, Autoimmunerkrankungen, Blähungen, Erkrankungen im Säuglingsalter, Blutdruckprobleme, Bulimie, Atemwegsinfektionen, Cholesterinprobleme, Koliken bei Babys, Kolitis, Durchfall, Verstopfung, FPIES, Mittelohrentzündungen, Epilepsie, Ekzeme, Neurodermitis, Lebensmittelallergien und -intoleranzen, „schnöckige" Kinder (oft erstes GAPS™-Zeichen: schlechte Esser, die Süßes, Naschereien und Kohlenhydrate bevorzugen) und Erwachsene, chronische Blasenentzündung, gestörte Darmflora, Herzprobleme, Reizdarmsyndrom, Menstruationsprobleme, Nährstoffmängel, PMS, Refluxkrankheit, Sodbrennen, Gewichtsprobleme … Die Aufzählung ist nicht vollständig.

Diese vorgenannten Erkrankungen mit ihrem gemeinsamen Nenner, namentlich die Fehlfunktion des Verdauungstrakts, sind eine wahre neuzeitliche Epidemie – eine Epidemie, die trotz oder vielleicht wegen der Errungenschaften der modernen Schulmedizin ins Uferlose zu steigen scheint. Wieso nun nimmt der Darm eine so entscheidende Rolle bei der Entstehung dieser Beschwerden ein?

Hier ein paar interessante Fakten zum Thema Darm, nur in Stichpunkten und ohne Anspruch auf Vollständigkeit:

1. Ein erwachsener Mensch besitzt ca. 2 kg Darmbakterien und damit acht- bis zehnmal so viele Darmbakterien wie Körperzellen! Aufgabe des Darms: die angemessene Verdauung und Aufnahme der Nahrung.
2. Synthese (Produktion) verschiedenster Vitamine und Eiweiße mithilfe der Darmbakterien, was bei Störung nicht funktioniert und Mangelerscheinungen zeitigt.
3. Ca. 80 Prozent des Immunsystems befinden sich im Darm.
4. Ein gut funktionierender Darm ist ein wichtiger Faktor bei der Entgiftung des Körpers. So stellt Campbell-McBride fest, dass nur ein Bruchteil der GAPS™-Anwender anschließend noch eine Chelattherapie zur Ausleitung von Schwermetallen benötigt, da der wiederhergestellte Darm diese Aufgabe selbst übernehmen kann.
5. Nützliche Bakterien wirken wie Türsteher und Haushälter, sie bilden eine Barriere gegenüber unerwünschten Eindringlingen. Außerdem gewinnen sie ca. 60–70 Prozent der Energie für die Tätigkeit der Darmschleimhaut und sind die rechte Hand des Immunsystems, das sich beim Säugling ja noch entwickeln muss.
6. Pathogene (schädliche) Bakterien, Pilze und Parasiten produzieren statt Nährstoffen ihre eigenen Toxine (Gifte), die von der Blutbahn aufgenommen in jedes Organ und bis ins Gehirn gelangen können.
   Eine Vielzahl ist bekannt: Gefährliche Alkohole und ihre giftigen Nebenprodukte (manche Kinder fühlen sich, wie wenn sie dauernd verkatert sind); Neurotoxine (also Nervengifte); Gluteo- und Casomorphine bzw. entsprechende Opiate – also Stoffe mit der Wirksamkeit „harter“ Drogen etc.
7. Die Begriffe „Bauchgefühl“ und „Bauchgehirn“ verweisen auf die Wichtigkeit der Nervenzentren im Bauchraum, die maßgeblich vom Darm beeinflusst werden und enorme Informationsmengen an unser „Kopfhirn“ weiterleiten.

Wo aber liegen nun die Ursachen der steigenden Erkrankungszahlen? Und was ist zu tun?

Schauen wir uns die Entwicklung des Darms an, so besteht heute Einigkeit, dass der Darm eines ungeborenen Babys als steril angesehen werden kann. Beim Durchtritt durch den Geburtskanal übernimmt das Baby nun die Bakterien der Mutter, die sofort damit beginnen, das Neugeborene zu besiedeln. Handelt es sich um eine Vaginalflora mit vielen „guten“ Keimen, profitieren das Baby und sein sich entwickelndes Immunsystem davon. Werden dagegen schädliche (pathogene) Keime, Bakterien und vielleicht Pilze wie *Candida albicans*, ein Hefepilz von vielen, übertragen, erkennt das System des Babys diese als „normal“ und der Erste Schritt zum gesundheitlichen Verhängnis ist getan.

Auch Kaiserschnittkinder werden häufig als Erstes mit den Keimen des Krankenhauses und keineswegs mit einer physiologischen Flora konfrontiert, weshalb hier schon

Maßnahmen anzuraten sind, die auf eine Verbesserung der Darmflora gleich in den allerersten Lebenstagen abzielen.

Was aber stört die Darmflora der Mutter? Viele chemische Medikamente einschließlich Pille (so Dr. Campbell-McBride), allen voran Antibiotika, modernes Fastfood, Konservierungsmittel und stark verarbeitete Lebensmittel und Getränke kompromittieren die Flora der Mutter. Obwohl so eine Ursache generationenübergreifender Störungen nahtlos weitergegeben wird, handelt es sich keineswegs um eine erbliche Belastung und kann jederzeit mit entsprechenden Maßnahmen unterbrochen werden!

Schwangere sollten deshalb größten Wert auf eine optimale Darm- und Scheidenflora legen und diese mit geeigneten probiotischen Lebensmitteln und bei Bedarf auch mit Probiotika entsprechend „aufpäppeln". So ist es eine gute Sitte, wenn eine werdende Mutter Achseln, Brust und Unterleib zum Beispiel täglich mit einem guten selbst hergestellten Jogurt „cremt", um für eine stabile gesundheitsfördernde Flora zu sorgen. Fernerhin ist es unabdingbar, sich von nährstoffreichen und nicht industriell verarbeiteten Lebensmitteln zu ernähren – auch die Zubereitung selbst sollte sich an althergebrachten Techniken orientieren, die seit Jahrhunderten, wenn nicht seit Jahrtausenden überliefert wurden und die Lebensmittel optimal aufschließen für den größtmöglichen Nutzen und höchste Nährstoffaufnahme.

Auch das Stillen wirkt sich positiv auf die Darmflora aus – so haben gestillte Babys eine wesentlich physiologischere Darmbesiedelung als solche, die nicht gestillt werden.

Selbst wenn bei der Geburt alles optimal verläuft, folgen häufig weitere Attacken, die den Darm und das gesamte System des Babys in Mitleidenschaft ziehen können, dazu gehören unter anderem Impfungen mit ihren Schadstoffen und Antibiotika, die oft sehr undifferenziert und auch dann gegeben werden, wenn sie nicht wirklich erforderlich sind.

Erfolgt danach keine Ausleitung, Entgiftung und kein Wiederaufbau der Darmflora – wobei das Ergebnis dieses Wiederaufbaus nie mehr genau dem entspricht, was an Keimen ursprünglich vorhanden war –, wird ein weiterer Schritt Richtung Krankheitsentwicklung genommen und oft werden aus ursprünglich gesund erscheinenden Babys mit der Zeit kranke und zutiefst gestörte Kinder.

Die Behandlung von GAPS™ nach den Prinzipien von Dr. Campbell-McBride erfordert ein Abschiednehmen von vielen liebgewonnen, aber schlechten Gewohnheiten und ein radikales Umdenken. Wie schon erwähnt, beruht die Beliebtheit ganz sicher nicht auf der Einfachheit der Durchführung!

Was unterscheidet nun die GAPS™-Diät von anderen häufig praktizierten Ernährungsformen, zum Beispiel Auslassdiäten nach Allergie- und Unverträglichkeitstests wie beispielsweise gluten- und laktosefreien Diäten, die heute ja sehr beliebt und nicht selten auch recht hilfreich sein können – wenn auch oft nur anfangs?

Die GAPS™-Diät ist genau genommen eine Weiterentwicklung der Speziellen Kohlenhydrat-Diät (SCD) von Dr. Sidney V. Haas und Dr. Merrill P. Haas (beschrieben in dem Buch von Elaine Gottschall *Diät bei Morbus Crohn und Colitis ulcerosa*). Hier werden alle Mehrfachzucker gemieden und nur Einfachzucker, die im Dünndarm ohne weitere Aufspaltung aufgenommen werden können, sind erlaubt.

Campbell-McBride wandte die SCD viele Jahre in ihrer Klinik an und wandelte sie nach den Bedürfnissen ihrer Patienten ab bzw. ergänzte sie und integrierte viel „altes" Ernährungswissen, das speziell durch die Forschungen des Zahnarztes Weston A. Price in den 1930er-Jahren bekannt wurde. Dieser hatte bei seinen weltweiten Forschungsreisen auf der Suche nach zahngesunden Völkern festgestellt, dass die von der Zivilisationskost noch unberührten Bevölkerungsgruppen, die sich nicht nur gesunder Zähne bis ins hohe Alter, sondern auch bester Gesundheit insgesamt erfreuten, eine Kost zu sich nahmen, die nicht nur selbstverständlich aus der Gegend stammte, sondern immer tierische Lebensmittel – egal ob große (Eskimos, Massai etc.) oder kleinere Mengen (zum Beispiel in den Tropen) – mit den lebensnotwendigen fettlöslichen Vitaminen sowie fermentierte Lebensmittel beinhaltete.

Die über viele Generationen weitergegebenen Herstellungsverfahren garantierten einen hohen Nährstoffreichtum sowie den Abbau sogenannter Antinutrienten (zum Beispiel vielfach vorhanden in Getreiden und Nüssen). Antinutrienten (zum Beispiel Phytin) erschweren oder verwehren die Aufnahme wichtiger Nährstoffe und sind in unserer modernen Kost, die nicht mehr nach den alten, sehr zeitaufwändigen Herstellungsverfahren hergestellt wird, in hohem Maße vorhanden (zum Beispiel in modernem Brot, Frühstücksflocken etc.). Informationen zu diesem Thema finden Sie im Internet bei der Weston A. Price Foundation, die auch einige Artikel auf Deutsch veröffentlicht hat.

So zielt die GAPS™-Diät stärker auf die Heilung und Regeneration des Darms als „nur" auf eine kurzfristige Entlastung durch die Meidung bestimmter Lebensmittel. Wer von Auslassdiäten enttäuscht ist, da immer wieder neue Unverträglichkeiten auftreten oder ein anfangs verbesserter Zustand wieder abzugleiten droht, findet mit der GAPS™-Diät eine bedenkenswerte Alternative.

Nicht nur liegt das Motto von Samuel Gee (1839–1911) „Alles, was der Patient zu sich nimmt und nicht verdauen kann, schadet ihm" der GAPS™-Diät zugrunde, sondern gleichzeitig auch die Erkenntnis, dass nur eine Auswahl nährstoffreicher („nutrient dense") Lebensmittel die Bausteine zur Heilung des Darms sowie des gesamten Körpers bereitstellen kann.

Die komplette GAPS™-Therapie besteht aus drei Komponenten:

1. Ernährungsumstellung auf die GAPS™-Diät
2. Supplementation: Optimierung der Nährstoffversorgung durch Nahrungsergänzungen und Enzyme je nach Bedarf
3. Entgiftungsmaßnahmen (z. B. Bäder, Einläufe etc.) und Änderungen des Lebensstils und -umfelds (Reduzierung von E-Smog, Vermeidung herkömmlicher Pflege- und Reinigungsprodukte und andere entlastende Maßnahmen) (Eine ausführliche Beschreibung befindet sich in Natasha Campbell-McBrides bereits erwähntem Buch, das ebenfalls ab Frühjahr 2015 in deutscher Sprache zur Verfügung steht.)

Es gibt zwei bewährte Formen, die GAPS™-Diät durchzuführen:

1. die sechsstufige Einführungsdiät, kurz auch „Intro" genannt – von „Introduction Diet" abgeleitet –,

und die sogenannte

2. volle GAPS™-Diät.

Mit welcher der beiden Formen der Patient startet, liegt am Beschwerdebild.

Menschen mit starken Verdauungsstörungen und Durchfällen beginnen am besten mit der „Intro", die auch immer nach jedem Magen-Darm-Infekt (z. B. Erbrechen und Durchfall) sinnvoll ist. Liegen dagegen wenig Magen-Darm-Symptome vor oder

der Patient leidet gar an Verstopfung, ist die volle GAPS™-Diät angeraten. Sollten in diesem Fall jedoch schon viele bekannte Lebensmittelallergien und -reaktionen bekannt sein, ist auch hier die Intro zu empfehlen. Selbstverständlich handelt es sich dabei nur um eine Daumenregel und keine allgemeingültige Empfehlung. Die Gesamtdauer der GAPS™-Diät beläuft sich im Regelfall auf zwei Jahre – sie ist keine Ernährungsform, die zeitlebens eingehalten werden muss. So können nach diesem Zeitraum schrittweise wieder Lebensmittel eingeführt werden, die während der Diät verboten waren und dann wieder vertragen werden können.

Früher oder später sollte jeder GAPS™-Patient die Intro einmal durchführen, die bei leichteren Beschwerden sehr schnell durchlaufen werden kann. Grundsätzlich ist es ratsam, den Rat eines GAPS™-Therapeuten (siehe www.gaps.me) einzuholen, um individuelle Bedürfnisse zu erfassen und zu berücksichtigen.

Die Ergebnisse von Lebensmittelunverträglichkeitstests finden bei GAPS™ in der Regel nur dann Anwendung, wenn der Patient tatsächlich Symptome (dünner Stuhlgang, andere Reaktionen) aufgrund eines Lebensmittels spürt.

Bei echten Anaphylaxien müssen die problematischen Lebensmittel selbstverständlich gemieden werden und bei Unsicherheit, ob tatsächlich eine Reaktion stattfindet, empfiehlt Campbell-McBride einen selbst durchzuführenden Verträglichkeitstest, bevor ein Lebensmittel in den Ernährungsplan aufgenommen wird.

In extremen Fällen, zum Beispiel bei Säuglingen mit FPIES (Food protein-induced enterocolitis syndrome) werden trotz allgemeiner Proteinunverträglichkeit Fleisch und entsprechende Brühen mit gutem Erfolg gegeben, da diese helfen, die Darmschleimhaut abzuheilen. Sobald der Darm Heilung erfährt und sich das „Leaky-Gut-Syndrom" gebessert hat, lassen auch hier die Reaktionen nach und Säuglinge, die vorher nur noch mit oft geringem Erfolg intravenös ernährt werden konnten, gedeihen wieder (Erfahrungen von Dr. Campbell-McBride).

Dennoch bitte ich Sie in Ihrem eigenen Interesse, die von der Mitautorin Mary G. Brackett genannten „Stolpersteine" unbedingt zu berücksichtigen, da es Menschen gibt, deren Zustand einen sofortigen Einstieg in die Intro-Diät nicht zulässt, die sogar massive Verschlimmerungen erfahren können. Hier kann es notwendig sein, mit zusätzlichen Maßnahmen zu arbeiten, die individuell ganz unterschiedlich sein können, aber häufig zum Beispiel die Diagnostik des Darms und seiner Besiedelung einschließen. Probleme wie Dünndarmfehlbesiedlung (SIBO) und eine Stuhlflora, die stark Histamin produziert, können unter der GAPS-Diät Probleme verschlimmern und gehören deshalb bereits am Anfang entsprechend behandelt, ebenso können anfangs Verdauungsenzyme notwendig sein oder die Substitution bestimmter Nährstoffe, um nur ein paar der „Knackpunkte" zu nennen, damit die wertvollen Nahrungsmittel wie Fleisch- und Knochenbrühen, fermentierte Lebensmittel und ursprünglich hergestellte Speisen tatsächlich den optimalen Nutzen bringen können.

Diese letztgenannten Komponenten kommen jeder Ernährungsform zugute und können in der heutigen Zeit helfen, trotz eines modernen Lebensstils Altbewährtes nicht nur zu bewahren, sondern zum Erhalt und der Wiederherstellung von Gesundheit, Leistungsfähigkeit und Lebensfreude ganz bewusst zu nutzen.

Vorwort

von Dr. Natasha Campbell-McBride

Mütter sind meine Heldinnen! Mutterliebe kann Berge versetzen! Dieses Rezeptbuch wurde von zwei solcher Heldinnen geschaffen. Mit immenser Entschlossenheit, Selbstdisziplin und Liebe haben sie ihre Familien durch den GAPS-Ernährungsplan geleitet und individuelle Gesundheitsprobleme in Angriff genommen. Bereitwillig teilen sie nun ihre Erkenntnisse mit der Welt, damit andere ihrem Weg unbeirrt folgen können. Hilary Boynton und Mary Brackett gilt unser aller Dank. Ihre Rezepte sind vortrefflich, die Bilder wunderschön. Das Buch steckt voller Tipps und hilfreicher Anleitungen – es ist eine Quelle der Genesung, die ich jedem wärmstens empfehlen kann.

GAPS (Bauch-Kopf-Körper-Syndrom) beschreibt einen Zusammenhang zwischen der Funktion des Verdauungssystems und dem allgemeinen Gesundheitszustand eines Menschen. Wir leben in einer Welt, in der körperliche und geistige Erkrankungen epidemische Ausmaße annehmen. Als Entstehungsherd und Triebkraft dieser Erkrankungen wird immer häufiger unser Darm genannt. Eine Störung der Darmflora, auch Dysbiose genannt, kann unser Wohlbefinden massiv beeinträchtigen. Forschungsergebnisse zeigen, dass rund 90 Prozent aller Zellen und genetischer Substanzen des menschlichen Körpers in der Darmflora zu finden sind. Demnach wird unser Verdauungstrakt von unzähligen Mikroorganismen bevölkert. Um gesund zu sein, bedarf es einer Überzahl an gesundheitsfördernden Bakterien im Darm. Leider bewirkt unser moderner Lebenswandel oft das Gegenteil: Durch die regelmäßige Einnahme von Medikamenten, Antibiotika und Nahrungsmitteln mit chemischen Zusatzstoffen, die dem menschlichen Organismus fremd sind, kommt es zu einer Anreicherung an pathogenen Mikroorganismen im Darm, die die Darmflora beeinträchtigen. In Folge kann der Darm den Körper nicht mehr mit Nährstoffen versorgen, sondern produziert große Mengen an Giftstoffen, die in den Blutstrom gelangen, von dort in den gesamten Körper getragen werden und Krankheiten auslösen. Das alles steckt in dem Kürzel GAPS. Zum besseren Verständnis der Zusammenhänge lesen Sie bitte mein Buch zu diesem Thema.

GAPS beschreibt eine Vielzahl an Krankheitsbildern, die ich in zwei Gruppen unterteilt habe:

1. Darm- und Psychologie-Syndrom
2. Darm- und Physiologie-Syndrom

Das Darm- und Psychologie-Syndrom, oder GAPS, äußert sich durch Lernschwäche und psychische Störungen wie ADHS/ADS, Legasthenie, Dyspraxie, Autismus, Suchtverhalten, Depression, Zwangsstörungen, bipolare Störungen, Schizophrenie, Epilepsie, Essstörungen und viele weitere Krankheitsbilder, die auf eine fehlerhafte Gehirnfunktion zurückzuführen sind. Viele dieser Krankheitsbilder sind in der Diagnostik nicht genau zu definieren und weisen oftmals eine Mischung unterschiedlicher psychischer Symptome auf: Stimmungsschwankungen, Gedächtnis- und Verhaltensstörungen, kognitive Störungen, sensorische

Beeinträchtigungen, soziale Probleme, Angstzustände, epileptische Anfälle, zwanghafte Bewegungsstörungen, Schlafstörungen usw.

Unter das Darm- und Physiologie-Syndrom (ebenfalls mit GAPS bezeichnet) fallen viele chronische Erkrankungen des Körpers, wie Asthma, Ekzeme, Allergien, Autoimmunerkrankungen (Zöliakie, rheumatoide Arthritis, Typ-1-Diabetes, multiple Sklerose, Amyotrophe Lateralsklerose, systemischer Lupus erythematodes, Arthrose, Morbus Crohn, Colitis ulcerosa, Hautprobleme, chronischer Harnwegsinfekt, Nephropathie, Neuropathie usw.), chronische Erschöpfung, Fibromyalgie, myalgische Enzephalomyelitis, Arthritis, vielfache Chemikalienunverträglichkeit, Prämenstruelles Syndrom (PMS) und andere Menstruationsstörungen, Hormonstörungen (in Schilddrüse, Nebenniere u. a.) sowie Verdauungsstörungen (Reizdarmsyndrom, Gastritis, Colitis usw.). Viele Erkrankungen lassen sich keiner genauen Diagnose zuordnen, da die Symptome nicht eindeutig sind: Patienten klagen über Verdauungsstörungen, Erschöpfung, Muskelschwäche, Krämpfe, atypischen Muskeltonus, Gelenk- und Muskelschmerzen, Hautprobleme, neurologische und hormonelle Anomalien.

Fast immer überlagern sich die Symptome beider GAPS-Syndrome: Menschen mit mentalen Befindlichkeitsstörungen haben zusätzlich körperliche Beschwerden (Schmerzen in Gelenken und Muskeln, Erschöpfung, Hautprobleme, Asthma, hormonelle Störungen, Autoimmunerkrankungen), Menschen mit körperlichen Beschwerden wiederum weisen mentale Begleitsymptome auf (wie Depression, Bewusstseinstrübung, Konzentrationsschwäche, Gemütsschwankungen, Schlafstörungen, Gedächtnisschwierigkeiten, Angstzustände, Zittern, zwanghafte Bewegungsstörungen, epileptische Anfälle u. a.). Ist das Verdauungssystem beeinträchtigt, nährt es den Körper nicht, sondern vergiftet ihn und schwächt so die gesamten Körperfunktionen. Jedes Organ, ja sogar jede Zelle kann betroffen sein und sendet zum Schutz ein Notsignal ab, das sich dann über ein entsprechendes Symptom äußert. Aus schulmedizinischer Sicht ist es daher besonders schwierig (wenn nicht unmöglich), GAPS-Patienten zu erkennen und zu behandeln. Die GAPS-Diät zielt auf eine Linderung all dieser Symptome ab, ausgehend von deren Entstehungsherd.

Unser Verdauungssystem enthält die Keimzellen unserer Gesundheit. Werden die Keimzellen angegriffen, leidet unser gesamter Körper darunter. Aus diesem Grund muss die Behandlung jedweder chronischen Erkrankung auch bei unserem Darm beginnen. Der Darm ist ein langer Wulst, der sich durch unsere Körpermitte schlingt und uns das zurückgibt, womit wir ihn füllen. Nahrung ist die beste Medizin bei chronischen Erkrankungen; die täglich zubereiteten Mahlzeiten sind der wichtigste Bestandteil der GAPS-Diät. Mit einer Fülle an köstlichen Rezepten und Serviervorschlägen wird Ihnen dieses Buch bei der Umstellung Ihrer Ernährung helfen. Schließlich sind es die Rezepte, die jede Diät zu einem puren Vergnügen machen können. Ich hege keinen Zweifel daran, dass auch unerfahrene Köche nach Befolgen der Tipps in diesem Buch zu wahren Kochkünstlern werden!

Dr. Natasha Campbell-McBride, MD, Autorin von
Gut and Psychology Syndrome, vollständig überarbeitete und erweiterte Auflage
[dt. *GUTS™ – Gut and Psychology Syndrome.*
Wie Darm und Psyche sich beeinflussen, Narayana Verlag, Kandern 2015]

Einleitung

Hilarys Geschichte

Im Rückblick muss ich sagen, es hat sich alles perfekt zusammengefügt. Erstaunlich. Hätte ich damals gewusst, was ich heute weiß, hätte ich dieses Buch wohl nie geschrieben. Ich denke, die Dinge passieren nicht ohne Grund.

Mit Beginn der High School lebte ich fast zehn Jahre „fettfrei". Ich spielte Fußball in der ersten College-Liga, genoss meine Studienjahre in vollen Zügen und habe meinen Körper in dieser Zeit bis an seine Grenzen getrieben. Die verbrauchten Energiereserven habe ich mit Nudeln, Cornflakes, Bagels[2] und fettfreiem Buttersatz wieder aufgefüllt. Die Anti-Baby-Pille und Arzneimittel gegen Akne taten ihr Übriges. Mein Darm hat rebelliert.

Ich hatte keine Ahnung, welchen Schaden ich verursacht hatte, bis ich in den frühen Jahren meiner Ehe mit Unfruchtbarkeit zu kämpfen hatte. Das war wohl die härteste Zeit, die ich je durchstehen musste. Warum konnte ich mit 26 Jahren nicht schwanger werden? Die Antwort darauf weiß ich mittlerweile: Mein Körper litt an einer Mangelernährung. Nach mehreren Jahren des Herumexperimentierens wurde ich schließlich doch noch reichlich gesegnet – mit Drillingen! Zwei Buben und ein Mädchen. Dieser Segen wurde, ich gestehe es ein, mit Zutun moderner Wissenschaft herbeigeführt und nicht aufgrund einer gesünderen Lebensweise.

Meine schlechten Ernährungsgewohnheiten setzten sich in der stressigen Zeit der Mutterschaft fort, bis ich – bumm! – erneut schwanger wurde. Wie war das möglich? Ich rechnete mit einer Fehlgeburt, hatte ich doch in den drei Jahren zuvor die Pille nie abgesetzt. Es war wohl die Freude darüber, auf natürlichem Wege empfangen zu haben, was den Embryo auf ganz wundersame Weise nährte und bis zu seiner Geburt heranwachsen ließ. Doch schon kurze Zeit nach der Geburt setzte der Juckreiz ein. Mein Sohn war ein Neurodermitis-Kind: kribblig, gereizt und aus tiefstem Herzen zu bemitleiden. In schlaflosen Nächten habe ich nach Antworten gesucht. Was steckt dahinter? Wie kann man es behandeln? Während meine Suche nach Antworten weiterging, wurde ich wieder schwanger. Was zum Kuckuck …? Hatte ich in den vergangenen sechs Monaten mit vier Kindern unter drei Jahren die Zeit dazu gehabt, überhaupt auch nur an Sex zu denken? Auch dieser kleine Junge sollte bleiben und so waren wir mit fünf Kindern gesegnet worden. Ich war glücklich, doch das Ekzem meines Sohnes wucherte weiter.

Eines Tages, ein Jahr später, wurden meine Hilferufe beantwortet. Ich war im Supermarkt, die Kinder im Schlepptau, und wollte ernährungsbewusst einkaufen. Wenn „Bio" am Etikett stand, dachte ich, wäre das in Ordnung. Knabbergebäck, Joghurt, Obst … Dort traf ich auf eine alte Bekannte, die Filmregisseurin und Verfechterin biologischer Landwirtschaft Kristin Canty und erzählte ihr von den Leiden meines Sohnes. Ihr Rat sollte mein Leben für immer verändern:

„Versuch mal, ihm Rohmilch zu geben."

[2] Rundes Gebäck aus Hefeteig

Huch? Was war Rohmilch? Meinte sie etwa … nicht pasteurisiert? Das kann doch gar nicht gut für uns sein. Aber ich war mit meinem Latein am Ende, also versuchte ich es. Und raten Sie mal … es hat funktioniert! Naturbelassene Lebensmittel allein haben genügt, um den Ausschlag zu lindern. Der erste Schritt einer langen Reise war getan.

Ich war erstaunt, überwältigt und unendlich dankbar. Um mehr zu erfahren und mein Wissen zu teilen, besuchte ich Konferenzen zu natürlichen Ernährungsformen: Weston A. Price, Paleo, „Fourfold Path to Healing“[3]. Ich habe unsere Speisekammer und den Kühlschrank neu sortiert: Raus mit den Frühstücksflocken und der Magermilch, rein mit Rohmilch und Freilandeiern. Unser Leben begann sich zu verändern und die nächsten fünf Jahre liefen hervorragend. Keine schlimmen Krankheiten, keine Arztbesuche.

Es sollte jedoch noch einige Zeit dauern, bis die Fehler der Vergangenheit überwunden waren. Die Probleme häuften sich: Meine Tochter Dossie litt an Petit-mal-Epilepsie, drei meiner Kinder hatten Rückstände in ihrer sprachlichen Entwicklung und nun machte sich eine mangelhafte Zahnschmelzbildung bei meinem Neurodermitis-Kind bemerkbar (sieben Löcher mussten gefüllt werden). Wie konnte das sein? Meine Kinder waren nie krank, sie wirkten nach außen hin kräftig und bekamen täglich nährstoffreiches Essen aufgetischt. Konnte es vielleicht mit ihrer Darmgesundheit zu tun haben?

Als ich den Vortrag von Natasha Campbell-McBride im Herbst 2012 bei einer Konferenz der Weston A. Price Foundation[4] hörte, spürte ich, dass es an der Zeit war, den nächsten Schritt zu tun. Ich las alles, was mir zu GAPS in die Hände fiel. Im Internet suchte ich nach Erkenntnissen, Inspiration und Bestätigung. Die vielen Informationen verunsicherten mich. Es werden „Stufen“ beschrieben und Einschränkungen werden genannt. Was genau dürfen wir essen und wann? Was dürfen wir nicht essen und warum? Wie kann es mir gelingen, Mahlzeiten zuzubereiten, die meinen Kinder und meinem Mann auch tatsächlich schmecken? Ich scheute mich davor, mit der Ernährungsumstellung zu beginnen, weil ich wusste, dass die Vorgaben streng sind und eine Großfamilie eben kein Einzelunternehmen ist. Ich war mir nicht sicher, ob meine Ausdauer reichen würde, um alles, was es über GAPS zu wissen gab, zu lernen und anschließend in die Tat umzusetzen. Und ich hatte Gegenwind erwartet, ja sogar gänzliche Ablehnung meines Vorhabens seitens meines Mannes, meiner Kinder und der nahen Verwandtschaft.

Doch es konnte nicht so weitergehen wie bisher. Ich war händeringend auf der Suche nach einer Möglichkeit, Dossies Anfälle in den Griff zu bekommen. Im März 2013 hat mich ein Klient mit der Intuitiv-Medizinerin Laura Graye bekannt gemacht. Mein Mann war skeptisch und besorgt wegen des Geldes, das ich bereits für die Erkundung ganzheitlicher Therapiemethoden ausgegeben hatte. Bevor wir also in eine weitere alternative Therapie investierten, fragte ich Laura, ob sie sich vorstellen könne, uns zu besuchen und zu erklären, wie ihre Arbeit funktioniert. Sie besuchte uns zuhause, war zwei Stunden kostenlos für uns da und meinte schließlich, nachdem sie uns angesehen und unsere Geschichte gehört hatte, dass die GAPS-Diät die Antwort auf unsere Probleme sei. Sie nahm Marker und eine kleine Tafel zur Hand und begann, einen gesunden und einen kranken Darm zu zeichnen (siehe „Jede Krankheit beginnt im Darm“ auf Seite 3). Mein zuvor skeptischer Ehemann und ich begannen am nächsten Tag mit der GAPS-Diät.

[3] Der vierfache Weg zur Heilung

[4] Die Weston A. Price Foundation ist eine weltweit aktive Stiftung, die die Bedeutung naturbelassener Lebensmittel und traditioneller Zubereitungsweisen ins Bewusstsein ruft.

Wir haben uns ohne zu zögern auf GAPS eingelassen. Es gab kein Zurück. Ich sammelte, adaptierte und kreierte Rezepte, habe aufgeschrieben, was den Kindern schmeckte (und was ihnen nicht schmeckte) und ich habe Buch geführt über Befindlichkeiten, Toilettengang und Schlafverhalten aller Familienmitglieder. Ich habe Strategien entwickelt für das Essen außer Haus, für den Fall, dass Freunde der Kinder bei uns übernachten und für Geburtstagsfeiern. Ich bin froh, dass wir uns alle ohne viel Aufhebens an unseren neuen Ernährungsstil gewöhnen konnten. Und das Beste daran: Bereits ein Jahr nach der Umstellung konnten wir eines der drei Epilepsie-Medikamente unserer Tochter absetzen; die Entwöhnung von Nummer zwei ist im Gange. Unser Neurodermitis-Kind ist symptomfrei und zeigt keinerlei Anzeichen von Allergien oder Asthma. Hinzu kommt, dass wir zwei schlimme Winter in Folge ohne einen einzigen Arztbesuch überstanden haben! Und glauben Sie mir: Ich bin jeden Tag aufs Neue dankbar dafür, mit fünf kräftigen, gesunden Kindern gesegnet zu sein, die beim Essen nicht wählerisch sind.

Ein weiteres Geschenk, das mir die GAPS-Diät bescherte, war ein gesundes Bauchgefühl. Ich habe immer die Zustimmung anderer gesucht, eine Bestätigung, um mich sicher zu fühlen in allem, was ich tat. Unzählige Male bin ich als junge Mutter zum Kinderarzt gerannt, wegen jeder noch so kleinen Kleinigkeit. Die GAPS-Diät bietet mir die Möglichkeit, auf meine Genesung und auf das Wohlbefinden meiner Liebsten direkten Einfluss zu nehmen. Sie hat mich zu einem stärkeren Menschen werden lassen, weil ich mich oft gegen Kritik und andere Auffassungen von „normaler Ernährung" behaupten musste. Die für mich wertvollste Errungenschaft ist, dass meine Familie gelernt hat, die subtilen Botschaften des Körpers zu deuten und danach zu handeln.

Marys Geschichte

Es ist schwer zu sagen, wann genau meine Geschichte begonnen hat. Meine schlechte Gesundheit nahm bereits lange vor meiner Geburt ihren Lauf – ein Schicksal, das ich mit vielen Amerikanern meiner Generation teile. Geboren wurde ich in den frühen 1980er-Jahren als fünftes und letztes Kind der Familie Giordano, knapp außerhalb der Stadtgrenze von Boston. Mein Bruder Mark kam drei Jahre vor mir als Frühchen zu Welt und lebte nur wenige Minuten. Wie die meisten Frauen der Mittelschicht folgte meine Mutter den Ernährungstrends der damaligen Zeit und ernährte sich und ihre Familie aus dem breiten Angebot industriell verarbeiteter Lebensmittel, oxidierter Fette und frischem, pestizidgeladenem Obst- und Gemüse. Sie konnte nicht wissen, dass ihre schlechte Ernährung und die Schwangerschaften mit fünf Kindern ihrem Körper immer mehr lebenswichtige Nährstoffe entzogen. Als ihr der Arzt nach der fünften Schwangerschaftsdiagnose zu einer Abtreibung riet, entschied sie sich dagegen. Ich wurde mittels Notkaiserschnitt Anfang September 1982 geboren. So begann mein Kampf ums Überleben und meine Suche nach Antworten und nach Gesundheit.

Als Kind war ich sehr oft krank. Unser örtlicher Kinderarzt hatte seine Ordination in unserer Straße und ich war so oft in seiner Praxis, dass er für mich in jungen Jahren eine richtige Bezugsperson war! Ohrentzündung, Halsentzündung, Grippe, Erkältung, Viruserkrankungen, Schafblattern, Ovarialzysten, Mono-Dieses-und-Jenes – ich hatte es bestimmt. Mein Leidensweg erreichte seinen Höhepunkt, als ich mit 16 Jahren mit einem „unidentifizierbaren Virus" diagnostiziert wurde. Ich habe in zwei Wochen über sechs Kilo abgenommen. Alles, was ich zu mir nahm, verursachte einen brennenden, zermürbenden Schmerz in meiner Bauchgegend. Regelmäßige Besuche im Krankenhaus standen auf der Tagesordnung. Zweieinhalb Jahre und viele tausend Dollar später entließen mich die behandelnden Ärzten mit der Diagnose „Reizdarmsyndrom". Es gab damals noch keine Behandlung dafür; man bekam ein „Viel Glück, die Türe ist vorne rechts" mit auf den Weg.

Die Gefahr einer erneuten Erkrankung saß mir stets im Nacken. Hinzu kamen Angstzustände und Depression. Als junger Mensch in unserer heutigen Gesellschaft war ich damit einfach überfordert. 2008 habe ich, vollkommen verzweifelt und ausgelaugt von den vielen fehlgeschlagenen Versuchen gesund zu bleiben, zum vierten Mal in fünf Jahren den Arzt gewechselt. Ich habe ihn angefleht, er möge doch herausfinden, was die Ursache meiner Leiden sei und nicht bloß versuchen, die Symptome zu behandeln. Er hat einige Blutuntersuchungen durchgeführt, mit dem Ergebnis, dass bei mir alles „in Ordnung" sei und mir einen warmen Händedruck zum Abschied mitgegeben. Erzürnt über seine mangelnde Beachtung und sein schieres Unverständnis für meine Situation, habe ich (erneut!) den Arzt gewechselt und mir geschworen, dieses Mal der Quelle allen Unheils auf den Grund zu gehen, die fehlerhaften Funktionen meines Körpers zu enttarnen und zu bereinigen.

Es ist erstaunlich, wie sich im Leben eines Menschen alles zur richtigen Zeit zusammenfügt. Durch Zufall erfuhr ich nur wenige Tage nach besagtem Arztbesuch von der Weston A. Price Foundation. Ich muss zugeben, es ergibt Sinn, dass naturbelassene Nahrungsmittel – Gemüse, Fleisch und (huch!) Fett – die Grundlage unserer Ernährung darstellen sollen. Ich hatte mich die Jahre zuvor immer wieder als Vegetarierin versucht und scheute davor zurück, mit diesem Glaubenssatz zu brechen. Doch ich wusste, es würde nicht ohne Entbehrungen gehen. So begann also meine Reise. In langsamen Schritten entfernte ich mich vom amerikanischen Ernährungsstandard.

Die Folgejahre waren von einer Reihe kleinerer Erfolge und Misserfolge gekennzeichnet. Ich habe erkannt, dass bestimmte Lebensmittel für einige Menschen nahrhaft, für andere jedoch schädlich sein können. Nachdem mir eingebläut worden war, stets dem Rat des Arztes zu folgen, musste ich nun lernen auf meinen Körper zu hören, um Medizin von Gift zu unterscheiden. Und nicht nur das. Ich musste neue Maßstäbe setzen, um mir naturbelassene Produkte überhaupt leisten zu können. Während um 1900 noch etwa 43 Prozent des Einkommens für Lebensmittel ausgegeben wurden, sind es heute im Schnitt nur noch 13 Prozent. Industriell verarbeitete Lebensmittel sind ungeheuer billig; Produkte, die auf altehrwürdige Weise in der Landwirtschaft und Tierzucht hergestellt werden, sind es nicht. Wenn es mir gelegentlich immer noch schwerfällt, einen ganzen Batzen Geld für Gemüse und Fleisch zu bezahlen, halte ich mir die wertvolle Investition in meine Gesundheit vor Augen. Diese Investition lohnt sich.

Meine Ernährungsreise zum Wohlbefinden war bereits ein paar Jahre im Gange, als mein Sohn Chet zur Welt kam. Noch in seinem ersten Lebensmonat fanden die Ärzte Blut in seinem Stuhl. Sie meinten, ich müsse alle allergenreichen Nahrungsmittel von nun an meiden – Milch, Eier, Soja, Nüsse, Meerestiere und Gluten (welches ich bereits gestrichen hatte). In den Fängen meiner neuen Mutterrolle – zwischen Schlafentzug und unaufhörlichem Hungergefühl – stand ich mit meiner Ernährung auf Kriegsfuß. Ich habe leichtsinnig beschlossen, dass ein rein veganer Lebensstil das einzig Richtige für uns wäre. Nachdem ich mich eine Zeit lang wohl damit fühlte, spürte ich, dass mein Körper erneut zu kämpfen begann. Es folgte ein sehr düsterer und schmerzvoller Abschnitt meines Lebens. Ich fühlte mich körperlich, emotional und seelisch am Ende. Ich war eine gebrochene Frau, ohne Hoffnung.

In den späten Wintermonaten des Jahres 2011 traf ich Hilary in Wayland, Massachusetts, bei einer Gesprächsrunde mit Müttern, die einmal im Monat ihre Erfahrungen mit ganzheitlichen Lebenspraktiken austauschten. Hilary informierte über nährstoffreiche Nahrungsmittel und die Weston A. Price Foundation. Sie lud zu einem ihrer Kochkurse ein und ich nahm dankend an. Während des Kurses wurde mir klar, wie ich mich von nun an zu ernähren hatte, auch wenn mir manche der Zutaten nicht gefielen: Milch, Butter und Eier. Als ich meine Geschichte einer anderen Kursteilnehmerin erzählte, war ich erstaunt zu erfahren, dass sie ganz ähnliche Erfahrungen gemacht hatte wie ich. Sie erwähnte die GAPS-Diät und ihre Erfolge damit. Zuhause begann ich sofort zu recherchieren und innerhalb einer Woche hatte ich den Ernährungsplan meiner gesamten Familie auf die GAPS-Vollwertdiät abgestimmt. In den darauffolgenden sechs Monaten lernte ich zu kochen und fasste schließlich den Mut, in die GAPS-Einstiegsdiät überzugehen. (Ein direkter Übergang von der Standardernährung in die GAPS-Einstiegsdiät wäre für meinen Darm eine zu große Belastung gewesen. Weil ich in derart schlechter Verfassung war, befürchtete ich, das Auswaschen der Giftstoffe würde mir den Rest geben. Zudem musste ich mich erst an die begrenzte Auswahl an Nahrungsmitteln gewöhnen und verinnerlichen, dass ich von nun an esse, um gesund zu werden. Nur darum.) Als mir kurz nach Beginn der Einstiegsdiät einige Nahrungsmittel immer noch Bauchschmerzen bereiteten, begann ich damit, alles aufzuschreiben, was ich aß – eine wichtige Maßnahme um zu erkennen, was dem Körper guttut und was nicht.

Leider habe ich nach dem Verzehr einer Butternusskürbissuppe derartige Blähungen bekommen, dass ich aussah wie eine Schwangere im vierten Monat! Ich konnte mir das nicht erklären und vereinbarte einen Termin bei einem Facharzt für funktionelle Medizin (ein Arzt, der nach den Ursachen sucht, die einer Krankheit zugrunde liegen). Nach einer Menge Tests stand fest, dass ich an Fruktoseintoleranz litt, nahezu keine Salzsäure in meinem Magensaft hatte und eine ernstzunehmende Wucherung von Hefepilzen meinen Körper drangsalierte. Durch die GAPS-Diät war es mir gelungen, diese Störfaktoren in meinem Verdauungstrakt offenzulegen. Der Heilungsweg für mich und meinen Sohn ist ein anderer als der von Hilary und ihrer Familie. Obwohl ich die GAPS-Diät voll und ganz befürworte, habe ich gelernt, dass mein Körper durch sie erst stark werden kann, wenn tieferliegende Störungen wie Hefepilzwucherungen, Parasiten, Dünndarmfehlbesiedelung, Fruktoseintoleranz oder ein Mangel an Salzsäure, Verdauungsenzymen und Gallensäuren beseitigt sind. Erst dann kann die GAPS-Diät den Darm heilen.

Meine Geschichte soll Sie nicht entmutigen, sondern Ihnen eine Erklärung dafür liefern, warum Sie trotz GAPS-Diät womöglich immer noch nicht beschwerdefrei sind. Man ist enttäuscht und aufgewühlt, wenn man Unmengen an Zeit, Energie und Geld in eine Diät investiert, die fehlzuschlagen scheint. Doch ich kann Sie beruhigen: Der Erfolg wird eintreten. Sie müssen zuvor jedoch einige Dinge in Angriff nehmen. Ich rate Ihnen, Aufzeichnungen darüber zu machen, was Sie essen und welche Symptome Sie danach verspüren, und im Anschluss ein Team an Spezialisten für funktionelle Medizin aufzusuchen (Arzt, Diätologen und/oder einen Facharzt für Naturheilkunde). Wenn Sie wie ich über viele Jahre mit Funktionsstörungen des Darms zu kämpfen hatten, sind womöglich einige Tests nötig, um abzuklären, welche Störungen Sie zuerst beheben sollten, ehe Sie mit GAPS beginnen.

Im Jahr 2014 angekommen, kann ich mit Freude behaupten, mich mein ganzes Leben noch nie so gut gefühlt zu haben. Bauchschmerzen, Angstzustände und Depression, die mich einst plagten, sind verschwunden. Mein kleiner Sohn Chet ist ein fröhlicher und gesunder Dreijähriger, der mit naturbelassener, vollwertiger Nahrung heranwächst. Die GAPS-Diät war der Schlüssel zu unbändiger Freude und Dankbarkeit für ein Leben, das ich nie für möglich gehalten hatte.

Dieses Buch zu schreiben, war uns eine Herzensangelegenheit. Hilary und ich hoffen, es wird Ihnen ein Leitfaden zu wahrlich bemerkenswerter Gesundheit sein. Wenn Sie die Reise antreten, seien Sie sich darüber im Klaren, dass Sie sich manchmal frustriert und einsam fühlen werden – wie das eben so ist, wenn man gegen den Strom schwimmt. Doch Sie werden genesen. Mit Geduld, Entschlossenheit und Leidenschaft können Sie Ihre Gesundheit wieder erlangen. Prämien für Krankenversicherung werden ins Unermessliche steigen und viele geliebte Menschen werden durch genetisch veränderte Lebensmittel, deren Schöpfer wir sind, erkranken. Doch zur gleichen Zeit werden immer mehr von uns erkennen, wie sehr unsere körperliche Gesundheit mit der Gesundheit unseres Darmes verwoben ist. Vertrauen Sie darauf, dass Sie das Richtige tun und dass Sie nicht alleine dabei sind.

Anmerkung der Autorinnen

Auch wenn das *Heile deinen Darm!*-Kochbuch eine Herzensangelegenheit für uns beide ist, soll es der Einfachheit halber nur meine Geschichte erzählen und durch Marys wunderbare Bilder optisch inspirieren.

Hilary Boynton

GAPS-Diät und Gewichtsabnahme

Die GAPS-Diät ist keine Ernährungsform, die entwickelt wurde, um damit abnehmen zu können, sondern sie wirkt laut Dr. Natasha Campbell-McBride regulierend auf das Körpergewicht. Wer übergewichtig ist, kann damit abnehmen, wer Untergewicht hat, kann zunehmen. Wenn mit der GAPS-Diät die Darmschleimhaut und das „Leaky-Gut-Syndrom" (→ S. 3) heilen, wird die Nährstoffaufnahme verbessert und werden Gifte ausgeschieden, was auf das Gewicht eine Auswirkung haben kann. Wie aus Studien der letzten Jahre bekannt ist, hat auch die Darmflora einen nicht zu unterschätzenden Einfluss auf das Gewicht; so haben Übergewichtige in der Regel eine andere Flora als Normalgewichtige. Die allgemeine Verbesserung der Darmsituation inklusive der Regulierung der Flora dürfte sich auch bei Übergewichtigen positiv bemerkbar machen.

Damaris Pfeiffer-Böhme

Bevor Sie mit der GAPS-Diät beginnen

Die GAPS-Diät basiert auf folgendem Prinzip: Alles, was wir zu uns nehmen, hat Einfluss auf unsere Darmgesundheit und entscheidet darüber, welche Nährstoffe von unserem Körper aufgenommen und welche Schadstoffe ausgeschieden werden. Auf diese Weise beeinflusst der Darm sämtliche Funktionen unseres Körpers. Die GAPS-Diät ist so ausgelegt, dass sie Verdauungsstörungen beseitigt und alle damit verbundenen Erkrankungen lindert. Der eingeschränkte (aber genussreiche) Ernährungsplan fördert die Heilung und den Wiederaufbau einer geschwächten Darmwand und ermöglicht es Menschen mit psychischen oder physischen Begleitsymptomen, gesund zu werden. Er wurde von Dr. Natasha Campbell-McBride als Weiterentwicklung der speziellen Kohlenhydratdiät von Dr. Sydney Valentine Haas konzipiert, die durch Elaine Gottschall in ihrem Buch *Breaking the Vicious Cycle* große Anerkennung erfahren hatte.

Die GAPS-Diät findet in zwei Phasen statt. Die erste Phase, die sogenannte „Einstiegsdiät" dauert 18 bis 30 Tage (etwa 3–5 Tage pro Stufe) und dient dazu, alle Nahrungsmittel, die den Darm belasten können – Milchprodukte zum Beispiel – aus Ihren Mahlzeiten zu streichen. Zu einem späteren Zeitpunkt werden bestimmte Nahrungsmittel wieder langsam eingeführt und mögliche Nebenwirkungen werden sichtbar. (Dazu zählen Bauchweh, zittrige Hände, Krampfanfälle, Hautausschläge u. a.). Wenn Sie gerne den Kochlöffel schwingen und sich schon jetzt vollwertig ernähren, wird die Einstiegsdiät für Sie keine großartige Umstellung bedeuten. Wenn Sie jedoch häufig zu industriell verarbeiteten Produkten greifen, sollten Sie sich eine Zeit lang in der GAPS-Vollwertdiät (zweite Phase der GAPS-Diät) zurechtfinden, um Ihren Körper von Zucker, Salz, Zusatzstoffen und Stabilisatoren zu entwöhnen. Machen Sie sich im Vorfeld ausreichend mit den Lebensmitteln vertraut, die in den einzelnen Stufen der Einstiegsdiät erlaubt sind, um dann gut informiert in die erste Phase zu starten. Nach

Beginnen Sie am Anfang: Die GAPS-Gebrauchsanleitung

Um dieses Ernährungskonzept zu verstehen und als natürliche Heilmethode für Autismus, ADS/ADHS, Morbus Crohn, Zöliakie, Legasthenie, Dyspraxie, Schizophrenie und andere chronische Krankheiten begreifen zu können, sollten Sie Dr. Natasha Campbell-McBrides Buch *GUTS™ – Gut and Psychology Syndrome. Wie Darm und Psyche sich beeinflussen* (dt. Narayana Verlag, Kandern 2015) hinzuziehen.

Durchlaufen der Einstiegsdiät gehen Sie geradewegs zur GAPS-Vollwertdiät über. Diese zweite Phase sollte mindestens zwei Jahre lang praktiziert werden, um die Darmgesundheit zur Gänze wiederherzustellen. Sie schließt eine breite Palette an Lebensmitteln ein, die einfach zuzubereiten und leicht zu verdauen sind. Nach den Einschränkungen während der Einstiegsphase werden sich die Rezepte der GAPS-Vollwertdiät wie eine Einladung zum täglichen Schlemmen lesen.

Vielen von uns ist nicht bewusst, welch große Rolle unser Darm für unser Wohlbefinden spielt und wie sehr er durch unsere moderne Lebensweise zu leiden hat. Viele von uns bekamen nie Muttermilch, dafür aber unzählige Mehrfachimpfungen, Medikamente und Antibiotika. Alles davon kann schon sehr früh zu einer unausgeglichenen Darmflora führen, ganz zu schweigen vom jahrelangen Konsum genetisch veränderter, industriell verarbeiteter und stark gespritzter Nahrungsmittel, der bereits im Kindesalter Überhand gewinnt! Langsam beginnt nun endlich das Bewusstsein um die Bedeutung eines gesunden Darmes durchzusickern. Welche Ironie doch dahintersteckt! Hatte nicht schon Hippokrates, der Vater der modernen Medizin (460–370 v. Chr.), seinerzeit gewarnt: „Ein kranker Darm ist die Wurzel allen Übels“?

Bei der Geburt wird die Darmflora der Mutter auf das Kind übertragen. Wie sah die Darmflora Ihrer Großmutter wohl im Vergleich zu Ihrer eigenen aus? Genährt von Muttermilch im Säuglingsalter und nicht angegriffen durch exzessives Händewaschen, genetisch veränderte Organismen, Antibiotika oder Medikamente … Allein schon dadurch, dass wir Teil dieser modernen Gesellschaft sind, verringert sich die Aussicht auf eine gesunde Darmflora. Man geht davon aus, dass unser Darm im Wandel der Generationen dramatisch an Robustheit und innerer Stabilität verloren hat. Heute gibt es Krankheiten, die es vor fünfzig Jahren noch nicht gab. Denken Sie nur mal daran, mit welchen Krankheiten die nächste Generation zu kämpfen haben wird, und die darauf folgenden Generationen. Wir stehen einer regelrechten Epidemie gegenüber.

Bemühen wir uns trotz alledem um eine positive Haltung. Wir können den Spieß noch umdrehen! Was passiert ist, ist passiert. Nun haben wir die Chance, unseren Kindern und Enkelkindern ein mächtiges Rüstzeug mit auf den Weg zu geben. Zu diesem Zwecke müssen wir wieder kochen lernen! Wir müssen Mahlzeiten mit Liebe zubereiten und die Erfahrungen, die wir mit bestimmten Rezepten gemacht haben, weitergeben. Darauf kommt es an. Dieses Buch soll ein Leitfaden sein für Menschen mit besonderen Ernährungsbedürfnissen und eine Aufforderung an jeden einzelnen von uns, die traditionelle Ernährungsweise unserer Vorfahren hochleben zu lassen. Sie werden lernen, in Ihrer Küche sinnvoll zu wirtschaften, Mahlzeiten vorauszuplanen, Ihre Speisekammer richtig aufzufüllen ... und das Selberkochen auf genussvolle Weise zu zelebrieren.

Die GAPS-Diät ist sehr strikt. Sie umzusetzen wird viel Zeit und Kraft in Anspruch nehmen, doch mit Ausdauer und Geduld ist auch das zu schaffen. Der Lohn für Ihre harte Arbeit ist jede Mühe wert: Sie verhelfen Ihrer Familie zu bestmöglicher Gesundheit. Dass es optimale Gesundheit tatsächlich gibt, hat Dr. Weston A. Price in den 1930er-Jahren erkannt, als er indigene Kulturen untersuchte, die noch von keiner industriellen Entwicklung erfasst worden waren. Die Menschen aßen vollwertige Nahrung und waren so gut wie nie krank. Im Hier und Jetzt können wir auf unsere Umwelt nur bedingt Einfluss nehmen – doch was unsere Ernährung betrifft, dabei haben wir ein natürliches Mitspracherecht.

Ein kranker Darm ist die Wurzel allen Übels

Laura Graye, MS, zertifizierte Energetikerin

Annähernd 88 Prozent der Immunkräfte unseres Körpers sind in der Auskleidung unseres Magen-Darm-Traktes zu finden. Von dort aus können sie Eindringlinge daran hindern, aus dem Verdauungsapparat in unseren Körper zu gelangen. Ohne unterstützende Bakterien und ein dynamisches Gleichgewicht im Darm werden Giftstoffe, Parasiten und opportunistische Erreger die Darmwand über kurz oder lang zersetzen; sie wird durchlässig (Leaky-Gut-Syndrom). Sobald eine Öffnung in der Darmwand vorhanden ist, entweichen Krankheitserreger aus dem Magen-Darm-Trakt, treten in den Blutstrom über, durchbrechen die Blut-Hirn-Schranke und beeinträchtigen die Funktionen unserer Zellen. Alle möglichen Krankheiten sind die Folge.

Wodurch gerät ein gesunder Darm aus dem Gleichgewicht? Zu den Ursachen zählen schlechte Ernährung, Antibiotika, ein Mangel an Verdauungsenzymen, chemische Giftstoffe, Umweltgifte, Strahlung, Blutzuckerschwankungen, ein gestörter Säure-Basen-Haushalt, Stress sowie schwangerschaftsbedingte und vererbte Darmleiden.

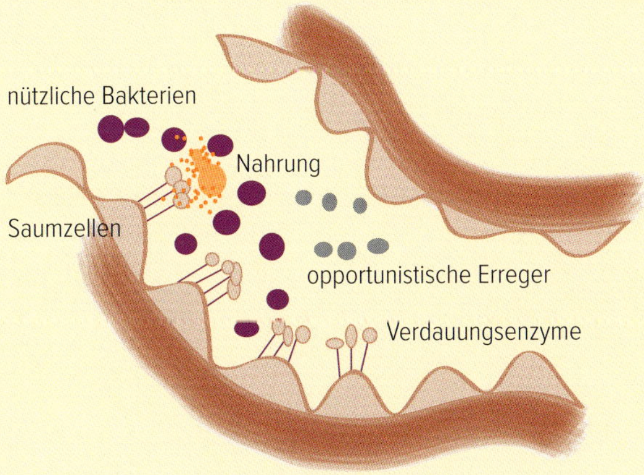

In einem gesunden Darm stehen sich nützliche und opportunistische Bakterien in einem Verhältnis von 8 : 2 gegenüber. Nützliche Bakterien ernähren sich von bestimmten opportunistischen Pilzarten (*Candida* u. a.), bilden eine innere Schutzmauer gegen Krankheitserreger, die aus dem Darm entweichen möchten, und unterstützen die Verdauung bei der Umwandlung von Nahrung in Energie.

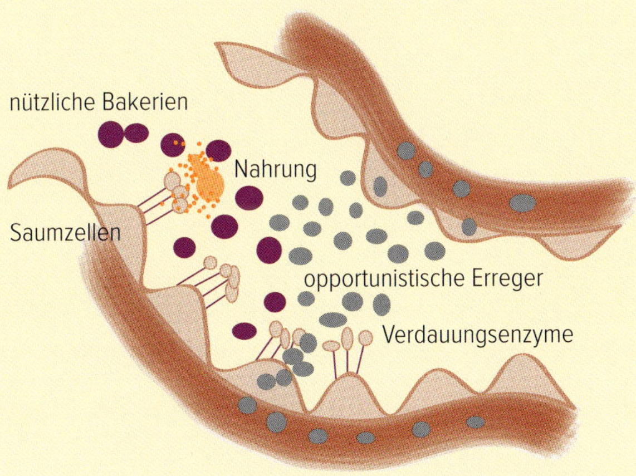

Wenn das gesunde Verhältnis gestört ist, kann die Darmwand nicht länger von nützlichen Bakterien geschützt werden. Krankheitserreger und opportunistische Bakterien tragen die Saumzellen ab und durchbrechen die Darmschleimhaut. Haben sie den Magen-Darm-Trakt verlassen, mischen sie sich als Antigene in unser Blut, lösen dort eine Autoimmunreaktion des Körpers aus, greifen Zellen an, übertreten die Blut-Hirn-Schranke und erzeugen ein Milieu, das Krankheiten begünstigt.

Microplane

Die Küche aufrüsten

Die folgenden Küchenhelfer sind nicht zwingend erforderlich, erweisen sich jedoch als sehr nützlich in der Umsetzung der GAPS-Diät.

- Schongarer
- Schmortopf
- Standmixer
- Saftpresse
- Pürierstab
- scharfe Messer
- Küchenmaschine
- Küchenwaage
- Backbleche in verschiedenen Größen
- Töpfe und Pfannen aus Edelstahl
- Nussmilchbeutel oder Seihtücher
- Dörrautomat
- Dörrfolien (Teflex[5])
- Trinkhalme aus Glas oder Metall
- große Plastikbeutel mit Schiebeverschluss (Ziploc)
- Backpapier
- Tupperware
- Thermosflaschen (Klean Kanteen)
- wieder verwendbare Wasserflaschen (Klean Kanteen)
- wieder verwendbare Essensboxen zum Mitnehmen
- Salz- und Pfeffermühle
- Einweckgläser mit großer Öffnung (Bormioli Rocco, Ball)
- Flaschen mit Bügelverschluss für vergorene Getränke (Grolsch)
- Knoblauchpresse
- Schöpflöffel
- grobes und feines Sieb
- Käsetuch
- Beschriftungsaufkleber
- Gusseisenpfanne
- Schaber
- Reibe
- Abfülltrichter
- Glas-Messbecher für Flüssigkeiten (Pyrex)
- Wasserfiltersystem oder -aufsatz

Wasser filtern

Der Einsatz von Wasserfiltersystemen ist in den USA eine weit verbreitete Maßnahme, um die vielfach höhere Konzentration an Chemikalien wie Chlor und Fluor im Trinkwasser zu neutralisieren. In Österreich und Deutschland sind erhöhte Belastungen durch gesundheitsschädigende Substanzen wie Nitrate und Schwermetalle in Einzelfällen möglich. Die im Leitungswasser enthaltenen Mineralien wie Kalzium und Magnesium kann der Körper jedoch gut verwerten. Damit gesundheitsfördernde Bakterien im Wasser erhalten bleiben, wäre der Einsatz eines Umkehrosmosefilters für den Hausgebrauch eine gute Lösung. Das Filtern von Trinkwasser ist in unseren Breiten nicht zwingend erforderlich.

[5] In Klammern sind Produktmarken angeführt, die in den USA gebräuchlich sind.

Die Speisekammer füllen

Wenn Sie Ihre Speisekammer füllen, suchen Sie die bestmöglichen Zutaten aus. Mit „Bio“, „Freiland“ und „Ab Hof“ liegen Sie auf der sicheren Seite. Sie müssen vielleicht ein wenig recherchieren, bis Sie die richtigen Anbieter gefunden haben. Doch ist das erst mal erledigt, können Sie guten Gewissens damit beginnen, sich einen Vorrat anzulegen, der über Monate ausreichen wird. Ein zusätzlicher Kühlschrank und/oder Gefrierschrank kann nützlich sein, vor allem wenn Sie aufs Budget achten wollen und lieber größere Mengen auf einmal herstellen. Die Weston A. Price Foundation arbeitet in vielen Ländern mit ortsansässigen Vertretern zusammen, die bei der Suche nach Anbietern qualitativ hochwertiger Lebensmittel behilflich sein können[6].

- Unraffiniertes Meersalz
- Bio-Gewürze
- unbehandelte Nüsse, Körner sowie Butter aus Nüssen und Körnern
- Bio-Freilandeier
- Hühner- und Schweinefleisch aus biologischer Freilandhaltung
- Rind- und Lammfleisch aus Weidehaltung (Weidefleisch)[7]
- Hühnerköpfe und -füße
- Speck ohne Zuckerzusatz
- Bio-Kokosfett
- rotes Palmöl
- Ghee[8]
- Sesamöl
- kaltgepresstes Olivenöl
- Schweineschmalz, Rindertalg, Lammtalg, Entenfett von Tieren aus Freilandhaltung
- Kräutertees
- Kaffeeersatz (Dandy finde ich gut)
- Kefirkörner
- Knochenbrühe und Fleischbrühe: Huhn, Rind, Fisch
- Gelatine
- Honig
- vergorenes Gemüse
- unbehandelter Apfelessig
- Kokosessig
- Molke
- Sauerkrautsaft, vergorener Gemüsesaft oder Salzgurkenlake
- frisches Obst und Gemüse
- Rohmilch für die Herstellung von Joghurt und Kefir
- roher Rahm zum Ansetzen und Herstellen von Butter
- selbst vergorene Butter
- Kokosblütensirup
- geriebene Kokosflocken, lang und kurz
- Trockenfrüchte
- selbstgemachte, unbehandelte Saucen
- Mandelmehl und selbstgemachtes Kokosmehl
- geröstetes Johannisbrot oder rohes, ungesüßtes Kakaopulver
- Vollfett-Kokosmilch
- reines Vanilleextrakt
- Zwiebeln
- Knoblauch
- Speisekürbis
- frischer Ingwer und Kurkuma

[6] In Deutschland gibt es zwei Vereinsgruppen der Weston A. Price Foundation, in Österreich bis zum jetzigen Zeitpunkt noch keine.

[7] Weidehaltung steht für ganzjährige Freilandhaltung. Weidefleisch stammt von Tieren, die ihr Leben auf der Weide verbracht und ausschließlich Weidegras gefressen haben.

[8] Ghee ist ein Butter-Reinfett, frei von Milcheiweiß und Milchzucker (Herstellung Seite 32).

Grundlegende Zutaten und Zubereitungsweisen

Auf den folgenden Seiten werden Sie grundlegende Zubereitungsweisen für die GAPS-Diät kennen und anwenden lernen. Machen Sie sich mit den Inhalten dieses Kapitels gut vertraut. Sie werden als Grundlage für viele Suppen, Saucen, Snacks und Leckereien dienen und sollen Ihnen bei der Kreation eigener Rezepte behilflich sein. Wenn Sie die Techniken beherrschen, werden Sie Lust auf Eigenkompositionen bekommen und überrascht sein, wie gut Ihnen diese gelingen werden! In einigen Rezepten kommen Zutaten vor, die erst auf späteren Stufen erlaubt sind, weshalb Sie die Liste der für Sie momentan geeigneten Lebensmittel immer als Referenz zur Hand haben sollten.

Fleischbrühe und Knochenbrühe

Was war ich überrascht, als ich hörte, dass es einen Unterschied zwischen Fleisch- und Knochenbrühe gibt! Als ich im Herbst 2013 bei einer Weston-A.-Price-Konferenz zu traditioneller Ernährung an den Ausstellungsstand von *The Brothery* gelangte, hatte der Chefkoch und Gründer des Unternehmens, der sich selbst *The Flavor Chef* nennt, seine selbst kreierte (GAPS-freundliche) Zwei-Stunden-Fleischbrühe neben „herkömmlicher Knochenbrühe" zum Verkosten vorbereitet. Was zum Kuckuck …? Ich war gerade dabei, ein GAPS-Kochbuch zu schreiben und wusste nicht, wie die eine Brühe von der anderen zu unterscheiden war? Zum Glück war auch Monica Corrado nicht weit entfernt mit ihrem Stand vertreten. Monica ist zertifizierte Ernährungsberaterin und GAPS-Kochtrainerin. Sie hat die Rezepte in unserem Buch auf Herz und Nieren geprüft. Nun sollte sie mich darüber aufklären, was und wofür eine Zwei-Stunden-Brühe gut ist. Halten Sie sich fest und lesen Sie unten die Worte der Expertin. Achtung! Einsatz für Monica:

Fleischbrühe: Mit Raffinesse durch die Einstiegsdiät

Monica Corrado, MA, zertifizierte Ernährungsberaterin

Fleischbrühe und Knochenbrühe – worin liegt der Unterschied? Na dann mal aufgepasst: Für Fleischbrühe wird Fleisch mit Gelenken – Truthahnbeine, ein zerteiltes Huhn oder Schenkel vom Rind oder Lamm – in relativ kurzer Zeit verkocht. Knochenbrühe muss viel länger brodeln. Die Kochzeit für Fleischbrühe vom Geflügel beträgt eineinhalb bis drei Stunden, jene für Rind, Büffel oder Lamm nicht mehr als sechs – außer Sie verwenden einen Schongarer, mit dem es ein wenig länger dauert. Sie bereiten eine gesamte Mahlzeit in einem zu: Fleisch, Knorpel, Flachsen und Gemüse zum Essen und die Brühe zum Trinken. Gerade in der ersten Phase der GAPS-Diät ist Fleischbrühe das Maß aller Dinge. Wenn Sie mit ihrer Zubereitung vertraut sind, meistern Sie die Einstiegssphase im Handumdrehen.

Fleischbrühe ist milder im Geschmack und hat eine andere Zusammensetzung an Aminosäuren (im Besonderen Glyzin und Prolin), weshalb sie sich für die GAPS-Einstiegsdiät gut eignet. Menschen mit Darmbeschwerden leiden oftmals auch an Funktionsstörungen des Gehirns. Knochenbrühe kann diese Störungen noch verstärken, da sie eine sehr hohe Konzentration an Glutaminsäure und freien Glutamaten besitzt. Durch den Verzehr von Fleischbrühe in der Einstiegsphase kann Krampfanfällen, Muskelzucken, ADS oder autistischen Störungen entgegengewirkt werden.

Sowohl Fleisch- als auch Knochenbrühe sind heilende Nahrungsmittel. Die Gelatine, die in Gelenken und Knochen enthalten ist, gilt als das „Super Food[9]" schlechthin, um einen durchlässigen Darm zu kurieren. Sie wirkt unterstützend in der Erneuerung der Zellen und stärkt und schützt die Schleimhautauskleidung des Verdauungstraktes. Zudem begünstigt sie die Verdauung und die Aufnahme von Nährstoffen. Das Mark der großen Tierknochen, etwa aus dem Oberschenkel, stärkt Knochen, Bindegewebe und Immunsystem, fördert den Aufbau und die Heilung von Knochen, Gelenken, Sehnen und Bändern und repariert Haare und Haut.

Fleischbrühe Grundrezept: Truthahn oder Huhn, Schenkel oder geviertelt

4 Portionen

1–1,5 kg Truthahn oder Huhn aus Freilandhaltung, Schenkel oder geviertelt, mit Haut
3–4 Karotten, grob geschnitten
1 kleine Zwiebel, geviertelt
3–4 Stangen Staudensellerie, geschnitten
1 Handvoll schwarze Pfefferkörner
1–2 Teelöffel Meersalz
2–3 Zweige frischer Rosmarin oder Thymian
2–4 Esslöffel Tomatenpaste (nach Belieben)
2–4 Knoblauchzehen, zum Servieren

Alle Zutaten außer dem Knoblauch in einen Schmortopf mit 4–6 l Fassungsvermögen geben. Den Inhalt 5 cm hoch mit Wasser bedecken. Bei 175 °C für 3 Stunden ins Backrohr stellen oder im Schongarer auf niedriger Stufe 6–8 Stunden garen. Servieren Sie Fleisch und Gemüse mit einer Tasse Brühe als Beilage. Dazu mit der Knoblauchpresse eine kleine Knoblauchzehe in jede volle Tasse drücken und mit hochwertigem Meersalz, Molke oder probiotischem Gemüsesaft abschmecken.

Hinweis: *Sie können auch ein ganzes Freilandhuhn zerteilen und anstelle der Schenkel oder Viertel verwenden.*

[9] „Super Foods" sind Lebensmittel, die über einen besonders hohen Anteil an wertvollen Inhaltsstoffen verfügen.

Fleischbrühe Grundrezept: Rind, Büffel oder Lamm

4 Portionen

1–1,5 kg Beinfleisch vom Rind, Büffel oder Lamm aus Weidehaltung
3–4 Karotten, grob geschnitten
1 kleine Zwiebel, geviertelt
3–4 Stangen Staudensellerie, geschnitten
1 Handvoll schwarze Pfefferkörner
1–2 Teelöffel Meersalz
2–3 Zweige frischer Rosmarin oder Thymian
2–4 Esslöffel Tomatenpaste (nach Belieben)
2–4 Knoblauchzehen, zum Servieren

Alle Zutaten außer den Knoblauch in einen Schmortopf mit 4–5 l Fassungsvermögen geben. Bis 5 cm über den Inhalt mit Wasser auffüllen. Bei 175 °C für maximal 6–8 Stunden ins Backrohr stellen oder im Schongarer auf niedriger Stufe 8–10 Stunden garen. (Lamm ist schneller gar als Rind oder Büffel.) Servieren Sie Fleisch und Gemüse mit einer Tasse Brühe als Beilage. Dazu mit der Knoblauchpresse eine kleine Knoblauchzehe in jede volle Tasse drücken und mit hochwertigem Meersalz, Molke oder probiotischem Gemüsesaft abschmecken.

Hinweis: *Wenn Sie sich nach der GAPS-Vollwertdiät ernähren, können Sie das Fleisch als ersten Zubereitungsschritt in Schmalz, Talg, Ghee oder einem anderen gesunden Fett anbraten.*

Das Schöne an Fleischbrühe ist, dass sie als Mahlzeit wahre Kräfte weckt und man mit den Resten wunderbare Gerichte zaubern kann! Hier einige Vorschläge:

- Aufwärmen und die gleiche Mahlzeit noch einmal einnehmen.
- Die ausgelösten Knochen in einem Gefrierbeutel tiefkühlen, um später daraus Knochenbrühe zu kochen (siehe Seite 12). Das Fleisch zurück in den Topf geben und fertig ist ein leckerer Eintopf, den Sie mit etwas gekochtem Gemüse ergänzen können, sollte nach der ersten Mahlzeit nicht mehr viel davon übrig sein.
- Aus dem abgelösten Fleisch können Sie durch Zugabe von Brühe eine Suppe zubereiten. Zusätzliches Gemüse darf natürlich auch sein.
- Die Brühe abseihen und zum Trinken oder zur weiteren Verwendung als Gemüsesuppe im Kühlschrank aufbewahren. Das Fleisch ablösen und, wie oben beschrieben, die Knochen aufbewahren. Nun können Sie einen Fleischsalat mit selbstgemachter Mayonnaise (siehe Seite 107) zubereiten, oder Karfiolreis (Blumenkohlreis siehe Seite 87) mit einer Sauce aus Brühe und Gelatine. Sie können das Fleisch auch für ein weiteres Hauptgericht verwenden (siehe Kapitel „Geflügel“ und „Fleisch“).

Das altehrwürdige Vermächtnis der selbstgemachten Knochenbrühe

Knochenbrühe wird aus Knochen, die noch ein wenig Fleisch an sich haben, zubereitet und muss länger kochen als Fleischbrühe. Sie sollte erst auf Ihrem Menüplan stehen, wenn Sie die Einstiegsdiät zu Ende gebracht haben und sich nach der GAPS-Vollwertdiät ernähren. Es empfiehlt sich, gleich eine große Menge an Brühe auf einmal zuzubereiten, um sie als Basis von gesunden Suppen, Eintöpfen oder Aufläufen zu verwenden. Über den Tag verteilt getrunken, ist sie ein wahrer Zaubertrank mit gesundem Fett, mineralstoffreichem Salz und probiotischen Wirkstoffen. Wenn ich kranken Menschen zum Verzehr von selbstgemachter Knochenbrühe rate, werde ich oftmals mit entsetzten Blicken angestarrt, so als hätte ich etwas Unbekanntes, Exotisches auf ihren Speiseplan setzen wollen. Dabei ist diese bescheidene Mahlzeit das wohl ursprünglichste, nahrhafteste und nährstoffreichste Gericht, das es gibt – und noch dazu spottbillig in der Zubereitung. Mit etwas Zuversicht und Geduld werden Sie schon bald den Dreh raus haben und beherzt den Kochlöffel schwingen.

Legen Sie Wert auf die Herkunft der Knochen. Kühe, die bis zu ihrer Schlachtreife zu 100 Prozent mit Weidegras gefüttert wurden, Hühner aus Freilandhaltung und Fisch aus Wildfang liefern die besten Knochen. Sie können selbstverständlich auch Knochen vom Lamm, Truthahn, Büffel oder Wild nehmen, solange diese Ihren Qualitätsansprüchen gerecht werden. Finden Sie einen Biobauern in Ihrer Region oder suchen Sie nach nachhaltigen Betrieben im Internet.

Es hat einige Jahre gedauert, bis ich den Mut gefasst hatte, an der Feinkosttheke Hühnerfüße zu bestellen, und ein weiteres Jahr, um nach Hühnerköpfen zu fragen. Diese Dinge bekommen wir im Supermarkt für gewöhnlich nicht präsentiert! Nichtsdestoweniger gehören sie in eine geschmacklich feine Knochensuppe. Viele Menschen zögern bei der Verwendung dieser Zutaten. Doch gelegentlich bekomme ich auch zu hören: „Ja, genauso haben wir es gemacht, dort, wo ich aufgewachsen bin.“ Oder: „Wir haben die Füße direkt vom Knochen geknabbert; sie waren so lecker!“ In vielen Regionen Europas wird auch heute noch jeder einzelne Teil des Tieres verwertet. Es ist nun wichtiger denn je zuvor, die traditionellen Zubereitungsweisen der Nahrungsmittel wieder aufleben zu lassen und das alte Wissen anzuwenden. Für die GAPS-Diät sind diese „Super Foods“ unerlässlich.

Hühnerbrühe

Ergibt etwa 4 Liter

Wenn wir Hühnerbrühe zubereiten, wählen wir aus den folgenden drei Grundzutaten: Ein ganzes Huhn oder Suppenhuhn, die Reste von ein oder zwei Brathühnern oder 1,5–2 kg Hals, Rücken und Flügel. (Auch eine Kombination aus allen dreien ist möglich.) Brathuhnreste bewahren wir im Tiefkühler auf, bis die erforderliche Menge erreicht ist.

1,5–2 kg ganzes Suppenhuhn, Reste und Knochen von 1–2 Hühnern oder 1,5–2 kg Hals, Rücken und Flügel
4 l Wasser
2–4 Hühnerfüße (nach Belieben)
1–2 Hühnerköpfe (nach Belieben)
2 Esslöffel Apfelessig
2 Stangen Staudensellerie, grob geschnitten
2 Karotten, grob geschnitten
1 Zwiebel, geviertelt
1 Handvoll frische Petersilie
Meersalz

Das Huhn oder die Reste und Knochen in einen Topf mit 4 l Wasser geben. Hühnerfüße und Köpfe (wenn erwünscht) und Essig dazugeben. 30 Minuten stehen lassen, damit der Essig die Mineralstoffe aus den Knochen lösen kann. Gemüse dazugeben und zum Kochen bringen. Schaum abschöpfen. Zugedeckt bei minimaler Hitze für 6–24 Stunden köcheln lassen. Um mehr Geschmack und Mineralstoffe zu erhalten, 10 Minuten vor dem Fertigwerden Petersilie einstreuen. Die Brühe auskühlen lassen und abseihen. Fleisch, das noch an den Knochen haftet, entfernen und für den späteren Gebrauch aufbewahren. Mit Meersalz abschmecken, als Mahlzeit oder Getränk servieren oder im Kühlschrank (max. 5–7 Tage) bzw. Gefrierschrank (max. 6 Monate) als Zutat für Suppen und Eintöpfe aufbewahren.

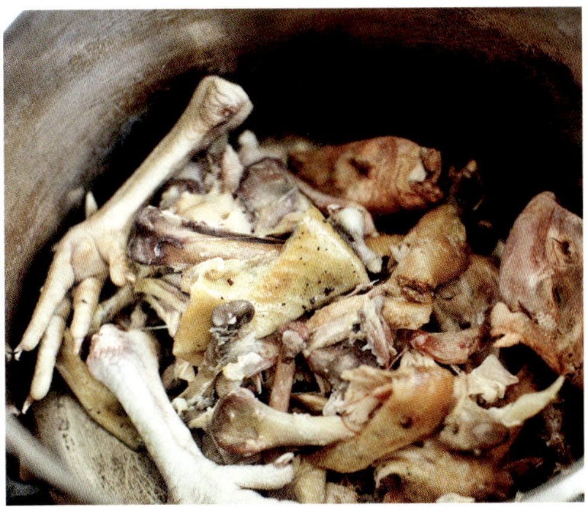

Rinderbrühe

Ergibt etwa 4 Liter

Verwenden Sie sowohl Mark- als auch Gelenksknochen, um die günstigen Eigenschaften von Knochenmark und Gelatine zu verwerten. Bei der Zubereitung muss keine kontinuierliche Hitzezufuhr gegeben sein; schalten Sie den Herd ruhig über Nacht ab und setzen Sie den Kochvorgang am Morgen darauf fort.

Man kann die Knochen für 15–30 Minuten im Backrohr braten, ehe man sie in den Topf wirft, um der Brühe einen besseren Geschmack zu verleihen. Dr. Campbell-McBride rät jedoch dazu, rohe Knochen zu verwenden.

1,5–2 kg Mark- und Gelenksknochen vom Rind
1 kg Fleischknochen, z. B. Rippchen
125 ml unbehandelter Apfelessig
4 l Wasser
3 Stangen Staudensellerie, halbiert
3 Karotten, halbiert
3 Zwiebeln, geviertelt
1 Handvoll frische Petersilie
Meersalz

Knochen in einen Topf geben, Apfelessig und Wasser hinzufügen und für eine Stunde stehen lassen, damit der Essig die Mineralstoffe aus den Knochen lösen kann. (Füllen Sie den Topf bei Bedarf mit etwas mehr Wasser auf, um die Knochen vollständig zu bedecken.) Gemüse dazugeben, aufkochen und den Schaum von der Oberfläche abschöpfen. Zugedeckt bei kleiner Flamme 24–72 Stunden köcheln lassen. Für mehr Geschmack und Mineralstoffe 10 Minuten vor Ende der Kochzeit Petersilie einstreuen. Die Brühe auskühlen lassen und abseihen. Noch haften gebliebenes Knochenmark in die Brühe klopfen. Mit Meersalz abschmecken, als Mahlzeit oder Getränk servieren oder im Kühlschrank (max. 5–7 Tage) bzw. Tiefkühler (max. 6 Monate) als Zutat für Suppen und Eintöpfe aufbewahren.

Fischbrühe

4 bis 6 Portionen

1 kg frische, nicht ölige, ganze Köpfe und Gräten von u. a. Dorsch, Seezunge, Heilbutt, Rotbarsch, Wittling, Flunder, Schnapper (die Brühe schmeckt auch nur mit Köpfen vorzüglich)
75 ml unbehandelter Apfelessig
etwa 2 l Wasser
1 Handvoll frische Petersilie
Meersalz

Fischköpfe und -gräten in einen Suppentopf geben, mit Essig und Wasser übergießen und langsam zum Kochen bringen. Schaum abschöpfen. Für 4–24 Stunden köcheln lassen. Für mehr Geschmack und Mineralstoffe 10 Minuten vor Ende der Kochzeit Petersilie einstreuen. Die Brühe auskühlen lassen und abseihen. Mit Meersalz abschmecken, als Mahlzeit oder Getränk servieren oder im Kühlschrank (max. 5–7 Tage) bzw. Tiefkühler (max. 6 Monate) als Zutat für Suppen und Eintöpfe aufbewahren.

Gut bedient oder ausgedient? Wann Brühe verdorben ist

Viele E-Mails und Anrufe drehen sich um die Frage, wie lange Brühe haltbar ist; gefragt wird unter anderem: *Wie lange hält sie sich im Kühlschrank? Wie lange kann ich sie bei Zimmertemperatur stehen lassen? Wie weiß ich, wann ich sie wegschütten muss?*

Um es kurz zu machen, hier die Meinung von GAPS-Chefköchin Monica Corrado: Wenn die Suppe mit einer Fettschicht versiegelt ist, hält sie gut und gern sechs Monate! Nach dem ersten Luftkontakt kann sie im Kühlschrank 5–7 Tage aufbewahrt werden. In diesem Fall sollte man sie vor dem Verzehr kurz aufkochen und den Schaum abschöpfen. So verlängert sich die Lebensdauer um weitere sieben Tage. Wenn Sie einen unangenehmen Geruch empfinden, dann gießen Sie die Brühe weg! Auch wenn sich während des Aufkochens immer mehr Schaum bildet, ist dies ein Zeichen dafür, dass die Brühe verdorben ist.

Wenn Sie diese Regeln beachten, können Sie nichts falsch machen.

Nüsse und Körner

Sally Fallon Morell unterstreicht in ihrem Buch *Nourishing Traditions* die Vorzüge von gequollenen, ausgedörrten Nüssen und Körnern. Sie bezeichnet sie als „getrocknete Nüsse". Nüsse, Körner, Bohnen und Samen enthalten mit Phytinsäure und Enzymhemmern „Anti-Nährstoffe", die bei häufigem Verzehr zu Verdauungsstörungen und Nährstoffmangel führen können. Phytinsäure bindet sich an Mineralstoffe im Körper und verhindert so die Aufnahme vieler wichtiger Nährstoffe. Enzymhemmer binden sich an Enzyme und mindern dadurch deren Aktivität. Enzymhemmer und Phytate dienen den Samen von Nüssen, Pflanzen, Getreide und Hülsenfrüchten als natürliche Abwehrstoffe. Durch das Einweichen schaffen wir eine optimale, feuchte Umgebung, wie sie auch von der Natur beabsichtigt ist, um das Auskeimen zu ermöglichen. Während des Keimprozesses verlieren Enzymhemmer und Phytinsäure ihre Wirkung; wir können die Nüsse und Körner leichter verdauen und Nährstoffe besser aufnehmen. Vormoderne Kulturen haben große Mühen auf sich genommen, um Nüsse, Körner,

Der Stellenwert gesunder Fette in der GAPS-Diät

Gesunde Fette bilden eine wertvolle Grundlage der GAPS-Diät. Ohne die richtigen Fette werden Sie die neue Ernährungsweise nicht lange durchhalten. Mit den Fetten steht oder fällt Ihr Vorhaben. Ich war einst eine notorische Fettverweigerin. Mittlerweile weiß ich, dass Fett uns nicht dick werden lässt, sondern satt macht. Fett hält den Blutzuckerspiegel konstant und flickt die Auskleidung der Darmwand. Dr. Natasha Campbell-McBride rät dazu, natürliche Fette in ihrer natürlichen Zusammensetzung zu essen und dabei in erster Linie auf tierische Fette zurückzugreifen (vgl. *GUTS™ – Gut and Psychology Syndrome. Wie Darm und Psyche sich beeinflussen*, dt. Kandern 2015).

Zu den gesündesten Fetten zählen Schweineschmalz, Rindertalg, Enten-, Gänse- und Hühnerfett, Olivenöl, Palmöl, Kokosfett, Ghee und Butter. Auch beim Zubereiten von Brühe entsteht Fett aufgrund der im Knochenmark enthaltenen fettlöslichen Nährstoffe, wie Vitamine A, D und E. Fettsäuren liefern lebenswichtige Mineralstoffe, die die Darmschleimhaut schützen und reparieren. Legen Sie Wert auf eine ausgewogene Mischung an Nahrungsfetten, um Ihren Körper mit unterschiedlich strukturierten Fettsäuren zu versorgen. Vermeiden Sie gesättigte Pflanzenfette und Transfette; diese sind absolut ungesund für unseren Körper.

Wenn Sie Ihre tägliche Portion an Fleisch- oder Knochenbrühe mit 1–2 Esslöffel tierischem Fett, Kokosfett, Ghee oder Sauerrahm aufpeppen, erleichtern Sie Ihrem Körper die Nährstoffaufnahme. In den Rezepten werde ich Sie des Öfteren auffordern, ein „hochwertiges tierisches Fett" hinzuzufügen. Welches, dürfen Sie selbst entscheiden! Je nachdem, welches Fett Sie gerade zuhause haben oder welchen Geschmack Sie bevorzugen, können Sie meinen Vorschlag gerne abändern (Kokosfett und Ghee beispielsweise eignen sich besser für süße Nachspeisen, während Schmalz und Talg besser mit würzigem Fleisch und gebratenem Gemüse harmonieren). Solange Sie eines der oben genannten gesunden Fette wählen, liegt die Entscheidung bei Ihnen.

Samen und Hülsenfrüchte leichter verdaulich zu machen. Im Onlinehandel finden Sie weiterführende Informationen zur Bestellung von Nüssen in großen Mengen. Doch seien Sie gewarnt – sie machen süchtig!

Samensprossen

70–130 g rohe Samen in ein 1-Liter-Einweckglas geben und 5 cm hoch mit Wasser bedecken. Das Glas mit einem Käsetuch und einem Gummiband verschließen und für 10 Stunden an einen kühlen Ort stellen. Wasser ausleeren, frisches Wasser einfüllen und nochmals ausleeren, um die Samen zu spülen. Das Glas mit dem Käsetuch verschließen und kopfüber schräg in ein Glasgefäß lehnen. Auf diese Weise kann Luft zirkulieren und die restliche Flüssigkeit abrinnen. Die Samen alle 12 Stunden spülen, bis sie nach etwa 2 Tagen zu keimen beginnen. Die Keimlinge auf einen Teller oder ein Backblech leeren und vollständig trocknen lassen. In ein sauberes, trockenes Glas geben, gut verschließen und im Kühlschrank aufbewahren.

Getrocknete Nüsse

500 g rohe Nüsse in ein großes Glas oder eine Glasschüssel geben. Mit warmem Wasser bedecken. Vorsichtig etwas Meersalz einrühren (siehe Messtabelle) und 7 Stunden quellen lassen. In ein Sieb leeren, abspülen. Im Dörrautomaten oder Backrohr für 24 Stunden bei maximal 65 °C trocknen lassen. Nüsse in einem luftdichten Gefäß im Kühlschrank oder Tiefkühler aufbewahren und innerhalb von 6 Monaten verbrauchen.

Hinweis: *Cashews sind nicht mehr roh, wenn sie auf den Markt kommen. Ihre Schale enthält ein giftiges Öl, Cardol genannt, das bei 175 °C unschädlich gemacht wird. Der Trockenvorgang nach dem Einweichen kann also wegfallen. Geröstet schmecken Cashews am besten. Dazu die Nüsse wie oben beschrieben einweichen (nicht länger als 6 Stunden), auf einem Backblech verteilen und bei 90–120 °C für 12 Stunden rösten. So werden sie garantiert lecker und knusprig.*

Salzmenge für das Einweichen von Nüssen (500 g Nüsse)

Pekannüsse	2 Teelöffel	Haselnüsse	1 Esslöffel
Walnüsse	2 Teelöffel	Cashewnüsse	1 Esslöffel
Erdnüsse	1 Esslöffel	Kürbiskerne	2 Esslöffel
Pinienkerne	1 Esslöffel	Sonnenblumenkerne	2 Esslöffel
Mandeln	1 Esslöffel	Pistazien	kein Einweichen erforderlich
Macadamia-Nüsse	1 Esslöffel		

Nussmilch

120 g getrocknete Nüsse und 950 ml Wasser in einem Standmixer 30 Sekunden lang mixen. Die Milch durch ein Sieb oder einen Nussmilchbeutel in einen Krug abseihen. Den Rückstand sanft ausdrücken, um die gesamte Milch aufzufangen. Nach Belieben würzen oder süßen. Im Kühlschrank max. 2–3 Tage aufbewahren. Unter „Nussmark" (Seite 257) finden Sie viele Rezepte für die Weiterverwertung des Nusspürees.

Nussmehl

500 g getrocknete Nüsse in einer Küchenmaschine zerkleinern, bis eine Mehl-ähnliche Konsistenz erreicht ist. Achten Sie darauf, nicht zu lange zu mixen, damit aus dem Mehl keine Butter wird! In einem dunklen, luftdichten Behälter im Kühlschrank (max. 3 Tage) oder Tiefkühler (max. 6 Monate) aufbewahren.

Nussbutter

500 g getrocknete Nüsse in einer Küchenmaschine gut 5 Minuten mahlen. Dabei die Masse, wenn nötig, immer wieder vom Rand abstreichen. Eine großzügige Prise Meersalz und ca. 1–2 EL Kokosfett hinzufügen. Für einen süßlichen Geschmack genügt 1 EL Honig. Nussbutter in ein Glas streichen, gut verschließen und im Kühlschrank aufbewahren.

Nuss-Cracker

300 g gequollene, fein gemahlene Nüsse in eine Küchenmaschine füllen. Weiters benötigen Sie ½ TL Salz, ¼ TL Knoblauchpulver, 2 EL frische Kräuter (oder 1 EL getrocknete), 1–2 EL Kokosfett, 1 Ei (alternativ aus Chia- oder Leinsamen; siehe Hinweis) und 50 g rohen Parmesankäse (nach Belieben, in der GAPS-Vollwertdiät). Zuerst alle trockenen Zutaten mixen, dann die flüssigen Zutaten hinzufügen und erneut mixen. Eine Kugel formen und diese für 20 Minuten in den Kühlschrank legen.

Teig auf einem Schneidebrett oder zwischen zwei Backpapierbögen 3 mm dick ausrollen. Mit einem Messer in die gewünschte Größe schneiden und die Teigstücke auf einer nicht haftenden Folie im Dörrautomaten bei 60 °C für 12 Stunden trocknen, dann wenden und weitere 12 Stunden austrocknen lassen. Haben Sie keinen Dörrautomaten, legen Sie die Teigstücke bei niedrigster Temperaturstufe für etwa 1 Stunde ins Backrohr, bis sie knusprig sind. Zur Halbzeit wenden. Die Nuss-Cracker in einem luftdichten Behälter im Kühlschrank aufbewahren.

Hinweis: *Für ein Ei aus Chia- oder Leinsamen lassen Sie 1 EL gemahlene Samen in 3 EL Wasser für fünf Minuten quellen.*

Kokosnuss

Rettet die Kokosnuss! Für Menschen, die keine Milchprodukte vertragen, ist die Kokosnuss eine wunderbare Alternative. Kokosfett ist aus mittelkettigen Triglyzeriden aufgebaut. Es ist ein leicht verdauliches Fett, das einen schnellen Energieschub bereithält. Es nährt unser Gehirn und wirkt abwehrend gegen Viren, Mikroorganismen und Bakterien. Ob Laktoseunverträglichkeit oder nicht – diese Alternative ist nährstoffreich und köstlich zugleich!

Öffnen einer jungen Kokosnuss[10]

Die dicke weiße Schale bis zur kuppelförmigen Spitze des Kokosnusskernes abschaben. Mit einem Hackbeil oder schweren Messer vier schnelle Einschläge um die Spitze herum setzen, sodass ein 5 cm breites Quadrat entsteht. Nach einigen weiteren platzierten Hieben wird der Kern aufbrechen. Die Spitze entfernen und das Kokoswasser durch ein Sieb leeren, um Schalenreste aufzufangen. Mit einem Messer das Fleisch im Inneren des Kerns abschaben. Es ist geleeartig und weicher, als das einer reifen Kokosnuss und eignet sich für Smoothies und Joghurt (Rezept folgt). Das Wasser kann ebenfalls für Smoothies oder als gekühltes Elektrolytgetränk verwendet werden. Wenn Sie es mit einer Kefirkultur (im Bioladen erhältlich) vergären, können Sie daraus einen erfrischenden Kokosnuss-Wasserkefir herstellen.

[10] Junge Kokosnüsse haben eine grüne glatte Schale, die in der Abbildung bereits entfernt wurde.

Kokosmilch

Das Fruchtfleisch einer jungen Kokosnuss sorgfältig durchspülen, um alle harten, braunen Schalenteile zu entfernen. Zusammen mit 500 ml Wasser (oder Kokoswasser für einen süßeren Geschmack) in einem Standmixer ca. 1 Minute lang mixen, durch ein Käsetuch abseihen und genießen! Wenn Sie eine reife Kokosnuss verwenden, nehmen Sie 750 ml Wasser für 100 g Fruchtfleisch.

Variation: Kokosmilch mit getrockneten Kokosflocken. 600 ml frisch aufgekochtes Wasser in einen Standmixer füllen (das heiße Wasser löst das Fett aus den Flocken, die Kokosmilch wird dicker und besser im Geschmack). 120 g Kokosflocken hinzufügen, einige Minuten mixen und durch ein Käsetuch seihen. Den Rückstand sanft ausdrücken, um die gesamte „Milch" aufzufangen. Die Kokosmilch in einem verschließbaren Glas im Kühlschrank aufbewahren. Aus dem Fruchtfleisch können Sie Kokosmehl (Rezept folgt) oder leckere Knabbereien wie Schokoladetrüffel, Makronen oder Ingwerkekse zubereiten (siehe „Nussmark", Seite 257).

Kokosbutter

320 g ungesüßte Kokosflocken in eine Küchenmaschine oder einen leistungsstarken Standmixer geben. Bei höchster Geschwindigkeitsstufe mixen und immer wieder abstoppen (funktioniert am besten mit dem „Pulse"-Knopf), um die Masse mit einer Spachtel vom Rand zu lösen. Nach 10–20 Minuten ist die Butter fertig (in der Küchenmaschine schneller als im Mixer). In einem Glasgefäß im Küchenschrank aufbewahren. Nach Geschmack verfeinern (siehe Kokostafeln, Seite 275).

Kokosmilch-Joghurt

160 g Fruchtfleisch einer jungen Kokosnuss mit 60–120 ml Kokoswasser, Wasserkefir oder Wasser mixen, bis eine glatte, cremige Konsistenz erreicht ist. Durch ein Sieb in ein sauberes 1-Liter-Einweckglas füllen. Glas nur zu drei Vierteln voll füllen, damit das Joghurt quellen kann. Probiotische Kultur (2 Kapseln oder ¼ TL Pulver) einrühren. Glas im Joghurtautomaten, Backrohr (mit eingeschaltetem Licht) oder Dörrautomaten bei 45 °C für 24–72 Stunden reifen lassen.

Kokosmilch-Kefir

Wahlweise 1 Säckchen Kefirkultur, 2 EL Kefirkörner oder 150 ml bereits zubereiteten Kefir mit einem Liter selbstgemachter Kokosmilch aufgießen und verrühren. Mit einem Deckel verschließen und für 24–36 Stunden an einem warmen Ort gären lassen. (Ich stelle das Glas gerne auf den eingeschalteten Dörrautomaten, besonders im Winter, wenn die Arbeitsplatte in der Küche recht kühl ist). Während dieser Zeit einige Male schütteln. Die Körner abseihen und damit einen neuen Kefir ansetzen. Im Kühlschrank aufbewahren. Mehr dazu unter „Rohmilch-Kefir“, Seite 28. (Anm.: Die Abb. zeigen kleinere Mengen.)

Kokosmehl

Streichen Sie das Fruchtmark, das nach Abseihen der Kokosmilch übrig bleibt, auf ein mit Backpapier ausgelegtes Backblech oder auf eine nicht haftende Dörrfolie. Im Backrohr auf niedrigster Temperaturstufe, im Dörrautomaten bei 30 °C so lange trocknen, bis die gesamte Feuchtigkeit verdampft ist (ca. 1 Stunde). Das getrocknete Fruchtmark in einem leistungsstarken Mixer bei höchster Geschwindigkeitsstufe 30 Sekunden mixen. Das fertige Mehl in einem luftdichten Glas aufbewahren. Selbstgemachtes Mehl ist sehr viel leichter und lockerer als gekauftes – und um einiges gesünder. Handelsübliches Mehl ist aufgrund seiner hohen Ballaststoffhaltigkeit in der GAPS-Diät nicht vorgesehen.

Hinweis: *Schneller geht es mit getrockneten Kokosflocken. Mixen Sie diese bei höchster Geschwindigkeitsstufe so lange, bis Sie Mehl erhalten haben. Aber Vorsicht: Bei zu langem Mixen wird aus dem Mehl Butter!*

Rohmilchprodukte

… sind voll mit gesunden Bakterien und leicht zu verdauen, da die darin enthaltenen Enzyme im Pasteurisationsprozess nicht verändert oder zerstört wurden. Sollte Rohmilch aus irgendeinem Grund absolut nicht verfügbar sein, wählen Sie eine pasteurisierte Bio-Heumilch von hoher Qualität. Durch Vergärung der Milch zu Joghurt oder Kefir fügen Sie zumindest einige der verloren gegangenen, gesundheitsfördernden Bakterien wieder hinzu.

Rohmilch-Joghurt

Rohmilch für die Herstellung von Joghurt beziehen Sie am besten von einem Anbieter, dem Sie vertrauen. Werden Sie in Ihrer Umgebung nicht fündig, können Sie Joghurt auch mit hochwertiger, pasteurisierter Bio-Heumilch herstellen. Vermeiden Sie jedoch ultrahocherhitzte, homogenisierte Milch (Alternativen finden sich im Bioladen). Joghurt aus Rohmilch ist in der Regel dünnflüssiger als Joghurt aus pasteurisierter Milch. Um die Konsistenz etwas zu festigen, streichen Sie den Joghurt durch ein Käsetuch, wodurch ihm ein Teil der Molke entzogen wird. Die Molke können Sie verwenden, um Gemüse zu vergären, sie können darin Nussmehl aufquellen lassen oder sie als probiotisches Extra zu Fruchtsäften und Smoothies mischen. Ziegenmilch-Joghurt eignet sich hervorragend für die GAPS-Diät, da Ziegenmilch leichter verdaulich und für viele Menschen besser verträglich ist. Sollten Sie keine Ziegenmilch finden, verwenden Sie ruhig rohe Kuhmilch und beobachten Sie, wie sie Ihnen bekommt.

Rohmilch sollte nicht erhitzt werden, da ihre molekulare Struktur dadurch zerstört werden kann. Füllen Sie sie zusammen mit 1 EL Joghurtkultur pro 240 ml Milch in ein 1-Liter-Einweckglas, verschließen Sie das Glas und belassen Sie es für mindestens 24 Stunden bei 45 °C im Dörrautomaten oder Backrohr (Licht muss an bleiben) – mit einem kleinen Erinnerungszettel an der Klappe. Temperatur und Dauer sind erforderlich, damit die Laktose zur Gänze von den Bakterien verdaut werden kann. Monica Corrado empfiehlt, Rohmilch und Bakterienkulturen in eine hochwertige Thermosflasche aus Edelstahl zu füllen, die zuvor mit heißem Wasser ausgespült wurde, und diese dann für 24 Stunden verschlossen auf der Anrichte stehen zu lassen. Die Temperatur von 45 °C kann so für 24 Stunden aufrecht erhalten werden. Den Joghurt direkt im Anschluss in den Kühlschrank stellen.

Wenn Sie pasteurisierte Milch verwenden, füllen Sie einen Liter davon in einen Topf und erhitzen Sie die Milch mithilfe eines Thermometers auf 80 °C. Vom Herd nehmen und auf 45 °C abkühlen lassen (etwa 10 Minuten). Als Starterjoghurt 60 ml selbst angesetzten oder gekauften Vollfett-Joghurt in ein 1-Liter-Einweckglas geben und mit der warmen Milch langsam bis 2,5 cm unter den Rand aufgießen. Vorsichtig umrühren und das Glas für 24 Stunden bei 45 °C in den Dörrautomaten oder ins Backrohr (Licht an) stellen, mit einem Erinnerungszettel an der Klappe. Bewahren Sie den fertigen Joghurt im Kühlschrank auf. Sie werden bemerken, dass sich der Rahm nach oben hin absetzt.

Vor dem Servieren also richtig gut durchrühren oder sich einen Löffel frischen Rahm einverleiben – er schmeckt hervorragend und ist sehr gesund für den Darm!

Joghurt selbst herzustellen, spart Geld. Für einen Liter Rohmilch bezahle ich zwei Euro, viel mehr ist nicht nötig. Kauft man Bio-Joghurt im Supermarkt, zahlt man das Dreifache! Zudem vermeide ich so die Verschwendung unzähliger Plastikbecher.

Rohmilch-Kefir

Kefir ist besonders nahrhaft und kinderleicht herzustellen. Die Milchsäure, die während des Gärungsprozesses entsteht, wirkt beruhigend auf den Darm. Kefir ist reich an B-Vitaminen, Vitamin K und Biotin und versorgt uns mit vielen zusätzlichen probiotischen Kulturen, die im Joghurt nicht enthalten sind. Kefirkörner sehen ähnlich wie Gummibärchen aus. Sie sind elastisch und in ihrer Größe und Form oftmals sehr unterschiedlich. Sie schaden dem Körper nicht, sollte gelegentlich das eine oder andere Korn durch das Sieb rutschen. Kefir eignet sich als Salatdressing oder als Alternative zu Milch, Buttermilch, Joghurt und Sauerrahm. Ich verwende es auch zum Aufweichen von gekauftem Mandelmehl, wenn ich kein selbstgemachtes Mehl aus gequollenen, gedörrten Nüssen bei der Hand habe.

Für die Zubereitung Kefirkörner, eine Milchkefir-Kultur (gibt's im Reformhaus) oder 120 ml zubereiteten Kefir in ein 1-Liter-Einweckglas geben. Das Glas bis 2,5 cm unter den Rand mit temperierter (Zimmertemperatur), frischer Rohmilch auffüllen und verschließen. Für 24 Stunden stehen lassen – oder auch länger, wenn Sie einen säuerlicheren Geschmack bevorzugen. (Ich stelle mein Glas gerne auf den warmen Dörrautomaten.) Während des Reifeprozesses mehrmals schütteln, um sicherzugehen, dass die gesamte Milch vergoren wird. Den fertigen Kefir in den Kühlschrank stellen oder die Körner abseihen und sofort einen neuen Durchgang starten. Ich mache gerne vier Gläser auf einmal und züchte reihum in jedem aufgebrauchten Glas neuen Kefir. Als Starter dienen mir hierfür 120 ml Milch des bereits angesetzten Kefirs.

Wenn Sie pasteurisierte Milch verwenden, müssen Sie die Milch vor dem Hinzufügen der Kultur auf 80 °C erwärmen und dann auf 45 °C abkühlen lassen. Die weitere Verfahrensweise ist gleich wie bei Rohmilch-Kefir.

Kefir schmeckt säuerlich und sprudelt stark. Es kann eine Weile dauern, Ihre Kinder dafür zu begeistern. Verzichten Sie jedoch auf die Beimengung von Zucker, damit Sie von Anfang an einen Geschmack für die natürliche Süße des Getränks entwickeln können. Wir trinken unseren Kefir mit ein wenig Honig, Kokosflocken, gemahlenen Leinsamen, getrockneten Nüssen oder frischen Früchten. Wenn Sie Lust haben, können Sie selbstgemachten Kefir durch eine zweite Gärung verfeinern: Frischen Kefir durch ein Sieb in ein Einweckglas schütten, frische Früchte hinzufügen, Deckel verschließen und nochmals 24 Stunden bei Zimmertemperatur stehen lassen.

Sauerrahm oder vergorene Sahne

Etwas weniger als einen Liter unbehandelten Rahm in ein 1-Liter-Einweckglas füllen. Mit 60 ml einer Starterkultur vermengen (gekaufte Crème fraîche, Sauerrahm, Joghurt, Kefir, selbstgemachter Sauerrahm oder 1 Säckchen Joghurt- oder Kefir-Kultur). Glas verschließen und für mindestens 24 Stunden an einem warmen Ort stehen lassen. Es kann bis zu 48 Stunden dauern, bis der Rahm eingedickt ist. Er schmeckt vorzüglich mit Zimt und Honig oder mit Kräutern und Knoblauch (frische Kräuter auf Stufe 2, Gewürze auf Stufe 5). Zudem eignet er sich hervorragend dazu, hochwertige Fette und Lebendkulturen in Smoothies, Suppen oder mexikanische Gerichte einzuschleusen. (Abb. zeigen kleinere Mengen.)

Selbstgemachte Butter

1 Liter selbstgemachten Sauerrahm in eine Küchenmaschine oder einen Mixer mit Schlagmesser füllen. Bei mittlerer Geschwindigkeitsstufe so lange aufschlagen, bis sich der Rahm gelblich gefärbt und von der Buttermilch abgesetzt hat. Mixer ausschalten, Buttermilch ableeren und den Rahm noch einmal durchmixen. Diesen Vorgang wiederholen, bis die Buttermilch vollständig abgeflossen ist. Eine Kugel formen und den letzten Rest Buttermilch in einer Schüssel ausdrücken. Die Butterkugel unter kaltem Wasser abspülen und mit einem Papiertuch trocken tupfen. Nach Belieben Meersalz einarbeiten. In einer Butterschale in den Kühlschrank stellen.

Wenn Ihre Kinder auf der Suche nach einem tollen Schulexperiment sind, machen Sie sie mit folgender alternativer Zubereitungsmethode vertraut: 500 ml Rahm in ein 1-Liter-Einweckglas füllen und kräftig schütteln. Der Rahm wird sich in Windeseile zu Butter verwandeln. Die Butter aus dem Glas streichen und die letzten Tropfen Buttermilch unter dem kalten Wasserhahn entfernen.

Ghee

Ghee hat einen höheren Rauchpunkt (250 °C) als andere Fette und eignet sich daher hervorragend zum Sautieren, Braten und Grillen bei hoher Temperatur. Ghee selbst herzustellen ist leichter, als Sie vielleicht vermuten.

250 g Butter in eine mittelgroße, schwere Pfanne geben. Bei geringer Hitze am Herd oder bei 95 °C im Backrohr schmelzen und leicht köcheln lassen, bis sich die Butter nach ungefähr 10 Minuten zu klären beginnt (heller Schaum an der Oberfläche, klare Butter darunter). Ist die Butter vollständig geklärt, lässt das Brutzeln nach. Das flüssige Ghee 20 Minuten abkühlen lassen. Schaum mit einem feinlöchrigen Schöpfer oder einem großen Löffel abschöpfen und das Ghee durch ein doppelt gelegtes Käsetuch in ein Glas gießen. Luftdicht verschlossen kann Ghee gekühlt oder bei Zimmertemperatur aufbewahrt werden.

Käse aus Joghurt oder Kefir

Ein Sieb mit einem Käsetuch oder Geschirrtuch auskleiden und über einer Schüssel fixieren. 1 Liter frischen Rohmilchjoghurt oder Kefir einfüllen, Sieb und Schüssel mit einem Teller bedecken und auf der Anrichte oder im Kühlschrank über Nacht stehen lassen. Sie können auch das Tuch samt Inhalt mit einem Gummiring am Schrankgriff fixieren und die Molke über Nacht in eine darunterstehende Schüssel abtropfen lassen. Käse aus dem Tuch heben und zu einer Kugel formen.

Die Molke findet als Zutat für Smoothies, Suppen und Säfte, als Starterkultur für vergorenes Gemüse oder zum Aufquellen von Nussmehl Verwendung. Molke versorgt den Körper mit vielen nützlichen Bakterien und ist – sofern sie gut vertragen wird – ein wahres Wundermittel für den Darm.

Sie können den Käse beliebig verfeinern. Hier einige Anregungen:

- Gehackten Knoblauch, frischen Thymian und Rosmarin, eine Prise Salz und einen großzügigen Schuss Olivenöl unter die Käsemasse ziehen.
- 1 EL Honig, 1 EL Vanille, etwas Zimt und eine Prise Salz in den Käse einarbeiten oder ihm daraus eine süße Ummantelung verleihen.
- Joghurt- und Kefir-Käse werden bei uns zuhause in rauen Mengen verzehrt. Zu hausgemachten Crackern und Knabbergebäck gibt es kaum etwas, das besser schmeckt!

Hinweis: *Die Geschmackszutaten nur unterheben, nicht mit dem Küchenmixer einrühren! Frische Kräuter sind erst auf Stufe 2, getrocknete erst auf Stufe 5 der GAPS-Einstiegsdiät erlaubt.*

Milchprodukte auf ihre Verträglichkeit testen

Leiden Sie an Verdauungsstörungen oder Lebensmittelunverträglichkeiten, empfiehlt Dr. Natasha Campbell-McBride, die GAPS-Einstiegsdiät vor der vollwertigen Diät zu beginnen. Die Einstiegsdiät kommt gänzlich ohne Milchprodukte aus und erleichtert der Darmschleimhaut auf diese Weise den Regenerationsprozess. Gut möglich, dass Sie nach den ersten Stufen der Diät bereits einige gut fermentierte Rohmilchprodukte vertragen. Ehe Sie jedoch den ersten Wiedereinführungsversuch starten, sollten Sie einen Verträglichkeitstest machen.[11]

Geben Sie vor dem Zu-Bett-Gehen einen kleinen Tropfen des betreffenden Nahrungsmittels auf die Innenseite Ihres Handgelenkes. Helfen Sie bei festen Produkten mit etwas Wasser nach. Lassen Sie den Tropfen trocknen und über Nacht wirken. Ist am Morgen eine Irritation der Hautstelle zu erkennen, geben Sie Ihrem Körper noch einige Wochen Zeit und wiederholen Sie dann den Test. Ist keine Irritation zu erkennen, dürfen Sie das Produkt langsam in Ihren Menüplan einführen. Beginnen Sie mit 1 TL pro Tag für die folgenden 4–5 Tage. Wenn die zugrunde liegende Erkrankung komplexer ist als eine allgemeine Überempfindlichkeit, ist möglicherweise eine umfangreichere klinische Abklärung, etwa mittels Blutbild, nötig. Danke, Monica, für den Hinweis.

[11] Details finden Sie in Natasha Campbell-McBride: *GUTS™ – Gut and Psychology Syndrome. Wie Darm und Psyche sich beeinflussen*, Kandern 2015.

Milchprodukte in den Diätplan aufnehmen

Monica Corrado, MA, zertifizierte Ernährungsberaterin, GAPS-Kochtrainerin und Expertin für traditionelle Ernährung

Wenn Ihnen Milchprodukte wohl bekommen, können Sie Molke, Joghurt, Sauerrahm und Kefir in die Einstiegsdiät aufnehmen. Käse ist in der Einstiegsphase verboten. Wenn bei Ihnen eine Milchprodukte-Allergie bekannt ist, sich beim Verträglichkeitstest eine Überempfindlichkeit gezeigt hat oder Sie die Einstiegsdiät vorläufig übersprungen und mit der GAPS-Vollwertdiät begonnen haben, sollten Sie die folgenden Schritte einhalten:[12]

1. Beginnen Sie mit selbstgemachtem Ghee oder gekauftem Ghee, das keine Zusatzstoffe oder Konservierungsmittel enthält. Ghee ist reines Milchfett. Es ist frei von Laktose und Kasein.
2. Wenn Sie Ghee gut vertragen, beginnen Sie nach sechs Wochen mit Bio-Butter. Butter ist reines Milchfett mit einem kleinen Anteil an Molke.
3. Wenn Sie Butter gut vertragen, beginnen Sie nach sechs bis zwölf Wochen mit selbstgemachtem Sauerrahm (oder Crème fraîche) aus roher Kuhmilch, versetzt mit Joghurt als Starterkultur. Selbstgemachter Sauerrahm besteht in erster Linie aus Milchfett. Er enthält einige Milcheiweiße, jedoch keine Laktose, sofern er bei der Herstellung min. 24 Stunden gereift ist. Nehmen Sie einen Teelöffel am Tag zu sich und erhöhen Sie auf 1–2 Becher pro Tag. Ergänzen Sie zudem selbstgemachten Joghurt aus roher Kuh- oder Ziegenmilch. Achten Sie auf eine Mindestreifezeit von 24 Stunden, damit die Laktose in der Milch aufgespaltet werden kann. Mit einem Teelöffel am Tag beginnen und auf 1–2 Becher pro Tag steigern.
4. Wenn Sie Joghurt und Sauerrahm gut vertragen, beginnen Sie nach sechs bis zwölf Wochen mit Kefir aus roher Kuh- oder Ziegenmilch. Auch Sauerrahm aus einer Kefir-Kultur ist nun erlaubt. Mit einem Teelöffel am Tag beginnen und langsam auf 1–2 Becher pro Tag steigern.
5. Essen Sie einige Bissen Käse zu einer Mahlzeit (beginnen Sie mit Cheddarkäse und Parmesan). Wenn sich nach drei bis fünf Tagen keine Unverträglichkeit bemerkbar macht, können Sie folgende Käsesorten, bevorzugt Bioprodukte aus Rohmilch, in Ihren GAPS-Vollwertdiätplan aufnehmen: Emmentaler, Gouda, Edamer, Quargel, Pecorino, Parmesan, Limburger, Havarti, Asiago, Münster, Cheddar, Blauschimmelkäse, Roquefort, Brie, Camembert, Gorgonzola und Stilton.
6. Nach zwei Jahren GAPS-Vollwertdiät können Sie industriell verarbeiteten Joghurt, Sauerrahm und Crème fraîche aus Lebendkulturen mit vollem Fettgehalt probieren.

[12] Weiterführende Informationen finden Sie in den einschlägigen Ausführungen über Milchprodukte in Natasha Campbell-McBride: *GUTS™ – Gut and Psychology Syndrome. Wie Darm und Psyche sich beeinflussen,* Kandern 2015.

SPREAD THE LOVE

Die GAPS-Einstiegsdiät

Die GAPS-Einstiegsdiät ist ein Therapieplan, der nützliche und schädliche Bakterien in Ihrem Darm in ein gesundes Verhältnis bringt, damit Sie genesen und fortan die Kontrolle über Ihre Gesundheit übernehmen können. Die Dauer der Einstiegsphase liegt irgendwo zwischen 18 und 30 Tagen. Sie ist also relativ kurz im Vergleich zur GAPS-Vollwertdiät, die in der Regel für mindestens zwei Jahre vollzogen wird. Es ist kein Nachteil, länger in der Einstiegsphase zu verweilen. Solange Sie genügend hochwertige tierische Eiweiße, Fette und frisch gepresste Säfte zu sich nehmen, können Sie sich ruhig Zeit lassen! Mein Mann und ich haben die Einstiegsdiät einen Monat lang praktiziert und sie dann gemeinsam mit den Kindern erneut begonnen. (Wir warteten den Ferienbeginn ab, sodass wir zehn Tage Zeit hatten, die Kinder an die Umstellung zu gewöhnen.) Bevor Sie sich voll und ganz auf die Einstiegsdiät einlassen, empfehle ich Ihnen die Lektüre des Buches *GUTS™ – Gut and Psychology Syndrome. Wie Darm und Psyche sich beeinflussen* (dt. Kandern 2015).[13]

Wenn diese Art der Ernährung für Sie Neuland ist und Sie in Ihrer Küche bislang wenig Selbstgemachtes verkostet haben, wären Sie gut beraten, sich einige Wochen, oder sogar Monate, auf die GAPS-Vollwertdiät einzulassen, ehe Sie mit der Einstiegsdiät beginnen. Auf diese Weise können Sie sich mit den Lebensmitteln und deren Zubereitung vertraut machen und sich an die neue Normalität gewöhnen. Wenn Sie dann in die Einstiegsdiät übergehen, werden Sie mit deutlich mehr Selbstvertrauen am Herd (und an der Feinkosttheke) stehen. Viele Menschen fühlen sich sofort besser, wenn sie industriell verarbeitete Produkte von ihrem Speiseplan gestrichen und durch die GAPS-Vollwertdiät ersetzt haben. Um den Darm wirklich zu heilen, müssen Sie jedoch ganz zurück an den Anfang – dorthin, wo der Ernährungsplan der GAPS-Einstiegsdiät ansetzt.

Wir waren ziemlich nervös, als der Tag gekommen war, an dem unsere fünf Kinder mit der GAPS-Einstiegsdiät beginnen sollten. Drei Neunjährige, ein Sechsjähriger und ein Fünfjähriger – wie um alles in der Welt sollte das funktionieren? Zugegeben, es war nicht immer leicht, doch es lief besser, als ich es mir je erträumt hätte. Rückblickend betrachtet war das Schwierigste wohl die Entscheidung, die Sache auch tatsächlich durchzuziehen und einen fixen Startzeitpunkt festzulegen. Mein Mann war ein wahrer Held an jenen ersten Tagen, an denen wir den Kindern Suppe zum Frühstück servierten. Mit Mut, Entschlossenheit und sachlichen Argumenten setzte er unser Vorhaben durch. Trotzigen Gesichtern, grummelnden Mägen und lauten Protestrufen begegnete er mit den Worten: „Suppe oder gar nichts. Die Bordküche ist geschlossen." Ich übte mich in

[13] Weitere Informationen in deutscher Sprache finden Sie auf den Web-Seiten der zertifizierten GAPS-Ernährungsberaterin Damaris Pfeiffer-Böhme, unter http://pfeiffer-boehme.de/gaps-was-ist-das.html, sowie unter http://www.gaps-ernaehrung.at.

Zurückhaltung und war so froh über seine Standhaftigkeit, seine Unterstützung und die gute Laune, die er für unsere Reise mit im Gepäck hatte.

Den Zeitpunkt, an dem Sie von einer Stufe auf die nächste wechseln, bestimmen Sie selbst. Wir sind auf jeder Stufe fünf Tage geblieben. Sie benötigen womöglich nur zwei Tage oder entscheiden sich dazu, die nächste Stufe erst nach einigen Wochen zu erklimmen. Wenn Sie symptomfrei sind und sich alles richtig anfühlt, können Sie weitergehen. Sollte durch die Einführung neuer Lebensmittel irgendeine Art von Nebenwirkung auftreten (z. B. häufiger Toilettengang, Blähungen, Händezittern, Hyperaktivität), wissen Sie, dass Sie zu schnell unterwegs sind. Aber keine Sorge: Treten Sie einfach eine Stufe zurück und verweilen Sie dort für zwei bis fünf Tage, um Ihrem Körper noch ein wenig Zeit zu geben. Respektieren Sie Ihre biochemische Veranlagung und bewegen Sie sich entsprechend vorwärts oder rückwärts.

Wenn Sie Ihre Spur gefunden haben, geht alles recht schnell. Ehe Sie sich versehen, stehen die Signale auf Grün. Wir haben in unserer Familie ein kleines Spiel daraus gemacht, bei dem die Kinder mit großer Euphorie die Tage bis zur nächsten Stufe heruntergezählt haben. Das mag nun etwas nach Verzweiflung klingen, doch man tut, was man tun muss, um durchzuhalten. Zusätzliche Fernsehzeit, noch eine Gute-Nacht-Geschichte und neues Lego haben auch nicht geschadet. Die GAPS-Diät bedeutet eine große Umstellung für Ihre Familie – eine kleine Belohnung ab und an kann ungeahnte Bereitschaft wecken. Bleiben Sie konsequent, bleiben Sie stark und ziehen Sie Ihr Vorhaben durch! Wenn Sie die GAPS-Diät ohne Kinder machen, dann möchte ich Sie um Folgendes bitten: Verwöhnen Sie sich! Nehmen Sie einen Tag frei, kuscheln Sie sich mit einem guten Buch unter die Bettdecke, machen Sie es sich vor dem Fernseher bequem oder gehen Sie abends mit Freunden ins Kino. Gönnen Sie sich in diesen ersten paar Wochen etwas Abstand vom Alltag, klopfen Sie sich auf die Schulter und lassen Sie es sich gutgehen!

Glossar

Faschiertes	Hackfleisch
Fisolen	Grüne Bohnen
Karfiol	Blumenkohl
Marillen	Aprikosen
Melanzani	Auberginen
Rote Rüben	Rote Bete
Sauerrahm	Saure Sahne
Zwetschgen	Pflaumen

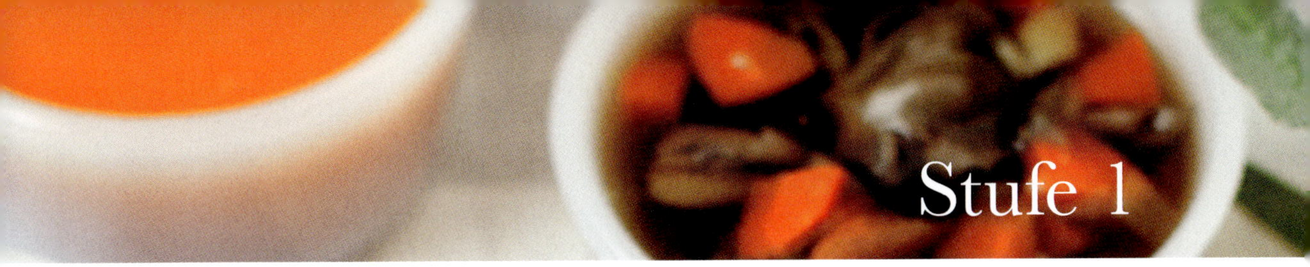

Stufe 1

Jetzt kann es losgehen! Sie verfügen nun über das nötige Wissen und den Willen, die GAPS-Diät zu beginnen. Hier also die unmissverständliche, unzensierte Wahrheit darüber, was Sie in den folgenden Monaten zu erwarten haben: Suppe.

Suppe, mit nährstoffreicher Fleischbrühe als Grundlage, ist eine leicht verdauliche, nahrhafte und wohltuende Mahlzeit, die die Heilung des Darmes einleitet. Die in der Brühe enthaltenen Eiweiße sind bereits aufgespalten, sodass der Darm weniger zu verarbeiten hat. Da Sie nun kaum mehr Ballaststoffe zu sich nehmen, kann sich Ihr Darm erholen und die regenerierende Wirkung der Brühe nutzen. Auch wenn Sie aus mehreren Suppen wählen können, werden Sie schon bald feststellen, dass Sie all Ihre Ernährungsgewohnheiten über Bord werfen müssen: Das Abendessen gleicht dem Frühstück und das Mittagessen dem Abendessen. An manchen Tagen werden Sie vielleicht sogar die gleiche Suppe morgens, mittags und abends essen, weil Sie keine Zeit für einen aufwändigeren Menüplan hatten.

In diesem Zusammenhang empfehle ich Ihnen, immer ein paar Teller essfertige Suppe eingefroren zu haben, und zwar als Reserve für Tage, an denen Sie einmal nicht so heiß aufs Kochen sind. Suchen Sie sich drei der aufgelisteten Suppen aus diesem Kapitel aus und kochen Sie große Mengen davon auf Vorrat. So können Sie Ihre Mahlzeiten in den ersten Tagen ganz einfach durchwechseln. Suppen vorzukochen, noch ehe Sie mit der Einstiegsdiät begonnen haben, ist eine besonders elegante Lösung! Bei uns kamen in erster Linie Hühnersuppe, Kürbissuppe und Rindssuppe aus dem Schongarer auf den Tisch.

Zwischen oder nach den Mahlzeiten gönnten wir uns einen süßen Leckerbissen: Kokos-Bonbons oder einen Teelöffel Honig. (Diesen Trumpf habe ich ausgespielt, um die Kinder zum Essen zu bringen. Wenn ihnen einige Tropfen Honig winkten, wurden die Teller ratzeputz leer gegessen.) Nick und ich tranken tagsüber viel Ingwer- und Kurkumatee mit Kokosfett und Honig. Versuchen Sie Ihre Kinder für diese „Energiespritze" mit probiotischem Extra zu begeistern: Ziehen Sie mit einer Plastikspritze 15 ml vergorenen Gemüsesaft auf und befördern Sie diesen direkt in den Mund Ihres Sprösslings. Mit drei „Impfungen" am Tag sind Sie gut bedient. Bei regem Zuspruch dürfen es auch fünf werden. Mit diesen kleinen Stärkungen für zwischendurch halten Sie den Blutzuckerspiegel im Gleichgewicht und überbrücken die Zeit zwischen den Mahlzeiten.

Unverzüglich nach Ihrem Einstieg in die erste Stufe der Diät beginnen schädliche Bakterien abzusterben. Dies kann mit körperlichem Unwohlsein einhergehen, das allerdings nicht lange anhält (Übelkeit, Erschöpfung, häufiger Toilettengang usw.). Für uns waren nur die ersten 24 Stunden unangenehm. Jeder Mensch trägt unterschiedliche Bakterien in sich und auch die gesundheitliche Verfassung des Darmes ist bei jedem anders.

Bakterienausscheidung und Unwohlsein können daher bei einem stärker, beim anderen schwächer ausfallen. Egal was kommt, lassen Sie nicht locker! Denken Sie daran, um wie vieles besser es Ihnen nach dem Entzug gehen wird. Sie sind dabei, alle nervtötenden, zuckersüchtigen Bazillen in Ihrem Darm auszuhungern und Sie werden so lange Suppe und nichts als Suppe zu sich nehmen, bis Sie auch den letzten Schädling rausgespült haben.

Lebensmittel, die auf Stufe 1 erlaubt sind

Stufe 1 hat drei Bestandteile: Brühe und Suppen aus Fleisch, Fisch und Gemüse als ersten, probiotische Lebensmittel als zweiten und Fette als dritten. Verwenden Sie für Ihre Brühe ausschließlich Fleisch von Tieren aus Freilandhaltung und lassen Sie die Brühe anfänglich nur für wenige Stunden am Herd. Trinken Sie jeden Morgen ein Glas Mineral- oder Leitungswasser mit frisch gepresstem Zitronensaft.

Auf Stufe 1 servieren wir:

- **Selbstgemachte Brühe** vom Fisch, Rind, Huhn, Truthahn und Lamm: Unbedingt Knochenmark und Weichteilgewebe mitbestellen und mitkochen
- **Suppen** mit weich gekochtem Gemüse und Fleisch
- **Fleisch:** Rind, Schwein, Lamm, Gans, Fasan, Truthahn, Meerestiere und Huhn, gekocht in Brühe oder Wasser
- **Gehackte Leber:** Leber ist ein hervorragender Energielieferant und kann in jeder Suppe verkocht werden
- **Weich gekochtes Gemüse** ohne Stiele und Schale: Rüben, Senfkohl, Brokkolirosen, Kohlsprossen, Karotten, Karfiolrosen, Blattkohl, Zucchini, Artischocken, Knoblauch, Grüne Bohnen, Grünkohl, Zwiebeln, Erbsen, Paprika, Kürbis (Sommer- und Winterkürbisse), Spinat, Speisrüben, Kohlrabi, Tomaten und Brunnenkresse
- **Tierische Fette:** Schweineschmalz, Rindertalg, Gänse-, Hühner-, Entenfett
- **Kokosfett**
- **Meersalz**
- **Pfefferkörner:** schwarz, grün und weiß (als Ganzes, müssen nach dem geschmacklichen Verfeinern von Suppen und Brühe entfernt werden)
- **Probiotische Lebensmittel:** pro Tag 1–2 Teelöffel Saft von selbst vergorenem Gemüse (Salzgurken oder Sauerkraut) sowie Molke, Joghurt, Sauerrahm und Kefir nach einer Reifezeit von mindestens 24 Stunden (siehe „Rohmilchprodukte", Seite 27), sofern keine Milchprodukte-Allergie besteht. Bei Überempfindlichkeit folgen Sie den Anweisungen zur Einführung von Milchprodukten in den Diätplan (Seite 35)
- **Wasser**
- **Tee:** frischer Ingwerwurzel- und Kurkumatee, Tee aus losen Kräutern (Kamille ist gut)
- **Zitronensaft** gemischt mit warmem Wasser
- **Unbehandelten Honig** in kleinen Mengen

Suppen zubereiten auf Stufe 1

Gemüse

In den ersten Phasen der GAPS-Einstiegsdiät (Stufe 1 bis 3) wird das Gemüse in Brühe gekocht. Ab Stufe 4 können Sie das Gemüse vorher in einem gesunden Fett kurz anbraten und im Anschluss mit der Brühe aufgießen.

Eingemachte Lebensmittel

Durch das Vergären von Lebensmitteln entstehen Wirkstoffe, die den Darm heilen. Eingemachtes muss daher von Beginn an auf dem Speiseplan stehen. Wenn Sie Milchprodukte gut vertragen, geben Sie Molke, Joghurt oder Sauerrahm zu jedem Teller Suppe. Ansonsten verwenden Sie vergorenen Gemüsesaft. Die in selbstgemachtem Joghurt und Sauerrahm enthaltenen Fette helfen dem Körper dabei, sämtliche Nährstoffe aus der Suppe aufzunehmen. Achten Sie unbedingt darauf, dass die Suppe nicht zu heiß ist, sonst werden die wertvollen, gesundheitsfördernden und probiotischen Bakterien aus Joghurt, Rahm und vergorenem Gemüsesaft zerstört. Selbstgemachter Sauerrahm ist eine wunderbare Zutat für jede Suppe: Er ist nicht nur reich an probiotischen Kulturen, sondern enthält auch jede Menge fettlöslicher Vitamine. Vitamin A, D, E und K sind in der modernen Ernährung kaum zu finden, für die Gesundheit unseres Körpers sind Sie jedoch unverzichtbar. Sauerrahm ist ein großartiger Vitamin-A-Lieferant und besteht gleichzeitig aus jenen hochwertigen tierischen Fetten, die sich am besten dazu eignen, unseren Körper mit fettlöslichen Vitaminen zu versorgen.

Kräuter und Gewürze

Kräuter sind erst ab Stufe 2 erlaubt. Wollen Sie Ihre Suppe, Brühe oder Ihren Eintopf schon vorher geschmacklich verfeinern, verwenden Sie ein „Bouquet garni". Die zu einem Bündel zusammengebundenen oder in ein Käsetuch eingewickelten und verknoteten frischen Kräuter geben ihre Aromen während des Kochens ab und werden vor dem Servieren wieder aus dem Suppentopf genommen. Sie können alle möglichen Kräuter in ein Bündel legen. Ich verwende meist Petersilie, Rosmarin, Thymian, Lorbeer und Knoblauch. Ab Stufe 2 dürfen frische (und getrocknete) Kräuter in der Suppe bleiben. Gewürze sind erst ab Stufe 5 erlaubt und dann vorzugsweise in gemahlener Form. Gegen die Verwendung von Pfefferkörnern zum Verfeinern von Fleischbrühe auf Stufe 1 ist nichts einzuwenden, solange sie vor dem Verzehr entfernt werden.

Haben Sie Stufe 5 erreicht, sollten Sie alle Rezepte mit frisch gemahlenem Pfeffer und Meersalz ergänzen! Apropos Mehrsalz: Kaufen Sie unaufbereitetes Meersalz mit einem leichten Farbstich (gibt's im Reformhaus). Rein weißes Salz hat bereits den Raffinationsprozess durchlaufen und dabei viele seiner nützlichen Spurenelemente verloren.

Aufbewahrung

Wenn Sie einmal zu viel grünes Blattgemüse übrig haben, können Sie es ganz einfach blanchieren und einfrieren. Die Stiele entfernen – sie enthalten zu viele Ballaststoffe – und die Blätter in 5 cm große Stücke schneiden. Für 30 Sekunden in einen Topf mit kochendem Wasser legen und direkt im Anschluss in eine mit Eiswasser gefüllte Schüssel tauchen, um den Kochprozess zu stoppen. Die blanchierten Blätter abtupfen und portionsweise einfrieren. Wenn Sie Suppe kochen, können Sie das blanchierte Gemüse direkt aus dem Gefrierschrank in den Schongarer oder Suppentopf geben.

Hilfreiche Definitionen

Suppe: Zum großen Teil Flüssigkeit, ein wenig Fleisch und Gemüse als Einlage
Eintopf: Halb Brühe, halb Fleisch und Gemüse
Auflauf: Zum großen Teil Fleisch und Gemüse mit ein wenig Brühe

---

Pochiertes Huhn

6 bis 8 Portionen

Dieses Gericht gibt es bei uns zuhause oft. Es ist schnell, einfach und lecker.

- 1,5–2 kg schweres, ganzes Huhn aus Bio-Freilandhaltung
- 2–3 Stangen Staudensellerie, geschnitten
- 1 Zwiebel, geviertelt
- 2 Karotten, geschält und gewürfelt
- 4 l Wasser (oder mehr), um das Huhn zur Gänze zu bedecken
- 2 Knoblauchzehen, geschält und zerdrückt
- 1 EL Pfefferkörner
- 2 Lorbeerblätter
- Einige Zweige frischer Thymian, Rosmarin oder andere Kräuter
- Saft einer Zitrone
- 1 EL unraffiniertes Meersalz

Innereien ausnehmen. Huhn unter kaltem Wasser abwaschen, trocken tupfen und in einen großen Suppentopf geben. Sellerie, Zwiebel und Karotten dazugeben und mit Wasser auffüllen. Knoblauch, Pfefferkörner, Lorbeerblätter, frische Kräuter, Zitronensaft und Meersalz einrühren. Wasser aufkochen, Schaum von der Oberfläche abschöpfen und bei niedriger Temperatur für 20 Minuten köcheln lassen. Huhn auf einem Schneidebrett 20 Minuten auskühlen lassen. Das gesamte Fleisch von den Knochen ablösen, in kleine Stücke oder Würfel schneiden und in Tupperboxen aufbewahren. So haben Sie einen Vorrat, den Sie die Woche hindurch für mehrere Rezepte hernehmen können. Die Knochen können Sie zurück in den Topf geben, um daraus Knochenbrühe zu kochen (Seite 12) oder Sie frieren sie für die Weiterverwertung in der GAPS-Vollwertdiät ein.

Hühnersuppe

6 bis 8 Portionen

Ich erinnere mich noch an meine Erfahrungen mit Hühnersuppe während unserer ersten Runde in der GAPS-Einstiegsdiät. Ich war so hungrig nach Nährstoffen, dass ich das gesamte Gemüse, das ich zuhause finden konnte, in den Suppentopf geworfen habe. Lassen Sie Ihre Kreativität spielen! Verwenden Sie klein geschnittene Zucchini, Speiserüben, Kohlrabi und Gartenkürbis oder verkochen Sie frischen Spinat. Das Grundrezept habe ich sehr einfach gehalten, damit jeder in unserer Familie das hinzufügen kann, was ihm am besten schmeckt. Bestimmte Gemüsesorten sind schneller gar (Spinat etwa) und sollten erst gegen Ende hinzugefügt werden. Bindegewebe und dunkles Fleisch von den Knochen müssen immer mit in die Suppe. Sie sind besonders wertvoll für den Heilungsprozess.

2 l selbstgemachte Hühnerbrühe (Seite 10)
2–4 EL tierisches Fett, Kokosfett oder Ghee
3 geschälte, gewürfelte Karotten
1 gewürfelte braune Zwiebel (oder 1 Lauch, gewaschen, längs halbiert und quer in halbkreisförmige Stücke geschnitten)
100–200 g kleingeschnittener Karfiol oder Karfiolreis (Seite 87)
3 EL frische, gehackte Petersilie (Stufe 2)
150–300 g gebratenes oder pochiertes Huhn, zerpflückt oder geschnitten
115–225 g fein gehackte Hühnerleber (nach Belieben)
Meersalz
Selbstgemachter Joghurt (Seite 27) oder Sauerrahm (Seite 30), wenn er gut vertragen wird (nach Belieben)

Brühe, Fett und Gemüse in einem Suppentopf aufkochen. Auf niedriger Flamme etwa 15–30 Minuten köcheln lassen, bis das Gemüse weich ist. (Auf dieser Stufe der Einstiegsdiät darf das Gemüse zuvor nicht angebraten werden. Gekochtes Gemüse ist einfacher zu verdauen und in Kombination mit gesunden, tierischen Fetten initiiert es den Heilungsprozess.) Huhn und Leber in den Topf geben und gar kochen. Mit Meersalz abschmecken und, bei Verträglichkeit, mit selbstgemachtem Joghurt oder Sauerrahm servieren.

Butternusskürbis-Suppe

6 bis 8 Portionen

Ich habe dieses Rezept im Buch *Full Moon Feast* von Jessica Prentice gefunden. Nachdem ich es zubereitet hatte, fühlte ich mich wie eine wahre Meisterköchin. Es ist einfach, köstlich und schmeckt kleinen wie großen Gourmetkritikern.

2 l selbstgemachte Hühnerbrühe (Seite 10)
2 EL tierisches Fett, Kokosfett oder Ghee
3 Stangen Lauch, längs halbiert, dann quer in halbkreisförmige Stücke geschnitten (oder 2 gehackte Zwiebeln)
1 Butternusskürbis oder anderer Winterkürbis, geschält, entkernt und in grobe Stücke geschnitten
1 Bouquet garni
Meersalz

Beilagen nach Belieben

Joghurt oder Sauerrahm
frische, gehackte Kräuter (Stufe 2)
eingeweichte, gekeimte Kürbiskerne (GAPS-Vollwertdiät)

Brühe, Fett und Gemüse in einem Topf aufkochen. Hitze reduzieren, Bouquet garni dazugeben und 30 Minuten zugedeckt köcheln lassen, bis das Gemüse gar und der Kürbis mit einer Gabel leicht einzustechen ist. Bouquet garni herausnehmen und die Suppe vom Herd stellen. Mit einem Stabmixer pürieren, bis die Kürbissuppe sämig ist. Mit Salz abschmecken und servieren.

Hinweis: *Sollten Sie nicht genug Brühe haben, können Sie stattdessen Wasser nehmen.*

Karotten-Ingwersuppe

6 bis 8 Portionen

Diese wärmende Suppe schmeckt besonders fein mit einem Löffel Sauerrahm und ein paar Blättern Petersilie oder Koriander als Garnierung. (Frische Kräuter sind ab Stufe 2 erlaubt.)

2 l selbstgemachte Hühnerbrühe (Seite 10)
2–4 EL tierisches Fett, Kokosfett oder Ghee
2 gehackte Zwiebeln (oder 2 Stangen Lauch, längs halbiert, dann quer in halbkreisförmige Stücke geschnitten)
½ kg Karotten (8–10 Stück), geschält und klein geschnitten
1 Ingwerwurzelknolle, gemahlen (etwa 3 TL)
Meersalz

Brühe, Fett und Gemüse in einem Topf zum Kochen bringen. Hitze reduzieren und für 30 Minuten zugedeckt köcheln lassen. Mit einem Stabmixer sämig pürieren. Mit Meersalz abschmecken.

Rindssuppe aus dem Schongarer

4 bis 6 Portionen

1 l Hühner- oder Rinderbrühe
½ kg Rindfleischwürfel, Kammstück oder Hüfte
2–3 EL tierisches Fett, Kokosfett oder Ghee
1 Kohlkopf oder Mangoldstaude (ohne Stiele)
2–4 frische Tomaten oder 800 g ganze, geschälte Biotomaten aus der Dose/aus dem Glas, in Würfel geschnitten
1 gehackte Zwiebel
2 Karotten, kleinwürfelig geschnitten
2 Stangen Staudensellerie, kleinwürfelig geschnitten (GAPS-Vollwertdiät)
2 gepresste Knoblauchzehen
je 2 Zweige Rosmarin und Thymian oder andere frische Kräuter (Stufe 2)
1 Lorbeerblatt
Meersalz

Es dauert lediglich 5 Minuten, alles klein zu schneiden, zu verrühren und den Startknopf des Schongarers zu drücken. Die Garzeit beträgt 4–6 Stunden. Wenn Sie ein Gargerät von VitaClay haben, schaffen Sie es in 2 Stunden. Sie können das Fleisch auch in einem Schmortopf oder einer Auflaufform mit Deckel bei 140–160 °C für 5–6 Stunden im Backrohr dünsten. Geben Sie in diesem Fall das Gemüse erst 40–50 Minuten vor Ende der Garzeit hinzu. Vor dem Servieren mit Meersalz abschmecken. Sobald Sie auf Stufe 4 sind, können Sie das Fleisch leicht anbraten, ehe Sie das Gemüse hinzufügen.

Maitake-Pilzsuppe zur Immunstärkung

6 bis 8 Portionen

Die Inspiration zu diesem Rezept kam mir im kleinen Naturkostladen in unserer Straße. Die Suppe ist nahrhaft und fördert den Heilungsprozess, ob mit oder ohne Pilze zubereitet. Sie können die Pilze auch durch Huhn, Fisch, Schwein oder Rindfleisch ersetzen.

2 l Hühner- oder Rinderbrühe
2–3 EL tierisches Fett, Kokosfett oder Ghee
2–3 Maitake-Pilze, gehackt
1 EL frische, geschälte Ingwerwurzel, gehackt oder fein geschnitten
5–6 gepresste oder gehackte Knoblauchzehen
110–220 g Huhn, Rind, Schwein oder Fisch, in kleinen Stücken, in Brühe vorgekocht (nach Belieben)
5–7,5 cm frische Kurkumawurzel, geschält und klein geschnitten (nach Belieben)
Meersalz
2–3 Frühlingszwiebeln (nach Belieben)

Die Brühe in einem großen Suppentopf aufkochen. Schaum entfernen. Fett einrühren und noch mal aufkochen. Hitze reduzieren. Bis auf die Frühlingszwiebeln alle übrigen Zutaten hinzufügen und auf niedriger Flamme für 30 Minuten kochen. Frühlingszwiebeln in die Suppe geben, einige Minuten mitkochen und im Anschluss servieren.

Zwiebelsuppe

6 bis 8 Portionen

2 l Hühner- oder Rinderbrühe
3–5 EL tierisches Fett, Kokosfett oder Ghee
2 Stangen Lauch, längs halbiert, dann quer in halbkreisförmige Stücke geschnitten
2 Zwiebeln, rot und/oder weiß
2 Schalotten, in Scheiben geschnitten
2 gepresste oder gehackte Knoblauchzehen
1 Bouquet garni
Meersalz
110 g kleingeschnittenes Huhn oder Rind oder Fleischklöße, in Brühe vorgekocht (nach Belieben)
Sauerrahm (nach Belieben)

Brühe aufkochen und den Schaum abschöpfen. Fett hineingeben und erneut aufkochen. Hitze reduzieren. Gemüse und Bouquet garni zur Brühe geben und zugedeckt für 30 Minuten köcheln lassen. Bouquet garni herausnehmen. Die Suppe mit einem Stabmixer pürieren und mit Meersalz würzen. Mit Huhn, Rind oder Fleischklößen als Einlage und einem Löffel Sauerrahm als Garnitur servieren.

Tomatensuppe

6 bis 8 Portionen

- 2 l Hühnerbrühe
- 2–4 EL tierisches Fett, Kokosfett oder Ghee
- 8 frische, kleinwürfelig geschnittene Tomaten oder 1,5 kg passierte Biotomaten aus der Dose
- 2 gewürfelte Zwiebeln
- 2 gepresste Knoblauchzehen
- ½ kg Schweinswürste, klein gehackt (nach Belieben)
- Meersalz
- 1 Handvoll frisches, grob geschnittenes Basilikum (Stufe 2)

Die Brühe aufkochen und den Schaum abschöpfen. Fett dazugeben und erneut aufkochen. Tomaten, Zwiebeln und Knoblauch hinzufügen und 30 Minuten bei kleiner Flamme köcheln lassen, bis die Zwiebeln weich sind. Die Suppe mit einem Stabmixer pürieren, dann die gehackten Schweinswürste in den Topf geben und weitere 10 Minuten bei niedriger Hitze kochen. Mit Meersalz abschmecken. Auf Stufe 2 Basilikumblätter als Garnitur über die Suppe streuen.

Variation ab Stufe 4: Die gehackten Würste in der oben genannten Menge Fett anbraten, bis sie schön braun sind (ca. 15 Minuten). Aus der Pfanne nehmen und auf einem Teller beiseitestellen. Zwiebeln glasig dünsten, dann Knoblauch dazugeben und unter Rühren eine weitere Minute anschwitzen lassen. Zwiebeln und Knoblauch in einen Suppentopf geben, mit Brühe aufgießen und aufkochen. Schaum abschöpfen. Tomaten hinzugeben und 15 Minuten köcheln lassen. Die Suppe nach Belieben mit einem Stabmixer pürieren oder in ihrer Konsistenz belassen. Die angebratene Wurst gut unterrühren und für weitere 15 Minuten bei mäßiger Temperatur mit den übrigen Zutaten verkochen. Mit Meersalz abschmecken und mit frisch gehacktem Basilikum garnieren.

Hühnerhaxen mit Lauch und Pilzen

4 bis 8 Portionen

Für meine Familie war dieses Gericht während der GAPS-Einstiegsdiät lebenswichtig. Die Kinder stürzten sich auf jeden Brocken und ich war froh, schon in der ersten Phase unserer Diät etwas kochen zu können, das mit ein wenig knuspriger Haut verfeinert ist. Nicht selten isst meine Tochter einen Hühnerhaxen zum Frühstück, Mittag- und Abendessen. Ich koche die dreifache Menge dieses Rezeptes, schließlich habe ich sieben hungrige Mäuler zu stopfen! Shiitake-Pilze und weiße Champignons sind meine Favoriten. Auf Stufe 2 können Sie einen Eidotter, auf Stufe 3 ein ganzes Ei in die heiße Lauch-Pilz-Suppe rühren. Diese Mahlzeit ist ein wunderbar reichhaltiges Frühstück oder ein kräftigendes Mittagessen, wenn es mal schnell gehen soll.

1–2 Stangen Lauch, längs halbiert, dann quer in halbkreisförmige Stücke geschnitten
¼ kg Pilze ohne Stiele, in Scheiben geschnitten
4–8 Hühnerhaxen mit Knochen und Haut
Meersalz
½–1 l selbstgemachte Hühnerbrühe
2 EL tierisches Fett, Kokosfett oder Ghee

Das Backrohr auf 175 °C vorheizen. Lauch und Pilze in einer großen Bratpfanne verteilen, Hühnerhaxen darüber schichten und mit Meersalz bestreuen. Die Brühe vorsichtig in die Pfanne leeren, sodass gerade noch die Haut der Haxen zu sehen ist. Fett in die Brühe geben und für 30–40 Minuten im Rohr schmoren lassen. Kontrollieren Sie zwischendurch, ob Lauch und Pilze noch von Flüssigkeit bedeckt sind. Hühnerhaxen mit Brühe, Gemüse und Salat als Beilage servieren.

Rindsschnitzel mit Pilz-Lauch-Sauce

6 bis 8 Portionen

Mit diesem Rezept mussten wir auch in der Einstiegsdiät nicht auf Rindsschnitzel verzichten. Wählen Sie Qualitätsfleisch von einem Anbieter Ihres Vertrauens.

1 l Hühner- oder Rinderbrühe
2 EL tierisches Fett, Kokosfett oder Ghee
½ kg braune oder weiße Champignons, in Scheiben geschnitten
2 Stangen Lauch, längs halbiert, dann quer in halbkreisförmige Stücke geschnitten
½–1 kg Rindsschnitzel oder Rindfleischwürfel
Meersalz

Die Brühe aufkochen und den Schaum entfernen. Fett dazugeben und noch mal aufkochen. Pilze und Lauch hinzufügen und 30 Minuten bei kleiner Flamme köcheln lassen, bis das Gemüse weich ist. Mit einem Stabmixer zu Sauce verarbeiten. Fleisch mit Meersalz würzen. Sauce zum Kochen bringen, Fleisch mit in den Topf geben und für 2–5 Minuten kochen lassen. Danach das Fleisch herausnehmen, auf einem Teller anrichten und mit Pilz-Lauch-Sauce übergießen. Für meine Kinder schneide ich das Fleisch, nachdem ich es aus dem Topf genommen habe, in mundgerechte Stücke, vermenge es dann noch mal gut mit der Sauce und richte es wie Eintopf in Schüsseln an.

Ingwertee mit Kokos und Kurkuma

1 Tasse

Während der GAPS-Einstiegsdiät habe ich über den Tag verteilt öfters eine Tasse dieses Tees getrunken. Er hält den Blutzuckerspiegel im Gleichgewicht und wärmt den Körper von innen. Die Menge an Ingwer und Kurkuma können Sie Ihrem Geschmack entsprechend variieren.

2,5 cm einer Ingwerwurzel
1–1,5 cm einer Kurkumawurzel (nach Belieben)
240 ml aufgekochtes Wasser
1 TL Kokosfett
1 TL Honig (nach Belieben)

Ingwer- und Kurkumawurzel schälen, zermahlen und in eine große Tasse füllen. Mit heißem Wasser übergießen, Kokosfett hinzugeben und umrühren. Den Tee ein wenig abkühlen lassen, ehe Sie den Honig einrühren, damit dessen Wirkstoffe erhalten bleiben.

Kokos-Bonbons

12 bis 20 Portionen

170 g Honig
100 g Kokosfett bei Zimmertemperatur

Honig und Kokosfett mit einer Gabel verrühren und in einen Eiswürfelbehälter aus Silikon füllen. Für ca. 1 Stunde in den Gefrierschrank stellen, bis die Würfel fest geworden sind. Eiswürfelbehälter gibt es in unterschiedlichen Größen und Formen. Seien Sie gemeinsam mit Ihren Kindern kreativ und verfeinern Sie die Eisbonbons nach Belieben! Ich füge gerne etwas frisch gemahlene Ingwerwurzel hinzu. In einer heißen Tasse Wasser aufgelöst, gelingt mir so im Nu ein leckerer Ingwertee, Bonuspunkte für kreative Extravaganz inklusive! Und hungrige Naschkatzen dürfen sich ab und an einen gefrorenen Würfel auf der Zunge zergehen lassen.

Hinweis: *Wenn Ihnen der Geschmack von Kokosfett nicht zusagt, können Sie auf desodoriertes Öl zurückgreifen. Fragen Sie im Reformhaus nach entsprechenden Produkten.*

Stufe 2

Stufe 2 unterscheidet sich kaum von Stufe 1. Ein paar rohe Eidotter dürfen nun mit in den Suppenteller – immerhin! Wir üben uns in Genügsamkeit und freuen uns über den bescheidenen Zuwachs.

Ich erinnere mich noch gut an den Tag, an dem Nick und ich mit Stufe 2 begonnen haben. Nach dem Begräbnis meines Onkels traf sich die ganze Familie bei meinem Cousin zuhause, um den Verstorbenen gebührend zu verabschieden. Es war die reinste Qual für uns. Noch vor der GAPS-Diät hätten Nick und ich die Trauerfeier in Schwung gehalten und unser Glas mehrmals in Gedenken an meinen Onkel erhoben; nun traten wir der Familie mit einem Topf Suppe, einem Becher Schweineschmalz und zwei Bio-Freilandeiern gegenüber. Das war definitiv einer der schrägsten Momente auf unserer GAPS-Expedition. Wiederholt bekamen wir zu essen und zu trinken angeboten: Bier? Wein? Truthahn? Kartoffel? Salat? Torte? Wir lehnten dankend ab. Ich war gerade dabei, den Dotter vom Eiklar zu trennen, als meine Schwester in die Küche kam. Ein kurzer Moment der Unachtsamkeit genügte und – schwups! – mein Bio-Freilanddotter glitt den Abfluss hinunter. Wie sehr hatte ich mich nach diesem kleinen Extra in meiner Suppe gesehnt. Meine Belohnung für die harte Arbeit auf Stufe 1 war nun dahin. Seufz!

Das Ei, das mir mein Cousin daraufhin anbot, konnte ich nicht annehmen; ich wusste ja nicht, woher es kam. Nun waren noch mehr verwunderte Blicke auf mich gerichtet. Während der ersten Monate der GAPS-Diät ist es wichtig, wählerisch zu werden und eine Spürnase für gesunde Lebensmittel zu entwickeln. Zu viel läuft falsch in der Nahrungsmittelindustrie, landwirtschaftliche Großbetriebe wirtschaften ethisch unkorrekt und die Produkte, die auf unseren Tellern landen, sind gesundheitlich bedenklich.

Wie kann es sein, dass industriell verarbeitete Nahrungsmittel an jeder Ecke zu haben sind, während es fast unmöglich – und oft sogar illegal – ist, unbehandelte Produkte zu kaufen? In Deutschland, Italien, Großbritannien und den USA etwa gibt es strenge gesetzliche Auflagen für den Verkauf von Rohmilch. Ich rate Ihnen, sich auf Entdeckungsreise zu begeben. Strecken Sie Ihre Fühler aus und Sie werden sehen, es gibt sie noch, die hochwertigen, unbehandelten Nahrungsmittel. Ein Besuch im Supermarkt wird dafür nicht genügen. Sie werden fortan ab Hof, im Bioladen, am Bauernmarkt, am Schwarzmarkt (von Rohmilchpionieren), im Internet und in Nahrungsmittelkooperativen einkaufen.

Machen Sie einen Abstecher zu den Biobauern der Region. Viele Landwirte bieten ihre Produkte in Hofläden an. Schweineschmalz, Sauerkrautsaft, hausgemachte Knochenbrühe, getrocknete Körner und Nüsse, zuckerfreier Speck und vieles mehr – alles selbstgemacht, naturbelassen, aus biologischer Landwirtschaft und aus artgerechter

Tierhaltung. Ich habe die Gelegenheit genutzt, mich einer Lebensmittelkooperative[14] anzuschließen. Mir gefiel der Gedanke, immer ein, zwei (oder sechs) zusätzliche Liter Knochenbrühe im Gefrierschrank zu haben, von der ich wusste, sie war mit allergrößter Sorgfalt aus hochwertigen und kollagenhaltigen Hühner-, Rinder- oder Fischknochen hergestellt worden. Selbstgemacht und regional ist am besten. Ich hoffe inständig, dass Sie sich die traditionellen Zubereitungsmethoden, die in diesem Buch beschrieben werden, selbst beibringen werden, allen voran das Kochen von Brühe und das Vergären von Lebensmitteln aller Art. Die Reformhäuser, Kooperativen, Bauernmärkte und Bauernläden in Ihrer Umgebung werden Ihnen als Sicherheitsnetz dienen, während Sie sich Schritt für Schritt an die neuen Handgriffe gewöhnen.

Lebensmittel, die auf Stufe 2 erlaubt sind

Verwenden Sie alle Lebensmittel aus Stufe 1 weiter, im Besonderen Brühe mit Gemüse, Fleisch und Leber. Ergänzend hinzu kommen rohe Dotter von Bio-Freilandeiern. Am besten Sie beginnen mit einem Stück am Tag und erhöhen auf mindestens einen Dotter für jeden Teller Suppe und jeden Becher Knochenbrühe, den Sie sich einverleiben. Die Grenze nach oben hin ist offen, denn Eidotter sind besonders nährstoffreich und leicht zu verdauen. Nehmen Sie weiterhin ausreichend tierische Fette zu sich. Gesunde Fette bringen den Heilungsprozess in Gang und sorgen dafür, dass Sie satt werden. Auch vergorene Gemüsesäfte dürfen bei keiner Mahlzeit fehlen.

Eintöpfe und Aufläufe sind nun eine willkommene Ergänzung zum doch recht flüssigen Suppengericht. Mehr Fleisch und Gemüse ist erlaubt, ab Stufe 4 sogar als gebratene Einlage. Auf Stufe 2 gilt es allerdings, den Darm noch zu schonen und die Zutatenliste so einfach wie möglich zu halten.

Auf Stufe 2 ergänzen wir:

- **vergorenen Lebertran**
- **vergorenen Fisch und Graved Lachs**[15]
- **rohe Eidotter** aus biologischer Freilandhaltung
- **Eintöpfe und Aufläufe** mit gekochtem Fleisch und Gemüse
- **frische Kräuter**
- größere Mengen an **Milchprodukten**: selbstgemachte Molke, Joghurt, Sauerrahm/vergorene Sahne und Kefir (bei guter Verträglichkeit)
- größere Mengen an **vergorenen Gemüsesäften**, als Zugabe zu Suppen: Die Suppe darf nicht brennheiß sein, da sonst die nützlichen Bakterien im Gemüsesaft zerstört werden
- **selbstgemachtes Ghee:** Mit einem Teelöffel am Tag beginnen und die Menge täglich erhöhen

[14] Personen, die sich zu einer Lebensmittelkooperative (FoodCoop) zusammengeschlossen haben, beziehen biologische Produkte für den Eigenbedarf direkt von lokalen Bauernhöfen, Gärtnereien, Imkereien etc. Selbstorganisation, ökologische Nachhaltigkeit und die Nachvollziehbarkeit der Herkunft von Lebensmitteln stehen im Vordergrund. Informationen zu Lebensmittelkooperativen in Österreich und Deutschland siehe Anhang.

[15] Eine Art des Haltbarmachens von Lachs, bei der der Fisch mit Beizstoffen eingerieben wird.

Kräftigende Eiereintropfsuppe

1 Portion

Monica Corrado, die zauberhafte GAPS-Küchenchefin, hat uns im vergangenen Jahr zuhause besucht und mir gezeigt, wie diese Suppe zuzubereiten ist. Seit jenem Tag ist Eiereintropfsuppe quasi zu meinem täglich Brot geworden. Das Rezept ist einfach, schnell und nährstoffgeladen – meine drei Lieblingswörter! Die Suppe eignet sich als Frühstück, Mittagessen, Abendessen oder als Mahlzeit für zwischendurch. Mein Mann nimmt oft einen Becher davon mit in die Arbeit. Ab Stufe 3 dürfen Sie auch das Eiklar verwenden.

240–480 ml selbstgemachte Hühner-, Rinder- oder Fischbrühe
1 Handvoll Spinat oder anderes Blattgemüse (nach Belieben)
1 gepresste Knoblauchzehe
1 TL frisch gemahlene Ingwerwurzel (nach Belieben)
1–2 Eidotter aus Bio-Freilandeiern
1 EL Schweineschmalz, Kokosfett oder Ghee
Meersalz
½ TL scharfe, vergorene Sauce, „Hot Nicky" (nach Belieben in der GAPS-Vollwertdiät, Seite 241)

Brühe aufkochen und Schaum abschöpfen. Spinat dazugeben und Herd ausschalten. Knoblauch und Ingwer einstreuen und Dotter einrühren. Mit einem gesunden Fett Ihrer Wahl verfeinern und mit Meersalz abschmecken. In der GAPS-Vollwertdiät können Sie „Hot Nicky" als Gewürzsauce dazureichen.

Heilbutt in Zitronen-Thymian-Brühe

4 bis 8 Portionen

Als ich mit der GAPS-Diät begonnen habe, suchte ich nach einer Idee für eine einfache, schmackhafte Fischsuppe, die ich in den ersten Monaten genießen durfte. Dies hier ist eine Variante eines Rezeptes von Martha Stewart. Ich habe es ein wenig erweitert, um es reichhaltiger zu machen. Obwohl ich mit der Einstiegsdiät bereits durch bin, kommt dieses Gericht bei uns zuhause noch regelmäßig auf den Tisch.

Die Kinder geben eine klein geschnittene Avocado und Tomaten mit in die Suppe oder nehmen den Heilbutt heraus, um ihn mit selbstgemachter Mayonnaise, vergorenem Dip oder Pesto aufzupeppen. Die Brühe trinken sie dann in einem Becher, sozusagen als „Begleitung" zum Fischgericht. Sollte Ihr Nachwuchs kein großer Anhänger von Brühe sein, kann ich Ihnen dieses Rezept nur wärmstens empfehlen. Es hat den Ruf, Suppenkasper zu bekehren! Überlassen Sie das Zerdrücken des Zitronengrases Ihren Kindern; sobald sie das frische Aroma riechen, wollen sie bestimmt probieren.

1 Stängel frisches Zitronengras oder Abrieb und Saft von 3 Zitronen
1 l Hühner- oder Fischbrühe
3–5 zerstampfte Knoblauchzehen
1 Bund frischer Thymian
10 Pfefferkörner
2–4 Heilbuttfilets
Meersalz
1 EL selbstgemachtes Ghee (bei guter Verträglichkeit) oder tierisches Fett
2 gehackte Frühlingszwiebeln
Karfiolreis (nach Belieben, Seite 87)

Zitronengras mit einem Nudelholz oder Fleischklopfer flach drücken, in drei Teile schneiden und in einen großen Topf legen. Brühe, Knoblauch, Thymian und Pfefferkörner ebenfalls in den Topf geben und aufkochen. Den Heilbutt salzen und in die kochende Brühe legen. Topf mit einem Deckel verschließen und Herd ausschalten. 6–8 Minuten ziehen lassen. Brühe in Suppenschüsseln aufteilen und mit einem großen Stück Heilbutt obenauf abschließen. Mit Ghee beträufeln und mit gehackten Frühlingszwiebeln und einem Schöpfer Karfiolreis servieren.

Mexikanische Hühnersuppe

6 bis 8 Portionen

Dieses Rezept trägt die Handschrift der wunderbaren Mentorin Sally Fallon Morell und stammt aus ihrem Buch *Nourishing Traditions*. Es ist schnell zubereitet und schmeckt jedem in meiner Familie. In der GAPS-Vollwertdiät können Sie es mit roten Chiliflocken oder einer scharfen, vergorenen Sauce würzen.

2 l selbstgemachte Hühnerbrühe
225 ml Tomatenmark
4 gepresste Knoblauchzehen
zerstückeltes, pochiertes Huhn (nach Belieben)
240 ml frischer Limettensaft

Meersalz
Sauerrahm (nach Belieben)
Avocado (Stufe 3)
Koriander (Stufe 5)

Brühe zum Kochen bringen, Schaum abschöpfen. Tomatenmark und Knoblauch einrühren. Die Hühnerstücke, wenn Sie sie verwenden, mit in den Topf geben und bei geringer Hitze für 30 Minuten kochen. Limettensaft einrühren und mit Meersalz abschmecken. Mit Sauerrahm, Avocado und Koriander servieren.

Cremiger Kohlauflauf mit Hühnerhaxen

4 bis 6 Portionen

Ich wusste lange nicht, was ich mit Kohl anfangen soll. Ich war kein großer Fan davon und hatte deshalb auch keine Rezeptideen parat. Dann entdeckte ich Dr. Campbell-McBrides „Nice Way to Cook Cabbage"-Rezept. Ich habe es ein wenig verändert und nun bin ich eine eingefleischte Kohlliebhaberin. Dieses Gericht eignet sich hervorragend zum Wiederaufwärmen – es schmeckt nach jedem Mal besser!

1 l selbstgemachte Hühner- oder Rinderbrühe
3–5 EL tierisches Fett
½ Kohl, fein geschnitten
1 große Karotte, in feine Scheiben geschnitten
½ Zwiebel, gewürfelt
1 Tomate, gewürfelt
1 EL gehackter Knoblauch
8 Hühnerhaxen mit Knochen und Haut
Meersalz
110 g Sauerrahm, Kefir oder Joghurt (nach Belieben)

Backrohr auf 175 °C vorheizen. Brühe zusammen mit dem Fett in einen hitzebeständigen Topf geben und bei mäßiger Hitze zum Köcheln bringen. Kohl, Karotte, Zwiebel, Tomate und Knoblauch dazugeben. Hühnerhaxen behutsam in den Kohl stecken, sodass die Haut gerade noch über der Brühe hervorscheint. Mit Meersalz bestreuen. Zugedeckt bei mittlerer Hitze für 30 Minuten auf der Herdplatte kochen. Deckel öffnen und den Topf für 15 Minuten ins Backrohr stellen, bis die Haut goldbraun gebraten ist. Die Suppe mit den Hühnerhaxen als Beilage anrichten, mit einem großen Löffel Sauerrahm garnieren und genießen.

Graved Lachs mit Honig

8 bis 10 Portionen

Es hat einige Zeit gedauert, bis ich mich an dieses Gericht herangewagt habe. Nun wünschte ich, ich hätte es schon früher probiert!

1–1,5 kg Wildlachsseite
1 Bund frischer Dill
1 Bund frischer Koriander
12 g gehackter Schnittlauch
160 g grobkörniges Meersalz
85 g Honig
Abrieb von 2 Zitronen
1 EL gemahlene Pfefferkörner

Lachs waschen, trocken tupfen und in zwei Stücke schneiden. Kräuter in einer Schüssel vermengen, Salz, Honig, Zitronenschale und Pfeffer in einer zweiten Schüssel anrühren und beiseitestellen.

Ein Drittel der Kräuter auf einem Teller verteilen und eine Lachshälfte mit der Haut nach unten auf die Kräuter legen. Die Oberseite mit der Hälfte der Honig-Salz-Mischung bestreichen und mit dem zweiten Drittel der Kräuter bedecken. Nun die zweite Lachshälfte mit der Haut nach oben drauflegen. Mit dem Rest der Honig-Salz-Mischung bestreichen und mit den übrigen Kräutern abschließen. Lachs mit einer Plastikfolie bedecken, ein kleines Brett drauflegen und mit einem Topf beschweren, um den Fisch zusammenzudrücken. Für 16–24 Stunden in den Kühlschrank stellen.

Salz und Kräuter von beiden Lachshälften abreiben oder abwaschen. Den Lachs trocken tupfen, schälen und in dünnen, diagonal geschnittenen Scheiben servieren. Hervorragend dazu passen frischer Dill, Kapern, gehackte Salzgurken und gewürfelte Zwiebeln (Stufe 5). Dieses Gericht lässt jeden zum Lachsliebhaber werden, auch Ihre Kinder!

Gekochte Fleischbällchen und Burger

4 bis 6 Portionen

Noch nicht ganz der Burger von früher, aber nahe dran.

1 l Brühe oder Suppe nach Wahl
½ kg Hackfleisch vom Rind, Lamm, Schwein, Huhn oder Truthahn inkl. Innereien (nach Belieben)
2 Eidotter
1 gepresste Knoblauchzehe (nach Belieben)
1 TL Meersalz

Brühe (oder Suppe) in eine große Bratpfanne schütten und zugedeckt bei mäßiger Hitze leicht aufkochen. In der Zwischenzeit alle übrigen Zutaten in einer Schüssel behutsam vermengen. Das Hackfleisch zu Kugeln oder Laibchen formen und in die Brühe legen. Zugedeckt für 5–15 Minuten köcheln lassen, bis das Fleisch die gewünschte Garstufe erreicht hat. Mit der Suppe servieren oder die Suppe zum Trinken aufbewahren.

Wursteintopf mit Kohl

8 bis 10 Portionen

Dies war schon immer eines meiner Lieblingsgerichte und nun brannte ich förmlich darauf, es für GAPS neu zu entwerfen. Es stammt aus Jessica Prentices Buch *Full Moon Feast* und ist einfach köstlich!

120–240 ml Fleischbrühe
2 EL Schweineschmalz oder ein anderes tierisches Fett
2 Stangen Lauch (oder Zwiebeln), längs halbiert, dann quer in halbkreisförmige Stücke geschnitten
1 kleiner oder ½ großer Kohlkopf, fein zerkleinert
1 Bund Blattgemüse, z. B. Spinat, Mangold, Grünkohl, Blattkohl, Senfkohl, Blätter von Speiserüben oder Rettich, in lange, dünne Streifen geschnitten
1–2 kleine Steckrüben oder Speiserüben, gewürfelt
Meersalz
½–1 kg rohe, ganze Würste im Naturdarm
75 g Sauerkraut
Sauerrahm (nach Belieben)

Brühe in den Topf geben, Fett einrühren. Lauch, Kohl, Blattgemüse, Steckrüben und eine großzügige Prise Meersalz hinzufügen. Leicht aufkochen. Zugedeckt bei mäßiger Hitze etwa 15 Minuten köcheln lassen, bis die Steckrüben mit einer Gabel leicht zu durchstechen sind. Würste aus den Därmen lösen, in den Topf geben und mit einem Holzlöffel zerteilen. Weitere 15 Minuten kochen, bis die Wurst durch ist. Bei Bedarf können Sie noch mehr Suppe hinzufügen. Ausreichend salzen und in Schüsseln anrichten. Wenn die Suppe ein wenig abgekühlt ist, das Sauerkraut und einen großen Löffel Sauerrahm dazurühren.

Variation (Stufe 4): Das Fett im Topf erhitzen und den Lauch darin 10 Minuten anschwitzen. Den klein geschnittenen Kohl und eine Prise Salz dazugeben. Bei geringer Hitze weiterbraten, bis der Kohl zu zerfallen beginnt. Blattgemüse einrühren. Steckrüben und noch etwas Salz dazugeben und mit einem Schuss Brühe ablöschen. Deckel auf den Topf setzen und bei geringer Hitze köcheln lassen, bis die Rüben mit einer Gabel leicht zu durchstechen sind. Wenn zu viel Flüssigkeit verdunstet, etwas mehr Brühe nachfüllen. Würste aus den Därmen lösen, in den Topf geben und mit einem Holzlöffel zerteilen. Weitere 15 Minuten kochen, bis die Wurst durch ist. Ausreichend salzen. Wenn der Eintopf ein wenig abgekühlt ist, das Sauerkraut und einen großen Löffel Sauerrahm einrühren.

Rindereintopf

8 bis 10 Portionen

Eintopf ist eine willkommene Ergänzung zum Speiseplan auf Stufe 2. Es tut gut, wieder etwas mit mehr Biss zu essen. Dieses Gericht eignet sich besonders für zähere Fleischstücke vom Kamm oder von der Keule. Sie finden es im Geschäft auch als Gulaschfleisch. Alternativ zu Rindfleisch können Sie Hühnerbrust verwenden.

1– 1½ kg Gulaschfleisch oder Rinderbraten am Stück
ca. 600 g klein geschnittenes Gemüse, z. B. Karotten oder Zwiebeln
selbstgemachte Hühner- oder Rinderbrühe zum Aufgießen
Meersalz

Fleisch auf Zimmertemperatur bringen. Großzügig mit Meersalz beizen. Fleisch und Gemüse in einen Topf legen und mit Brühe auffüllen, bis die Zutaten fast zur Gänze bedeckt sind. (Wenn Sie zu wenig Brühe haben, können Sie Wasser beimengen.) Aufkochen, dann Hitze reduzieren und zugedeckt für 45 Minuten köcheln lassen, bis das Gemüse weich ist. Wenn Sie ein Bratenstück verwendet haben, nehmen Sie es vorsichtig aus dem Topf und legen Sie es auf ein Schneidebrett. Schneiden Sie Scheiben ab und zerpflücken Sie diese im Anschluss mithilfe zweier Gabeln. Geben Sie das Fleisch zurück in den Topf und fügen Sie ausreichend Meersalz hinzu. Probieren Sie den Eintopf mit selbstgemachtem Karfiolbrei als Beilage (Rezept folgt).

Hinweis: *Sie können den Rinderbraten auch bei niedriger Stufe für 6–8 Stunden im Schongarer garen oder zusammen mit dem Gemüse und der Brühe im Backrohr bei 120 °C, zugedeckt, für 2–3 Stunden braten. Ich bevorzuge den Schongarer, weil das Fleisch dann fast von selbst auseinanderfällt, wenn es fertig ist. Sie können den Braten morgens in den Schongarer legen und müssen ihn dann nur noch mit ein wenig vergorenem Gemüsesaft, Sauerrahm und gehackten Avocadostücken garnieren. Fertig ist das Abendessen!*

Variation (Stufe 4): Fleisch auf Zimmertemperatur bringen. Großzügig mit Meersalz beizen und mit frischem schwarzem Pfeffer würzen. 50 g tierisches Fett (ich empfehle Talg) in einem Brattopf bei mittlerer Hitze am Herd schmelzen. Fleisch darin anbraten und auf einem Teller beiseitestellen. Direkt im Anschluss das Gemüse in den Topf geben und im Bratensaft schwenken. 2 EL frischen Thymian oder 2 TL getrockneten Thymian (Stufe 5), 2–3 zerstampfte Knoblauchzehen, 2–3 Lorbeerblätter und eine Prise Salz dazugeben. Für 5 Minuten kochen lassen. Das Fleisch zurück in den Topf geben und mit Brühe auffüllen, bis die Zutaten fast zur Gänze bedeckt sind. (Wenn Sie zu wenig Brühe haben, können Sie etwas Wasser hinzufügen.) Aufkochen, dann Hitze reduzieren und zugedeckt für 45 Minuten köcheln lassen, bis das Gemüse weich ist. Weiter verfahren, so wie oben beschrieben.

Karfiolbrei (Blumenkohlbrei)

6 bis 8 Portionen

Wenn Sie im Eintopfkochen geübt sind, können Sie aus Ihrem Eintopf in wenigen Schritten einen Auflauf zaubern: Füllen Sie den Eintopf in eine Auflaufform, streichen Sie den pürierten Karfiol darüber und stellen Sie die Form bei 180 °C für 30 Minuten ins Backrohr. Der fertige Auflauf ähnelt einem Kartoffelgratin.

1 Karfiolkopf
700–950 ml Wasser oder Brühe
3–4 EL Ghee, Kokosfett, Schweineschmalz oder Talg
1–2 EL Sauerrahm und/oder Ghee
Meersalz

Karfiol in kleine Röschen teilen. Wasser oder Brühe in einen Topf füllen, Karfiol darin dünsten oder bei mäßiger Hitze für 10–15 Minuten weichkochen. Abseihen und den Karfiol mit einem Fett Ihrer Wahl im heißen Topf vermengen. Mit dem Handmixer oder in der Küchenmaschine pürieren, bis eine sämig glatte Masse entstanden ist. Sauerrahm und/oder Ghee dazurühren und mit Meersalz abschmecken.

Hackfleisch-Eintopf

8 bis 10 Portionen

Dieser Eintopf ist eine schmackhafte Alternative zu Gulasch. Sie können ihn mit einem Spiegelei obenauf servieren. Für das Hackfleisch nehme ich ½ kg faschiertes Fleisch mit Innereien und ½ kg ohne Innereien. Geeignet ist Faschiertes vom Rind, Huhn, Truthahn, Schwein oder Lamm. Auch als Auflauf mit Karfiolbrei (siehe vorige Seite) schmeckt dieses Gericht fabelhaft.

½–1 kg Rinderbrühe
3 gewürfelte Zwiebeln
2 gewürfelte Selleriestangen
2 gewürfelte Karotten
2–3 EL Schweineschmalz, Rindertalg oder ein anderes Fett
1 kg Hackfleisch
2 Zweige frischer Rosmarin, gehackt
2 Zweige frischer Thymian, gehackt
4–5 frische Salbeiblätter, gehackt
1 Lorbeerblatt
1–2 TL Meersalz

Brühe, Gemüse und Fett in einem Topf zum Kochen bringen. Hitze reduzieren und Hackfleisch einrühren. Dabei das Fleisch mit einem Holzlöffel auseinanderbrechen. Kräuter dazugeben und zugedeckt bei geringer Hitze für 45 Minuten kochen lassen. Mit Meersalz abschmecken und anrichten.

Variation (Stufe 4): Das Hackfleisch gut mit Salz würzen. Fett in einen Schmortopf geben und das Faschierte darin anbraten. Fleisch aus dem Topf nehmen und beiseitestellen. Im selben Topf Zwiebeln, Sellerie und Karotten leicht salzen und anschwitzen. Wenn nötig, noch etwas Fett hinzufügen. Kräuter einstreuen. Für 20–25 Minuten bei niedriger Hitze garen, sodass das Gemüse den vollen Geschmack von Kräutern und Fett aufsaugen und leicht karamellisieren kann. Das Hackfleisch mit dem abgetropften Bratensaft zurück in den Topf geben und unter Rühren 5 Minuten kochen, bis alle Zutaten gut vermengt sind. Mit Rinderbrühe aufgießen, Hitze reduzieren und zugedeckt für weitere 45 Minuten köcheln lassen. In Schüsseln anrichten.

Salzkristalle

Hier ist noch eine Leckerei, die wir während der Einstiegsdiät genossen haben: Honig und Ghee zu gleichen Mengen mit einer Prise Salz verrühren. In Schokoladeformen oder Eiswürfelbehälter aus Silikon füllen und ins Kühlfach legen. Für zusätzliche Rezeptideen lesen Sie unter „Kokos-Bonbons" (Seite 51) nach. Die Salzkristalle in einer Tasse Tee auflösen oder direkt gefroren genießen. Genau das Richtige für erhitzte Gemüter.

Stufe 3

Stufe 3 war ein großer Sprung für uns. Avocado und – lassen Sie es sich auf der Zunge zergehen – Guacamole! Wir waren von den Toten wieder auferstanden. Avocado ist eine fantastische Beilage. Auch heute noch ist sie täglich auf unserem Esstisch zu finden. Geschält und zerstampft, mit einer Prise Salz und einem Schuss frischem Limettensaft versetzt, werden Ihre Kinder begeistert davon sein. Auf Stufe 3 servieren wir zudem Kürbispfannkuchen mit etwas Honig darüber … Lecker! Sie werden gewiss nicht so flaumig sein wie die Pfannkuchen, die Sie von früher gewohnt sind, aber sie schmecken und erfüllen ihren Zweck.

Unser Standardfrühstück bestand aus zwei Eiern, 2–3 EL Ingwerwurzel, zwei oder drei Kürbispfannkuchen, einer halben Avocado (zerdrückt, mit ein wenig Salz) und einem Teller Brühe mit einem Löffel Schmalz und einer Prise Salz. Eier gab es sowieso in jeder Form, oft als Omelett großzügig garniert mit Huhn, Avocado, gewürfelten Tomaten, vergorenem Dip und scharfer Sauce. Wir hatten den schwierigsten Teil überstanden. In unser Leben kehrte wieder Normalität ein oder, wie mein Ehemann zu sagen pflegt, „die neue Normalität“. Die Honigleckereien zwischen den Mahlzeiten und der Tee mit Kokosfett blieben uns weiter erhalten, wie auch die sehr suppenlastigen Mahlzeiten zu Mittag und am Abend. Aber die Fortschritte waren zu erkennen und wir waren richtig motiviert.

Sogar unsere Tochter hielt sich wacker. Zu ihrem täglichen Hühnerhaxen mit gebratener Haut aß sie Zwiebeln, die in reichlich Fett gedünstet waren, und selbstgemachte Guacamole. Die epileptischen Anfälle wurden mit jedem Tag weniger. Als ich Ghee in unsere Zutatenliste aufnahm, stieg die Zahl der Anfälle merklich an, sodass ich es umgehend wieder absetzte.

Auf Stufe 3 werden Sie sich mit der Wiedereinführung von Milchprodukten häufig auf Testfahrt begeben. Ihr Körper ist mittlerweile in einem absolut allergenfreien Zustand und gäbe sofort zu erkennen, wenn ihn ein bestimmtes Nahrungsmittel belastet. Ein Milchprodukt am Tag zu konsumieren, ist ein guter Richtwert, wenngleich diese Messlatte für mich zu hoch gelegt war. Ich musste meine ganze Energie dafür aufwenden, die Dinge am Laufen zu halten: Arbeit, Haushalt, Familie im Allgemeinen und unsere Verdauung im Besonderen, die ziemlich ins Stocken geraten war. Verdauungsstörungen sind in der Anfangsphase der GAPS-Diät keine Seltenheit. Der Körper beginnt, sich umzustellen und der Darm trägt das Seine dazu bei. Wir haben mit natürlichen Abführmitteln nachgeholfen und schon bald konnte von Verstopfung keine Rede mehr sein. Wenn Milchprodukte bereits auf Ihrem Speiseplan stehen, können Sie mit Sauerrahm und vergorenen Gemüsesäften (gegen Verstopfung) und mit selbstgemachtem Joghurt und Molke (gegen Durchfall) regulierend auf Ihre Verdauung einwirken.

So unpassend es auch erscheinen mag, in einem Kochbuch über Stuhlgang zu schreiben, so ist er doch von existenzieller Bedeutung. Nick findet die richtigen Worte, wenn er meint, dass eine gesunde Verdauung die Welt in Schwung hält: „Poop is what makes the world go around.[16]" Das Kraftwerk in unserem Körper arbeitet unermüdlich. Erst wenn Probleme auftreten, werden wir uns seiner Funktion bewusst. Ein rebellierender Darm hat äußerst unangenehme Folgen, die wohl jeder von uns schon einmal zu spüren bekommen hat. Hören Sie auf Ihren Bauch und machen Sie weiter, womit Sie begonnen haben. Dann wird auch diese Phase vorübergehen.

Lebensmittel, die auf Stufe 3 erlaubt sind

Übernehmen Sie alle Lebensmittel der vorherigen Stufen. Die Avocado, zerdrückt oder in Würfel geschnitten, ist an dieser Stelle eine geeignete Beigabe zu jeder Mahlzeit. Glasig gedünstete Zwiebel mit viel tierischem Fett wirken sich positiv auf die Verdauung und die Immunabwehr aus. Vergorene Gemüsesäfte sollten weiterhin Bestandteil einer jeden Mahlzeit sein. Nun ist auch das in den Säften eingelegte, vergorene Gemüse erlaubt. Ingwerkarotten, selbstgemachten Gemüsedip und Salzgurken aßen wir am liebsten.

Probiotische Präparate zur Stärkung der Darmflora können hilfreich sein. Nehmen Sie diese auf leeren Magen, wenn möglich zwanzig Minuten vor dem Essen, ein.

Auf Stufe 3 ergänzen wir:

- **reife Avocado** als Beigabe zu Suppe: Mit einem Teelöffel beginnen, dann täglich etwas mehr hinzufügen
- **Pfannkuchen** aus Kürbis, Nussbutter (nach Belieben), Eier und ein wenig Honig: Mit einem Stück pro Tag beginnen, Menge langsam steigern
- **Mandelbutter**
- **Eier:** Weich gekocht und als Spiegeleier oder Eierspeise in viel tierischem Fett, Ghee oder Kokosfett gebraten
- **weich gekochtes Gemüse:** Kohl, Sellerie, Spargel
- **Zwiebeln**, in reichlich tierischem Fett angeschwitzt
- **Probiotika**[17], die in der GAPS-Diät erlaubt sind
- **vergorenes Gemüse:** Mit kleinen Mengen beginnen und auf 1–4 Teelöffel pro Mahlzeit steigern

Eier

Eier, Eier und nochmals Eier. Ich hätte mir nie erträumen lassen, dass wir in einer Woche ganze zehn Kartons Eier verzehren! Ab dem Zeitpunkt, ab dem wir ein, zwei Dotter in unsere Suppen rühren durften, haben sich die Eierkartons bei uns zu stapeln begonnen. Eidotter enthalten besonders viele Nährstoffe und ergeben ein supergünstiges Frühstück,

[16] In Anlehnung an „Geld regiert die Welt"; Anm. d. Übers.
[17] Eine Liste der empfohlenen Probiotika finden Sie im Onlinehandel unter http://www.shop.gapsdiet.com/

Mittag- oder Abendessen, wenn man sie mit den Resten vom Vortag verwertet. Ich esse meine Suppe auch heute noch mit Dotter, rühre einmal die Woche Mayonnaise an und mixe Eidotter in die Smoothies und Säfte meiner Kinder. Nehmen Sie die besten Eier, die Sie finden können. Wenn es einen Bauernhof mit Bio-Freilandhaltung in Ihrer Umgebung gibt, sollte das Ihre erste Anlaufstelle sein.

Mexikanisches Omelett

1 Portion

Während der Einstiegsdiät habe ich oft Omelett gemacht, vor allem für meine beiden älteren Söhne. Es gibt unzählige Zutaten, die hervorragend in einem Omelett harmonieren, doch da diese Variante laut meinen Verkostern „echt hammermäßig" sein soll, habe ich hier Campbells und Coopers Lieblingsrezept für mexikanisches Omelett für Sie.

2–4 EL tierisches Fett, Ghee oder Kokosfett
2–3 Eier
Meersalz
55 g Hackfleisch vom Rind (Innereien sind ein willkommenes Extra) oder Huhn, vor dem Verwenden mit einer halben, gewürfelten Zwiebel, Salz und Pfeffer in Brühe gar gekocht
50 g gewürfelte Tomaten (Stufe 5)
2 EL zerdrückte Avocado
2 EL Korianderdip, milchsauer vergoren (Seite 234)
2 EL gehackter Koriander
Sauerrahm (bei Verträglichkeit)

Fett in einer Pfanne schmelzen. Eier aufschlagen, verquirlen und eingießen. Pfanne schwenken, um die Eimasse zu verteilen. Eier ein wenig stocken lassen, dann mit Salz bestreuen. Wenn die Unterseite goldbraun und die Oberseite noch ein wenig flüssig ist, das Omelett mit einer Spachtel vom Rand lösen und auf einen Teller gleiten lassen. Es muss nicht ganz durchgekocht sein, da es nach dem Falten weitergaren wird. Hackfleisch, gewürfelte Tomaten, Avocado, vergorenen Dip und Koriander auf einer Hälfte des Omeletts verteilen. Das Omelett zusammenklappen und nach Belieben mit Sauerrahm garnieren.

Ab Stufe 5 habe ich dem Hackfleisch während des Kochens etwas von meiner Taco-Gewürzmischung (Seite 128) beigemengt. In der GAPS-Vollwertdiät stand zudem geriebener Rohmilchkäse auf der Zutatenliste. (Für weitere Anregungen lesen Sie die Variationen zu „Frittata" auf Stufe 4, Seite 77.)

Weich gekochte Eier

Ich erinnere mich daran, als Kind öfters ein weiches Ei mit gebuttertem Toast, einer Prise Salz und frisch gemahlenem Pfeffer gegessen zu haben. Lecker! Brot ist nun nicht mehr erlaubt, aber auch nur mit Butter und Salz mundet es ausgezeichnet. In der GAPS-Vollwertdiät essen meine Söhne gerne drei weich gekochte Eier mit einem Esslöffel selbstgemachter Butter verrührt und einem Stück Brot aus Kokosbutter (Seite 118), einer Scheibe Avocado und ein bis zwei Scheiben Speck als Beilage. Salz und Pfeffer dürfen natürlich auch nicht fehlen.

Einen Kochtopf zu drei Vierteln mit Wasser füllen und das Wasser aufkochen. Eine Prise Salz hinzufügen, um das Knacken der Schale zu vermeiden. Die Eier mit einem großen Löffel vorsichtig ins kochende Wasser legen. Den Topf vom Herd nehmen, Deckel daraufgeben und die Eier ziehen lassen, bis sie die gewünschte Härt haben:

7 Minuten wachsweich

12 Minuten hart gekocht

Wenn die Garzeit erreicht ist, lassen Sie kaltes Wasser direkt in den Topf laufen, bis die Schale ein wenig abgekühlt ist und Sie die Eier herausnehmen können. Mit einem Messer halbieren, Eiweiß und -dotter in eine Schüssel löffeln und mit Butter und Salz vermengen.

Hart gekochte Eier legen Sie nach Ende der Garzeit für 5 Minuten in eine Schüssel mit kaltem Wasser, um den Kochprozess zu unterbrechen. Die Eier im Anschluss aus der Schüssel nehmen und im Kühlschrank aufbewahren.

Spiegeleier

Spiegeleier sind schnell und einfach zubereitet. Mit Tomatenstücken und Avocado als Beilage und einem Glas Kefir als Getränk gereicht, ergeben sie ein ideales Frühstück an Schultagen.

Eier in eine mit Fett bestrichene Pfanne aufschlagen. Einige Minuten bei geringer Hitze braten, sodass die empfindlichen Proteine erhalten bleiben. Bei Spiegeleiern bleibt der nährstoffreiche Dotter nahezu ungekocht. Sie können die Eier aber auch einmal kurz wenden (für wenige Sekunden auf die Dotterseite, dann wieder zurück) und in dieser Variante servieren.

Wenn meine Kinder nach einem stimmungsgeladenen Spieleabend noch hungrig sind, werfe ich schnell ein paar Eier in die Pfanne, als kleinen Happen vor dem Zu-Bett-Gehen. Nichts leichter als das!

Eierspeise

Eier in einer Schüssel verquirlen. Fett bei geringer Hitze in einer Bratpfanne schmelzen und die Eimasse einfüllen. Mit einem Holzlöffel leicht verrühren und vom Rand lösen. Anrichten, solange die Eier noch ein wenig flüssig sind; sie werden am Teller stocken. Mit Salz bestreuen und servieren.

Pochierte Eier

Pochierte Eier sind ein wenig knifflig in der Zubereitung, jedoch vorzüglich im Geschmack. Meine Mutter hat zum Abendessen öfters Eier Benediktiner Art gekocht. Das war garantiert eines meiner Lieblingsgerichte. Ihr zu Ehren koche ich es oft nach, mit getoastetem Kokosbutter-Brot (GAPS-Vollwertdiät, Seite 118), Speck (GAPS-Vollwertdiät), einem pochierten Ei, Avocado und Sauce hollandaise (Seite 111) und sie ist begeistert davon! Nick pochiert zum Frühstück oftmals zwei Eier in Brühe, zusammen mit Wurst und vergorener, scharfer Sauce (Seite 241).

Um ein Ei zu pochieren, bringen Sie Wasser mit etwas Salz in einer Pfanne zum Kochen. Knacken Sie ein rohes Ei auf und leeren Sie es vorsichtig in eine Tasse oder kleine Schüssel, sodass der Dotter ganz bleibt. Lassen Sie das Ei langsam ins heiße Wasser gleiten. Es wird ein wenig zerlaufen, aber das ist in Ordnung. Das Ei für 2–4 Minuten kochen, je nachdem, wie hart Sie es haben möchten. Mit einem Siebschöpfer aus dem Wasser heben und in Ghee schwenken. Sie können das Ei so verspeisen oder sich eine kreative Beilage überlegen. Lachs, Sauce hollandaise und ein wenig frischer Dill sorgen für eine pure Geschmacksexplosion! Oder versuchen Sie es mit Avocado, Speck und Hollandaise. In der GAPS-Vollwertdiät können Sie Kokosbutter-Brot in Ghee oder Schweinefett schwenken und das pochierte Ei darauf setzen. Meersalz und frisch gemahlenen Pfeffer (ab Stufe 5) nicht vergessen.

Kürbispfannkuchen

6 bis 8 kleine Pfannkuchen

Meine Kinder essen sie am liebsten mit ein wenig Butter oder Ghee und einigen Tropfen Honig darüber. Da der Teig von sich aus schon recht süß ist, sollten Sie mit dem Honig nur aufwarten, wenn nachdrücklich nach ihm verlangt wird.

250 g pürierter Kürbis (Rezept Seite 70)
3 Freilandeier
1 TL Zimt (Stufe 5)
Prise Salz
1 TL Vanilleextrakt (nur selbstgemacht; siehe Rezept auf Seite 96)
2 EL tierisches Fett, Kokosfett oder Ghee (zum Braten)

Die ersten fünf Zutaten in einer Rührschüssel vermixen. Fett in einer kleinen Pfanne auflösen und den Teig portionsweise herausbacken. Nach 1–2 Minuten wenden und fertigbacken. Es kann ein wenig dauern, bis man den Dreh heraus hat. Achten Sie darauf, die Küchlein nicht zu früh zu wenden, da sie leicht auseinanderbrechen.

Kürbispüree

Um Kürbispüree herzustellen, teilen Sie einen reifen Kürbis (Butternuss-, Muskat-, Gartenkürbis o. a.) der Länge nach und schaben Sie die Kerne heraus. Platzieren Sie die Kürbishälften kopfüber auf ein mit Wasser benetztes Backblech. Bei 180 °C für 45 Minuten backen, bis Sie mit einer Gabel mühelos das Fleisch durchstechen können. Aus dem Rohr nehmen und auskühlen lassen. Das Kürbisfleisch aus der Schale lösen und in einer Küchenmaschine pürieren. In Portionen zu je 250 g einfrieren.

Selleriesuppe

6 bis 8 Portionen

Vor einigen Monaten fand ich in meinem CSA-Gemüsekisterl[18] Sellerieknollen. Wie es der Zufall wollte, hatte ich in jener Woche bereits zweimal eine vorzügliche Selleriesuppe in einem örtlichen Restaurant gegessen und dachte mir nun, es wäre passend, daraus ein GAPS-taugliches Rezept zu kreieren. Für den Anfang genügt es, wenn Sie nach dem Pürieren der Zutaten ein paar Pilze zum Garnieren darüberstreuen. Sollten Sie an einer Hefepilzinfektion leiden, ist es ratsam, mit den Pilzen noch etwas zu warten, bis die Infektion abgeklungen ist.

2 l Hühnerbrühe
2–3 EL tierisches Fett, Kokosfett oder Ghee
2 gehackte Zwiebeln
2 Sellerieknollen, geschält und gewürfelt
2 Stangen Lauch, gewaschen und geschnitten
1 Fenchelknolle, klein geschnitten
Meersalz

Brühe in einem großen Suppentopf aufkochen und den Schaum abschöpfen. Das Fett einrühren. Gemüse dazugeben und zugedeckt köcheln lassen, bis das Gemüse weich ist (etwa 20 Minuten). Die Suppe mit einem Stabmixer pürieren und mit Salz abschmecken.

Auf Stufe 4 können Sie die Suppe mit gedünsteten Knoblauch-Pilzen (Seite 75) und ein paar Spritzern Olivenöl verfeinern.

[18] CSA (Community Supported Agriculture), im deutschen Sprachraum auch als Solidarische Landwirtschaft (SoLaWi) geläufig, ist ein Zusammenschluss von Bauern und Bürgern einer Region, die sich um nachhaltige, biologische Produktionsweisen in der Landwirtschaft bemühen. Die Bürger garantieren die Abnahme der Erzeugnisse und tragen in manchen Fällen die saisonalen Ausgaben der Bauern mit. Dafür erhalten sie einen Anteil an der Ernte sowie einen Einblick in die Produktionsprozesse und die Garantie auf Lebensmittel in bester Qualität, die ihnen in regelmäßigen Abständen vor die Haustüre geliefert werden. „Gemüsekisterl" sind auch in Österreich und Deutschland verbreitet (siehe Anhang).

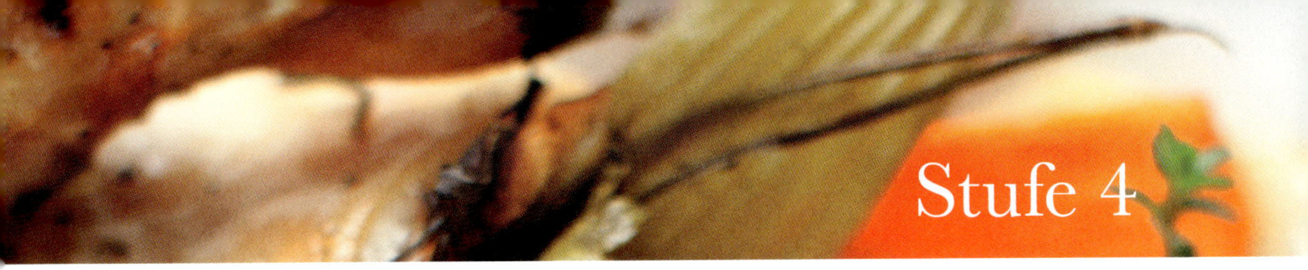

Stufe 4

Nick hat für jedes Problem die richtige Lösung parat. Im Gespräch mit anderen Familien trafen wir auf einen Vater, der nach einer Woche in der GAPS-Einstiegsdiät am Erfolg des Ernährungskonzeptes zweifelte. Er klagte darüber, dass seine Kinder erschöpft und ausgelaugt wären und sich miserabel fühlten. Er war kurz davor, aufzugeben. Nick sagte zu ihm: „Mach weiter bis zum ersten Burger, okay? Mach einfach weiter bis zum ersten Burger." Für viele fleischvernarrte Männer bedeutet der erste Burger die Entscheidung zwischen Sieg und Niederlage. Ein Burger mit Knoblauchmayonnaise, karamellisierten Zwiebeln und Knoblauch-Pilzen mag für so manchen die perfekte Mahlzeit sein, GAPS-Diät hin oder her. Nehmen Sie einen Bissen davon und all die Ängste, die mit der Ernährungsumstellung verbunden sind, werden Geschichte sein. Ihre Nervosität wird schwinden und Sie werden nicht länger daran zweifeln, dass Sie diese Diät durchhalten können. Zuvor allerdings müssen Sie stark bleiben und die mitunter beschwerliche Anpassungsphase überstehen. Zeigen Sie sich motiviert, bleiben Sie am Ball und weichen Sie nicht von Ihrem Weg ab. Die Dinge werden sich zu Ihren Gunsten wenden, denn Sie legen den Grundstein für ein Leben in Gesundheit.

Denken Sie daran, dass der Übertritt auf die nächste Stufe von Ihrem persönlichen Empfinden abhängt. Verlieren Sie Ihre Motivation nicht, wenn Ihr Körper Ihnen signalisiert, noch länger auf einer bestimmten Stufe auszuharren. Durch die Einführung bestimmter Nahrungsmittel kann sich eine ganze Reihe untypischer Symptome bemerkbar machen: Juckreiz, Befindlichkeitsstörungen, Blähungen, Erschöpfung, Ausschlag, Durchfall u. a. Für Sie bedeutet das eine Stufe zurückzutreten und Ihre Mahlzeiten wieder zu vereinfachen. Ich weiß, es ist mühsam, doch in der GAPS-Einstiegsdiät ist der Heilungsprozess gerade erst in Schwung gekommen. Übereilen Sie nichts. Meine GAPS-Beraterin hat mir zum Sechs-Monats-Meilenstein eine SMS mit folgendem Inhalt geschickt: „Geduld!" Ich habe zurückgeschrieben: „Ja, ich weiß jetzt, dass es eine lange Reise sein wird. Eine Geduldsprobe und ein Liebesbeweis." Sie antwortete darauf: „Genau! Und du schaffst das … Wir Mütter können alles schaffen für unsere kleinen Lieblinge!" Wie recht sie damit hat. Geduldigsein ist gewissermaßen ein Inbegriff von Mutterliebe. Dem hinzuzufügen habe ich nur meine eigene GAPS-Definition von Geduld, nämlich es bis zum ersten Burger auf Stufe 4 zu schaffen!

Ein weiterer wichtiger Baustein auf Stufe 4 ist frisch gepresster Gemüsesaft. Saftkuren sind eine altbewährte Methode, den Körper zu entgiften und ihn mit Nährstoffen vollzupacken. GAPS-Patienten tragen zumeist einen Überschuss an Giftstoffen in sich, weil ihre körpereigenen Entgiftungsprozesse lahmgelegt wurden. Mithilfe nährstoffreicher, frisch gepresster Säfte gelingt es unserem Körper, die Giftstoffe zu beseitigen, die seine Genesung behindern.

Das Saftmachen stellte mich vor neue Herausforderungen. Zum einen hatten wir keinen Entsafter zuhause und zum anderen würde das Verarbeiten von frischem Bio-Gemüse für sieben Personen mit großem finanziellen Aufwand verbunden sein. Wir haben etwa einen Monat lang mit Küchenmixer und Sieb Gemüsesäfte hergestellt, bis ich mir zum Muttertag einen Entsafter gekauft habe. Ich denke, man kann sagen, das traditionelle Frühstück im Bett und Umhätscheltwerden an meinem Ehrentag fielen flach. Stattdessen stand ich allein im Kaufhaus, um ein Gerät zu kaufen, mit dem ich noch mehr Zeit in der Küche verbringen würde. Welch Ironie.

Die Anschaffung hat sich jedoch gelohnt. Gemüsesäfte eignen sich ab dieser Stufe hervorragend, um die Entgiftung zu beschleunigen. Das Entsaften ist ein wirkungsvoller Teil des Ernährungsprogrammes, aber es ist zeitintensiv und kostspielig. Sie dürfen kein schlechtes Gewissen haben, wenn Sie ein, zwei (oder fünf) Tage ohne frisch gepresste Säfte verstreichen lassen. Ihr Körper wird weiterhin heilen. Wenn Sie nicht genug Zeit oder Ressourcen haben, um regelmäßig zu entsaften, tun Sie es, wann immer Sie Gelegenheit dazu haben. Meine GAPS-Beraterin hat mich wissen lassen, dass es besser ist, auf das Entsaften zu verzichten, ehe es zur Belastung wird. In den ersten drei Monaten war ich eifrig bei der Sache. Dann begann der Sommer und wir griffen häufiger zu frischem Obst. Mit Herbstbeginn kam der Entsafter dann wieder regelmäßig zum Einsatz.

Lebensmittel, die auf Stufe 4 erlaubt sind

Verwenden Sie die Lebensmittel der vorherigen Stufen weiter. Sie können Ihre Brühe nun etwas länger kochen. In der Pfanne gebratenes und im Backrohr gegrilltes Fleisch ist erlaubt. Und Sie dürfen Olivenöl und Nussmehl-Brot verwenden. Bestreichen Sie das Brot vor dem Essen unbedingt mit einer dicken Schicht Ghee.

Auf Stufe 4 ergänzen wir:

- **gebratenes und gegrilltes Fleisch und Fisch** (nicht frittiert oder auf offenem Feuer gegrillt): Mit kleinen Mengen beginnen
- **kaltgepresstes Olivenöl:** Mit wenigen Tropfen beginnen, auf 1–2 Esslöffel pro Mahlzeit steigern
- **frisch gepresste Säfte:** Mit einem Teelöffel frischem Karottensaft auf nüchternen Magen beginnen. Im weiteren Verlauf Säfte aus Sellerie, grünem Blattsalat und Minze zubereiten
- **Walnuss- und Mandelmehl**
- **Brot aus gemahlenen Nüssen und Körnern**

Burger mit Aioli und karamellisierten Zwiebeln

8 Portionen

Ein erster Etappensieg!

4 EL Ghee, Kokosfett oder Schweineschmalz
2–3 Zwiebeln, in Scheiben geschnitten
Meersalz
Honig nach Belieben
1 kg Rinderhack (gute Gelegenheit, Innereien mitzuverarbeiten)
Aioli (Knoblauchmayonnaise, Seite 108)

Für die karamellisierten Zwiebeln 2 EL Fett in einer Pfanne schmelzen. Die Zwiebeln mit etwas Salz bei mäßiger Hitze 30 Minuten lang braten, bis sie karamellisiert sind. Ein klein wenig Honig nach dem Braten eingerührt, verleiht den Zwiebeln eine leichte Süße. Zwiebeln zum Servieren bereithalten.

Aus dem Hackfleisch Laibchen formen, ohne das Fleisch dabei zu sehr zusammenzudrücken. Beide Seiten großzügig mit Salz bestreuen. Die restlichen 2 EL Fett in der Pfanne schmelzen und die Laibchen darin anbraten. Nach etwa 4 Minuten pro Seite auf mittlerer Hitze ist das Fleisch innen zart rosa. Den Burger mit Knoblauchmayonnaise und Knoblauchpilzen (siehe unten) garnieren und mit vergorenem Gemüse als Beilage servieren. Karamellisierte Zwiebeln dazu reichen.

Knoblauchpilze

4 bis 6 Portionen

Sie passen wunderbar zu Suppe, Ei, Burger und Filet. Wenn Sie Pilze mögen, haben Sie mit diesem Rezept eine einfache, schnelle und leckere Beilage für eine Vielzahl an Gerichten. Bei mir kommen meist braune Champignons und Shiitake-Pilze in die Pfanne. Sie können jedoch gerne andere saisonal verfügbare Pilze wählen oder auf getrocknete Pilze zurückgreifen. Letztere vor dem Verarbeiten für eine halbe Stunde im Wasser aufquellen lassen. Da Pilze während des Kochens stark schrumpfen, sollten Sie immer eine größere Menge verkochen, als das Augenmaß empfiehlt, besonders dann, wenn sich Pilzliebhaber in Ihrer Familie befinden.

½–1 kg Pilze
2 EL tierisches Fett, Kokosfett oder Ghee (auch gut mit Butter, bei Verträglichkeit)
Meersalz
2 Knoblauchzehen, gepresst oder fein geschnitten
1 Handvoll gehackte Petersilie

Pilze mit einem Geschirrtuch von Erdresten säubern. Stiele entfernen, Pilze in Scheiben schneiden und in einer befetteten Pfanne mit etwas Salz für 10 Minuten braten. Knoblauch hinzufügen und bei geringer Hitze für weitere 5–10 Minuten braten. Mit Salz abschmecken, mit frischer Petersilie bestreuen und servieren!

Brathuhn

6 bis 8 Portionen

1,5–2,5 kg schweres, ganzes Huhn aus Bio-Freilandhaltung
3 Zwiebeln
3 Karotten
Meersalz, unraffiniert
1 Zitrone
1 Selleriestange, halbiert
2–3 ganze Knoblauchzehen
frische Kräuter allerlei, z. B. Petersilie, Thymian, Rosmarin
50 g Schweineschmalz, Kokosfett oder Ghee

Das Huhn waschen und trocken tupfen. 2 Zwiebeln in Scheiben schneiden, 2 Karotten hacken und auf einem Bratblech oder einer Bratenform verteilen. Das Innere des Huhns mit einer großzügigen Prise Salz ausstreuen und wie folgt füllen: Eine halbe Zitrone, eine halbe Zwiebel, zwei Karottenhälften, Sellerie, Knoblauchzehen und Kräuter (ich liebe frischen Thymian), gefolgt von der zweiten Zwiebel- und Zitronenhälfte, wenn dafür noch Platz ist. Das gefüllte Huhn in die mit Gemüse ausgestreute Bratenform legen.

Das Fett über das Huhn und unter die Haut streichen und ein paar Fettflocken auf die Oberseite des Huhns drücken. Mit Meersalz und weiteren Kräutern bestreuen.

Bei 190 °C für 1½–3 Stunden backen (je nach Größe des Huhns). Nach halber Garzeit das Gemüse um das Huhn herum durchrühren. Um zu überprüfen, ob das Fleisch durch ist, stechen Sie mit einem Bratenthermometer die dickste Stelle der Hühnerbrust an. Misst das Thermometer 70 °C, können Sie die Form aus dem Backrohr nehmen. Beim Anstechen mit einer Gabel tritt nunmehr klarer Saft aus. Lassen Sie das Huhn für 10 Minuten abkühlen, ehe Sie es zerteilen. Servieren Sie das Brathuhn mit den karamellisierten Zwiebel und Karotten aus der Bratenform und gießen Sie den Bratensaft großzügig über den gesamten Teller.

Innereiensauce zum Brathuhn

6 bis 8 Portionen

Meine Großmutter hat früher immer Innereiensauce gekocht. Wir dachten gar nicht darüber nach, was wir da eigentlich auf unseren Tellern hatten. Es war so lecker!

Nehmen Sie das Huhn immer aus, ehe Sie es braten. Während der Vogel im Rohr ist, können Sie die Innereien verkochen. Wenn Sie Brathuhnreste übrig haben, können Sie diese auf einem Stück getoastetem, gut gebuttertem Kokosbutter-Brot (Seite 118) anrichten und mit Sauce beträufeln.

Innereien und Bratensaft eines Brathuhns
1–2 EL Gelatine (nach Belieben)
Meersalz

Huhn ausnehmen, Innereien abwaschen und in einem kleinen Topf mit Wasser aufkochen. Schaum von der Oberfläche abschöpfen. Für 10–15 Minuten köcheln lassen.

Wenn die Innereien gut durchgekocht sind, können Sie sie aus dem Topf nehmen und auskühlen lassen. Den Sud für später zur Seite stellen.

In der Zwischenzeit schmort Ihr Huhn im Backrohr und lässt wunderbaren Bratensaft abtropfen. Das fertige Huhn auf einen Servierteller heben und den Bratensaft in einer Pfanne am Herd aufkochen.

Die Innereien auf einem Brett klein schneiden und, so gut es geht, zerdrücken. Zähe Hautschichten entfernen. Innereien zum köchelnden Bratensaft geben und mit einer Gabel oder der Rückseite eines Holzlöffels noch weiter zerdrücken. Die Masse ein wenig anbräunen lassen, dann langsam mit dem Sud der Innereien (alternativ mit Hühnerbrühe) aufgießen, bis die Sauce die gewünschte Konsistenz erreicht hat. Verwenden Sie zum Aufgießen einen kleinen Becher, um die Menge besser dosieren zu können. Herd zurückschalten und mithilfe eines Schneebesens oder Holzlöffels die letzten Klumpen glatt rühren.

Wenn Sie die Sauce dicker möchten, fügen Sie löffelweise etwas Gelatine hinzu. Zum Abschluss können Sie die Sauce mit einem Stabmixer pürieren, um ihr eine schöne, geschmeidige Textur zu verleihen. Mit Meersalz abschmecken!

Zu Huhn servieren.

Frittata

4 bis 6 Portionen

Frittatas eignen sich gut, um eine große Runde zu bewirten oder um aus übrig gebliebenem Gemüse ein herzhaftes Frühstück, Mittag- oder Abendessen zuzubereiten. Ich bringe sie oft mit, wenn wir bei Freunden zum Frühstück eingeladen sind. Es gibt unendlich viele Geschmackskombinationen; unten habe ich einige für Sie zum Probieren aufgelistet.

2–4 EL Schweinefett, Kokosfett oder Ghee
125 g gekochtes Fleisch und/oder Gemüse nach Wahl
6–8 Bio-Freilandeier
Meersalz
Rohmilchkäse (nach Belieben, in der GAPS-Vollwertdiät)
frische Kräuter (nach Belieben)

Das Backrohr auf 175 °C vorheizen. Die Hälfte des Fetts in einer hitzebeständigen Pfanne (ich verwende gerne meine gusseiserne) bei mittlerer Hitze schmelzen und den Boden und Rand der Pfanne vollständig mit Fett beschichten. Gemüse für 5 Minuten anschwitzen, dann auf einem Teller beiseitestellen.

Das übrige Fett in der Pfanne zum Schmelzen bringen. Eier mit Meersalz verrühren und in die Pfanne schütten. Gemüse und Fleisch darauf verteilen. Hitze reduzieren. Mit einem Holzlöffel die Frittata an den Seiten leicht anheben, damit noch flüssiges Ei nach unten laufen kann. Nach etwa 5 Minuten die Pfanne ins Backrohr schieben und die Frittata für 5–10 Minuten bei 175 °C backen, bis sie eine goldige Färbung bekommen hat. Frische Kräuter darüberstreuen und in der GAPS-Vollwertdiät mit frisch geriebenem Käse (Parmesan mundet hervorragend) abrunden.

Variationen: Lassen Sie Ihrer Kreativität freien Lauf! Hier sind einige Ideen zum Anstoß:

- Wurst, Pilze und Lauch.
- Gemüsereste und Wurst (unsere Lieblingsvariante): Ich koche zum Abendessen immer ein wenig mehr Gemüse, das ich dann für eine Frittata zum Frühstück oder Mittagessen am Folgetag verwenden kann.
- Lachs, Spinat und rote Zwiebeln, um Fischreste aufzubrauchen.
- Gegrillte Paprika, rote Zwiebeln und Melanzani.
- Meersalz und frisch gemahlener Pfeffer (Stufe 5) sollten immer dabei sein.

Gegrillte Jakobsmuscheln aus der Pfanne

4 bis 6 Portionen

4 EL Ghee oder Fett nach Wahl
20–24 Jakobsmuscheln aus Wildfang: Auslösen, waschen, trocken tupfen und vor dem Grillen mit Meersalz würzen
2 gepresste Knoblauchzehen
1 Handvoll frisch gehackte Petersilie
Saft einer halben Zitrone
120 ml trockener Weißwein (GAPS-Vollwertdiät)
225 g Speck ohne Zuckerzusatz, gekocht und klein geschnitten (nach Belieben, GAPS-Vollwertdiät)

In einer großen Pfanne 2 EL Fett bei mittlerer Hitze schmelzen. Das Fett sollte heiß sein, aber nicht rauchen. Die erste Partie ausgelöste Jakobsmuscheln nicht zu eng nebeneinander in die Pfanne schlichten, Knoblauch darüberpressen und jede Seite 1½–2 Minuten grillen. Pfanne bei Bedarf neu einfetten und die übrigen Muscheln auf die gleiche Weise zubereiten. Mit gehackter Petersilie bestreuen, mit Zitronensaft beträufeln und servieren. In der GAPS-Vollwertdiät die Pfanne vor dem Wenden der Jakobsmuscheln mit Weißwein ablöschen und die Muscheln mit Petersilie und Speckstücken garniert servieren.

Gefüllte Paprika

6 Portionen

Den Paprika aus dem Garten oder dem Gemüsekisterl können Sie mit den Resten vom Vortag wunderbar in ein schmackhaftes Hauptgericht verwandeln.

6 Paprika (Farbe egal), Gartenkürbis oder Zucchini
2 EL tierisches Fett
200 g Karfiolreis (Seite 87)
500 g gehackte Wurst, Hühner- oder Rindfleischreste
1 gewürfelte Zwiebel
2 gepresste Knoblauchzehen
500 g geschnittene Pilze (nach Belieben)
2 Handvoll Blattspinat
frischer Thymian, Rosmarin und Oregano
1 TL Meersalz
35 g geröstete Pinienkerne (GAPS-Vollwertdiät)
Parmesan aus Rohmilchkäse (GAPS-Vollwertdiät)

Backrohr auf 175 °C vorheizen. Sie können die Paprika entweder der Länge nach halbieren und die Hälften füllen oder den Strunk ausschneiden und den Paprika als Ganzes füllen. (Gartenkürbis und Zucchini der Länge nach halbieren, Kerne ausschaben und als „lange Schiffchen" zubereiten.) Paprika entkernen und die weißen Häute entlang der Innenseite entfernen. In einer großen Bratpfanne einige Esslöffel Fett bei mittlerer Hitze schmelzen, Karfiolreis und Fleisch dazugeben, Zwiebel, Knoblauch, Pilze, Spinat und frische Kräuter einrühren und mit Meersalz abschmecken. 10–15 Minuten braten, bis die Zutaten weich sind und ihren vollen Geschmack entfaltet haben. Die Paprika in eine gut befettete Ofenform legen (als Schiffchen) oder stellen (im Ganzen) und mit den Zutaten aus der Pfanne füllen. Für 30–40 Minuten backen. Aus dem Backrohr nehmen und anrichten.

In der GAPS-Vollwertdiät können Sie die Backzeit nutzen, um die Pinienkerne in einer kleinen Pfanne bei mittlerer Hitze für einige Minuten zu rösten. Die Pfanne regelmäßig schwenken und sofort vom Herd nehmen, wenn die Kerne eine goldene Färbung erlangt haben. Achtung, die Kerne verbrennen leicht! Die fertig gebackenen Paprika mit gerösteten Pinienkernen und frisch geriebenem Parmesan bestreuen.

Brot oder Muffins aus Mandelmehl
Ergibt einen Laib oder zwölf Muffins

Dieses Rezept liefert eine großartige Nascherei für besondere Anlässe, vor allem während der GAPS-Einstiegsdiät. Ich rate Ihnen davon ab, es auf den Speiseplan für jeden Tag zu setzen. Die mehrfach ungesättigten Fette in den Mandeln sind sehr hitzeempfindlich; sie zerfallen während des Backvorganges und bieten daher nur wenig verwertbare Nährstoffe.

275 g gemahlene getrocknete Mandeln (oder andere Nüsse)
500 g Kürbispüree (Seite 70) oder Apfelmus
4 Bio-Freilandeier
50 g Kokosfett, Schmalz oder Ghee, leicht geschmolzen
Fett zum Bestreichen der Form
1 TL Meersalz

Backrohr auf 150 °C vorheizen. Auflaufform oder Muffinblech gut einfetten (oder Papierförmchen für die Muffins einlegen). Mandeln in der Küchenmaschine zu feinem Mehl verarbeiten. Achten Sie darauf, nicht zu lange zu mahlen, damit aus dem Mehl keine Butter wird! Mehl in eine Rührschüssel füllen und die übrigen Zutaten mit einem Handmixer einarbeiten. Teig in die gewünschte Form bringen. Das Brot 50 Minuten, die Muffins 20 Minuten backen, bis bei der „Nadelprobe" der in den Teig gestochene Zahnstocher bröselfrei herauskommt.

Hinweis: *Sie können dieses Grundrezept auch für Pizzateig verwenden. Den fertigen Teig in etwa drei bis vier Portionen auf ein gut gefettetes Backblech leeren, mit der Rückseite eines Löffels zu Scheiben mit 10–13 cm Durchmesser streichen und für 30 Minuten backen. Nach dem Auskühlen mit Sauce bestreichen und mit Zutaten nach Wahl belegen. Für weitere 10–20 Minuten backen.*

Säfte

Das Einstiegsgetränk auf Stufe 4 ist Karottensaft, verdünnt mit warmem Wasser, frischem Joghurt oder Molke. In weiterer Folge können auch Sellerie, Blattsalat und Minze gepresst werden. „Kauen" Sie die ersten Schlucke und steigern Sie sich langsam auf ein Glas (etwa 240 ml) am Tag. (Mit dem Kauen beginnt die Verdauung bereits in Ihrem Mund. Das macht den Saft – wie im Übrigen auch alles andere, das wir konsumieren – leichter verwertbar.) Trinken Sie Saft, wenn möglich auf leeren Magen, 20–25 Minuten vor dem Essen oder 2–2½ Stunden nach dem Essen. Die Tageszeit ist egal; wählen Sie einen Zeitpunkt, der für Ihre Familie gut passt. Wenn der Morgen hektisch ist, nehmen Sie sich zu Mittag oder am Nachmittag Zeit dafür. Weitere Informationen zum Entsaften finden Sie in Dr. Natasha Campbell-McBrides Buch *GUTS™ – Gut and Psychology Syndrome. Wie Darm und Psyche sich beeinflussen* (dt. Kandern 2015). Achten Sie darauf, Gemüse aus biologischem Anbau zu verwenden. Gut waschen und nicht schälen (es sei denn, die Schale ist ungenießbar), denn in der Schale sind viele wichtige Nährstoffe enthalten. Gemüsesäfte haben einen geringeren Zuckergehalt als Fruchtsäfte und eignen sich besser zum Entgiften. Geben Sie immer auch ein wenig Fett zu jedem Glas Saft. Ich denke da etwa an Eidotter, Sauerrahm, Avocado oder Kokosöl.

Und zu guter Letzt: Machen Sie das Mixen zu einem Erlebnis! Lassen Sie jeden in Ihrer Familie abwechselnd etwas in den Entsafter werfen und servieren Sie das Ergebnis in schicken Gläsern mit Strohhalm und Schirmchen. Wenn Sie einen Standmixer verwenden, pürieren Sie 3–4 Becher frisch geschnittenes Gemüse mit 3 Bechern Wasser, gießen Sie den Saft durch ein feinmaschiges Sieb und halten Sie Ausschau nach einem günstigen Entsafter auf eBay oder willhaben.at.

Stufe 5

Bahn frei für die Lieblingsbeilage Nummer Eins – Salat! Bei einer deftigen Salatschüssel mit gebratenem Fleisch, rohem Gemüse und herzhaftem Dressing kann wohl keiner widerstehen. Wenn Sie es einfacher mögen, genügen ein Schuss Olivenöl, ein paar Spritzer Zitrone und eine Prise Meersalz, um den obligatorischen kleinen Salatteller zum Menü schmackhaft zu machen. Und es wird würzig! Wenn Sie bislang noch nichts von Taco-Gewürz gehört haben, darf ich Sie nun in die Kunst der mexikanischen Küche einführen. Für kleine Schleckermäuler haben wir auch dieses Mal etwas Großartiges in der Reserve: Apfel-Zimt-Mus mit Ghee oder Kokosfett. Bringt Kinderaugen zum Leuchten.

Da ab Stufe 5 Gewürze erlaubt sind, können Sie sich in Ihrer Küche so richtig ausleben. Ich selbst bin keine ausgebildete Köchin und muss eingestehen, dass mir das Experimentieren in der Küche anfänglich schwer fiel. Ich wollte mich stets von einem Rezept leiten lassen, um auch sicher nichts falsch zu machen. Doch das Kochen während der GAPS-Diät ist so etwas wie „Lehre mit Praxis" und schon bald hat man sich den Meistertitel erarbeitet. Die Handgriffe gelingen umso einfacher, je näher man der GAPS-Vollwertdiät kommt. Ich hoffe, Sie haben einen guten Rhythmus gefunden – ein Topf Fleischbrühe köchelt auf Ihrem Herd, bereit für die nächste Suppe; Einweckgläser mit Kefir werden alle 24 Stunden gewendet; Ihr Schongarer hat sich als Küchenhelfer bewährt und kommt regelmäßig zum Einsatz; Mayonnaise und Dressing werden jede Woche angerührt; und die monatliche Schneidearbeit zum Vergären von Gemüse ist zur Gewohnheit geworden.

Der Zeitpunkt ist gekommen, an dem Sie sich auch mal eine Pause vom Selbermachen gönnen dürfen. Kaufen Sie ruhig ein, was Ihnen noch nicht so leicht von der Hand geht oder wofür Sie keine Zeit haben, um es selbst herzustellen. Arbeiten Sie daran, einen Handgriff nach dem anderen zu perfektionieren. Ich mache diese Sache hier schon seit fast sechs Jahren und trotzdem passieren mir immer wieder kleine Missgeschicke in der Küche. Und wenn die Zeit drängt, kaufe auch ich die teuren Ingwerkarotten vom Bioladen, obwohl ich sie selbst herstellen könnte. Die gute Nachricht ist, dass sich alles wie von selbst fügen wird. Versprochen. Schon bald werden Sie so geschickt wirtschaften, dass nichts weggeworfen werden muss und Sie mehrere Gerichte auf einmal zubereiten können. Die Reste von heute werden in den Menüplan für den nächsten Tag mit einbezogen und gelegentlich sogar in ein neues, wunderbares Hauptgericht verwandelt. Bereits so mancher Gast, der bei uns zu Abend gegessen hat, hat meine Frittata aus gegrillten Gemüseresten in höchsten Tönen gelobt.

Sie werden aber nicht nur positive Rückmeldungen aus Ihrem Umfeld erhalten, denn die Fette, die mittlerweile Ihre treusten Begleiter geworden sind, werden von vielen Menschen mit großem Misstrauen beäugt. Dr. Natasha Campbell-McBride entkräftigt in ihrem Buch *Put Your Heart in Your Mouth* alle Vorurteile gegenüber gesättigten Fettsäuren, wie etwa, dass Eier den Cholesterinspiegel steigen lassen, dass Fett die Arterien verstopft usw. Ich verweise auf ihre Forschungsarbeit, wenn jemand behauptet, ich würde meine Kinder aushungern, oder prophezeit, es werde mir leid tun, wenn ihre Arterien so verstopft sind, dass sie nach einem Herzinfarkt tot umfallen.

Keine Angst. Derartige Bemerkungen werden Sie schon bald kaltlassen. Ich erkläre meiner Mutter auch heute noch mit ruhigem Gewissen, dass die jetzige Ernährung meiner Kinder in vielerlei Hinsicht dem entspricht, was ihre eigene Mutter als Kind gegessen hat. Unverarbeitet. Frisch vom Bauern. Selbstgemacht. Und meine Großmutter ist zweiundneunzig Jahre alt geworden, obwohl sie sechzig Jahre ihres Lebens Zigaretten geraucht hat und gerne ein Glas Gin mit einem Spritzer Leitungswasser genoss. Dem ist nicht viel entgegenzusetzen, schließlich will meine Mutter, genau wie ich, nur das Beste für meine Kinder. Halten Sie das Ruder fest in der Hand. Sie werden als Kapitän auf diesem Schiff benötigt!

Lebensmittel, die auf Stufe 5 erlaubt sind

Übernehmen Sie die Lebensmittel der vorherigen Stufen. Wenn Sie gut vorankommen und alle Lebensmittel vertragen, können Sie an dieser Stelle rohes Gemüse und gekochte Äpfel in Ihren Speiseplan aufnehmen. Beginnen Sie mit weichen Blattsalaten und geschälten Gurken. Zeigt sich Ihr Körper damit einverstanden, können Sie weitere Gemüsesorten ergänzen. Achten Sie darauf, beim Kochen der Äpfel immer genügend Fett hinzuzufügen.

Auf Stufe 5 ergänzen wir:

- **Gewürze**
- **Äpfel** mit viel Ghee oder Kokosfett verkocht
- **rohes Gemüse:** Beginnen Sie mit weichen Blattsalaten und geschälten Gurken. Bei guter Verträglichkeit können Sie weitere rohe Gemüsesorten wie z. B. Karotten, Tomaten und Zwiebeln probieren
- **Obst als Zutat zu gepressten Säften:** Wenn Sie Gemüsesäfte aus gepressten Karotten, Sellerie, Blattsalaten und Minze gut vertragen, können Sie nun kleine Mengen an Äpfeln, Ananas und Mango (keine Zitrusfrüchte auf dieser Stufe) dazumixen
- **Mehl aus Pekannüssen**

Hier habe ich ein paar pfiffige Saftrezepte für Sie. Sie können zu jedem davon eine halbe, kleine Rote Rübe oder eine Karotte mixen. Diese Gemüse sorgen für extra Nährstoffe, Farbe und einen süßen Geschmack. Für die Säfte meiner Tochter verzichte ich allerdings darauf, da sie selbst auf natürliche Zuckerstoffe empfindlich reagiert.

Ingwer mit Pfiff

1 Portion

3 Stangen Staudensellerie
2 Gurken
½ Birne
1 geschälte Limette
2,5 cm Ingwerwurzel
1 Prise Meersalz für zusätzliche Mineralien

„Grüner" Apfel-Twist

1 Portion

1 kleine Handvoll grünes Blattgemüse
½–1 kleiner grüner Apfel
2–4 Stangen Staudensellerie
½ geschälte Zitrone
1 Prise Meersalz für zusätzliche Mineralien

Gemüsesaft „für alle Fälle"

1 Portion

Meine GAPS-Beraterin, Sandy Littell, hat mir diese Mischung empfohlen. Rote Rüben und Karotten enthalten viel Zucker, sind aber auch reich an Nährstoffen und hervorragend geeignet, um unseren Darm durchzuspülen und unseren Organismus zu entgiften. Da unser Körper seine neue Balance immer besser halten kann, ist ein klein wenig natürlicher Zucker ab und zu für unsere Bauchspeicheldrüse leicht zu verkraften.

½ Bund Staudensellerie
1 Gurke
1 Fenchelknolle mit fedrigen Stielen
1 geschälte Zitrone
2,5 cm Ingwerwurzel (nach Belieben)
2 Handvoll grünes Blattgemüse
1 Bund Petersilie
1 Prise Meersalz für zusätzliche Mineralien

Sandys Standardsaft

1 Portion

Blattgrün allerlei (macht die Hauptkomponente ihres Saftes aus)
2 Stangen Staudensellerie
¼ Rote Rübe (Knolle oder Blätter)
1 kleine Karotte
1 Zitrone oder Limette
1 Prise Meersalz für zusätzliche Mineralien

Huevos Rancheros mit Karfiol-Kümmel-Crêpes und knusprigem Lardo-Speck

Spiegeleier auf Maistortillas, garniert mit Bohnen, Tomaten und Chilisauce sind die traditionellen Bestandteile dieses mexikanischen Gerichts. Wir passen es an die GAPS-Diät an und verwenden viel köstliches Fleisch und Gemüse. Bereiten Sie die Eier ganz nach Ihrem Geschmack zu und richten Sie sie auf Karfiol-Kümmel-Crêpes an. Die Zutaten für den Belag und Beilagen können Sie selbst wählen:

Belag nach Belieben:

- vergorene Ingwerkarotten (Seite 235)
- Guacamole oder gehackte Avocado (Seite 116)
- Dip, entweder schnell angerührt oder milchsauer vergoren (Seite 234)
- Schweinswürste (oder kleine Stücke vom Huhn, Rind oder Lachs)
- Koriander
- Lardo (besonders fetter Speck vom Schweinsrücken), gewürfelt und angebraten
- selbstgemachter Sauerrahm (Seite 30)
- vergorene scharfe Sauce oder „Hot Nicky“ (Seite 241) (GAPS-Vollwertdiät)
- Wenn Ihr Körper bereits mehrere Gewürze gut verträgt, können Sie Fleischgerichte mit der Taco-Gewürzmischung (Seite 128) zubereiten

Karfiol-Kümmel-Crêpes

Ergibt 8 Crêpes

4 Eier
1 TL Kümmel
1 TL Koriandersamen
¼ TL Meersalz
Karfiolreis von 1 Kopf Karfiol (siehe rechts)
240 ml Hühnerbrühe

Backrohr auf 190 °C vorheizen. Backblech mit Backpapier auslegen. Alle Zutaten in einer Schüssel gut durchmixen. Den Teig in etwa drei bis vier Portionen auf das Backpapier leeren und mit der Rückseite eines Löffels zu Scheiben mit 10–13 cm Durchmesser streichen. Für 10 Minuten backen, bis die Unterseite bräunlich gefärbt ist, dann wenden und weitere 5 Minuten fertig backen.

Variationen: Der Kreativität sind keine Grenzen gesetzt! Diese Crêpes können in allen möglichen Geschmacksrichtungen zubereitet werden. Sorgen Sie für Abwechslung, etwa mit:

- Curry oder Garam masala[19], für einen Hauch indischer Küche (ideal als Beilage zu Gemüse und Hummus aus Nussmark, Seite 258)
- Knoblauch und Thymian, als Beilage zu Lachs oder Thunfischsalat
- Zimt und einem Löffel Honig darüber, für ein leckeres Frühstück
- Zwiebel- und Knoblauchpulver, für einen Pizzaboden der etwas anderen Art

[19] Garam masala ist eine indische Gewürzmischung.

Karfiolreis (Blumenkohlreis)

Zerteilen Sie einen Kopf Karfiol und geben Sie die Röschen in einen Standmixer. Füllen Sie den Mixer mit Wasser auf und zerkleinern Sie den Karfiol auf höchster Geschwindigkeitsstufe für 3–5 Sekunden. Seihen Sie den Karfiolreis ab und leeren Sie ihn in einen Topf mit 240 ml Hühnerbrühe. Lassen Sie ihn für etwa 6 Minuten zugedeckt köcheln und seihen Sie ihn dann erneut ab. Um Flüssigkeitsrückstände zu entfernen, können Sie den Karfiolreis in ein Geschirrtuch legen und ausdrücken. Die Brühe können Sie für Suppe verwenden oder in ein Glas füllen und mit einem Löffel Schmalz trinken.

Butternusskürbis-Suppe oder „Huhn im Feuerkessel"

6 bis 8 Portionen

Zuerst war es einfach nur „Kürbissuppe", doch dann haben meine Kinder eines Abends während der Einstiegsphase der GAPS-Diät damit zu experimentieren begonnen. Sie haben haufenweise zerstückeltes Hühnchen und Unmengen an Pfeffer dazugegeben und es „Huhn im Feuerkessel" genannt! Zu Beginn der GAPS-Diät weiß man oft nicht, wie man es schaffen soll, den Kinder so viel Suppe schmackhaft zu machen. Wenn sich Inspiration (und Gelächter) in Ihrer Küche breitmachen, dann lassen Sie den Dingen ihren Lauf! Dies hier ist also die aufgepeppte Variante meiner Butternusskürbis-Suppe von Stufe 1.

- 2 l Hühnerbrühe (Sie können Wasser hinzufügen, wenn Sie zu wenig Brühe haben)
- 2 EL tierisches Fett, Kokosfett oder Ghee
- 2–3 Stangen Lauch, längs halbiert, gewaschen und quer in halbkreisförmige Stücke geschnitten (alternativ sind auch zwei gehackte Zwiebeln möglich)
- 1 Butternusskürbis oder anderer Winterkürbis, geschält, entkernt, in grobe Stücke geschnitten
- 1 Bouquet garni
- Meersalz und Pfeffer
- 220 g zerstückeltes Hühnchen (nach Belieben)

Beilagen nach Belieben

- Joghurt oder Sauerrahm
- frische gehackte Kräuter
- eingeweichte und gekeimte Kürbiskerne (GAPS-Vollwertdiät)

Brühe, Fett und Gemüse in einem Topf aufkochen. Hitze reduzieren, Bouquet garni dazugeben und 30 Minuten zugedeckt köcheln lassen, bis das Gemüse gar und der Kürbis mit einer Gabel leicht zu durchstechen ist. Bouquet garni herausnehmen und die Suppe vom Herd stellen. Mit einem Stabmixer pürieren, bis die Suppe sämig ist. Salz, Pfeffer und Hühnerstücke hinzufügen und anrichten.

Einfacher Salat mit Olivenöl, Zitrone und Meersalz

Ahhhh … Endlich frischer Salat auf dem Tisch! Dieser Salat begleitete fast jede unserer Mahlzeiten.

Kopfsalat
qualitativ hochwertiges Olivenöl
ein Schuss Zitrone
Prise Meersalz

Zartes Hühnchen aus dem Schongarer

6 bis 8 Portionen

Gewürze sind eine wunderbare Draufgabe auf Stufe 5. Verwenden Sie ein ganzes Huhn oder Hühnerstücke mit Knochen. Wenn Ihnen keine Zeit zum Würzen bleibt, genügen Salz, Pfeffer und Zwiebeln. Freilandhühner sind in der Regel nicht so groß und dick wie jene, die meist im Supermarkt angeboten werden. Mit diesem Rezept fällt jedoch auch das festere Fleisch von robusten Freilandhühnern butterweich von den Knochen.

2 TL Paprikapulver
1 TL Meersalz
1 TL Zwiebelpulver
1 TL getrockneter Thymian
½ TL Knoblauchpulver
1 TL Currypulver
1 TL getrockneter Basilikum
1 TL getrockneter Salbei
¼ TL schwarzer Pfeffer
2 Zwiebeln, in Scheiben geschnitten
1 ganzes Huhn
tierisches Fett oder Ghee

Kräuter und Gewürze in einer kleinen Schüssel vermischen. Zwiebelscheiben am Boden des Schongarers verteilen. Das Huhn ausnehmen, waschen und trocken tupfen. Mit der Gewürzmischung einreiben. Dabei können Sie die Mischung auch in den hohlen Bauchraum und unter die Haut der Brustpartien streichen. Das Huhn mit etwas Fett bekleiden und mit der Brustseite auf die Zwiebeln setzen. Sie müssen keine Flüssigkeit hinzufügen. Für 3–4 Stunden auf hoher Stufe oder für 6–8 Stunden auf niedriger Stufe in den Schongarer geben (Garzeiten für ein 1,5–2 kg schweres Huhn), bis das Fleisch sich von den Knochen zu lösen beginnt. Das Huhn ist nun fertig für den Verzehr. Vergessen Sie nicht, die ausgelösten Knochen direkt im Anschluss mit einigen Hühnerfüßen, einem Hühnerkopf, Sellerie, Karotten und einer Zwiebel im Schongarer zu Brühe zu verkochen (siehe Seite 13). Knochenbrühe steht erst in der GAPS-Vollwertdiät auf dem Speiseplan, doch vorbereiten und einfrieren ist auch jetzt schon erlaubt!

Kürbis-Popovers[20]

Ergibt 4 Popovers

Diese Eierküchlein eignen sich hervorragend als Frühstück oder Nachspeise.

2 EL Ghee oder Kokosfett
250 g Kürbispüree (Seite 70)
8 große Eier
¾ TL Meersalz

Geschmackszutaten nach Belieben

40 g fein geraspelte Kokosflocken, 1 TL Zimt und 1 klein geschnittener Apfel

75 g gekochte, faschierte Wurst und 5 g frisch gehackte Kräuter

Backrohr auf 175 °C vorheizen. 1–2 TL geschmolzenes Fett in jede Popover-Form streichen. (Sie können auch eine Muffinform oder Kaffeetassen verwenden.) Kürbis mit Ei gut vermixen. Für süßlich schmeckende Popovers Kokosflocken, Apfelstücke und Zimt hinzugeben und nochmals durchmixen. Für die pikante Variante Wurst und Kräuter einarbeiten. Die vorbereiteten Formen halb voll mit Kürbisteig füllen, ins Backrohr stellen und für etwa 30 Minuten backen, bis die Masse über den Rand „gepoppt" ist!

Gekochte Äpfel

6 bis 8 Portionen

Diese Äpfel sind die Antwort auf laute Rufe nach Nachtisch oder einer süßen Zwischenmahlzeit. Durch die Extraportion Fett, die hinzukommt, wird die Aufnahme des Zuckers verlangsamt, der Nachtisch hat einen höheren Nährwert und ist voller im Geschmack.

12 Bio-Äpfel, geschält, entkernt und in Scheiben geschnitten (Schale ab Stufe 6 drauflassen)
1 EL Zimt (nach Belieben)
50–70 g Ghee oder Kokosfett

Einen Topf mit einigen Zentimetern Wasser füllen und die Äpfel darin weich kochen (25–30 Minuten). Sie können die Äpfel in Scheiben belassen oder mit dem Stabmixer pürieren. Zimt und Fett hinzufügen und warm servieren. Schmeckt ausgezeichnet mit einem Löffel selbstgemachtem Sauerrahm (Seite 30) und einem Hauch Zimt oben drüber. Lassen Sie Ihre Kinder beim Garnieren selbst Hand anlegen!

[20] Popovers werden aus Pfannkuchenteig hergestellt und in speziellen Popover-Förmchen gebacken. Sie ähneln dem schwäbischen Eiergebäck „Pfitzauf".

Vergorenes Apfel-Birnen-Chutney

Ergibt 500 ml

Dieses großartige Rezept habe ich von Scott Grzybek, dem Gründer von Zukay Live, einer US-amerikanischen Bio-Marke für vergorene Säfte, Dips und Dressings. Ich habe Scott bei einer Weston-A.-Price-Konferenz kennengelernt. Das Chutney passt hervorragend zu gebratener Schweinswurst mit Kürbis und roten Zwiebeln (Seite 190).

2 Birnen
2 Äpfel
1 TL Meersalz
1 TL Zimt
1 Prise Piment
1 Prise Kardamom
1 kleine Handvoll Rosinen

Äpfel und Birnen in grobe Stücke schneiden und in einem Küchenmixer zur gewünschten Konsistenz zerkleinern (ich habe gerne ein paar größere Stücke dabei). Die übrigen Zutaten dazugeben und noch ein paar Mal kurz den „Pulse"-Knopf (manuelle An-Aus-Funktion) drücken. In einem 500-ml-Einweckglas bei Zimmertemperatur drei Tage gären lassen. Danach im Kühlschrank aufbewahren.

Getrocknete Rindfleischstreifen

4 bis 6 Portionen

Ich rate Ihnen, gleich etwas mehr davon zu machen. Es wird schneller weg sein, als Sie glauben! Trockenfleisch ist eines jener Nahrungsmittel, die ich immer für zu anspruchsvoll in der Zubereitung gehalten hatte – bis ich meine erste viertel Kuh von zwei Bäuerinnen, Willie und Cecile, auf einer Rinderfarm in Maine gekauft habe. Nun war es an der Zeit, die unterschiedlichen Teilstücke in ihren Eigenschaften und Zubereitungsweisen kennenzulernen. Cecile war so gut und hat mir ein faszinierendes Buch in die Hände gedrückt, *Good Meat* von Deborah Krasner. Ich habe die Seiten regelrecht verschlungen. Das Rezept hier ist eine Abwandlung von Krasners Original. Sie müssen es unbedingt probieren! Es ist einfach und funktioniert ohne Dörrautomaten. Meine Kinder und mein Mann lieben es, sowohl als Jause für die Schule als auch für unterwegs.

½–1 kg Rindfleisch aus Weidehaltung (Roulade oder Rostbeef)
60 ml Kokosblütensirup
2 EL Wasser
1 gepresste Knoblauchzehe
1 TL Chilipulver
1 TL Kelp (Seetang) oder Dulse (Rotalge)
½ TL gemahlener Chipotle (geräucherte Chilischoten)
½ TL frisch gemahlener, schwarzer Pfeffer
¼ TL Meersalz
¼ TL Cayennepfeffer (nach Belieben)

Fleisch aus dem Tiefkühler nehmen und andauen lassen. Wenn es noch ein wenig gefroren ist, lässt es sich leichter verarbeiten. Lange, dünne Streifen zu je 3 mm abschneiden. Kokosblütensirup, Wasser, Knoblauch, Chilipulver, Kelp oder Dulse, Chipotle, schwarzen Pfeffer, Meersalz und Cayennepfeffer in einer mittelgroßen Schüssel vermengen und das Fleisch darin wälzen. Die Schüssel mit einer Plastikfolie bedecken und über Nacht in den Kühlschrank stellen.

Backrohr auf 80 °C vorheizen. Ein bis zwei Backbleche mit Backpapier oder einem Kuchengitter bedecken. Die Arbeitsfläche mit einem Tuch oder Küchenpapier auslegen und das marinierte Fleisch darauf ausbreiten, um ein wenig von der Gewürzmischung abzustreifen und sichtbare Knoblauchreste zu entfernen. Die Fleischscheiben auf das Blech reihen, ins Backrohr schieben und bei Umluft für 3 Stunden trocknen lassen. Wenden und für weitere 1–2 Stunden austrocknen lassen. Das Fleisch ist im Kühlschrank bis zu drei Wochen haltbar … sofern es nicht eher von der gierigen Meute aufgegessen wird!

Stufe 6

Die letzte Etappe hat begonnen. Sie sollten mittlerweile einen ganz natürlichen Ernährungsrhythmus gefunden haben. Was für viele Außenstehende befremdend wirkt, ist für Sie mittlerweile zur Normalität geworden. Die GAPS-Diät wird Ihre alten Ernährungsgewohnheiten schon bald gänzlich ersetzt haben. Betroffene blicken oft mit großem Erstaunen darauf zurück, wie sie sich früher ernährt haben. So fällt es mir nur schwer zu glauben, dass ich lange Zeit der Überzeugung war, es wäre gesund und zeitgemäß auf Fett zu verzichten. Wenn mir heute jemand weismachen möchte, Fett mache dick, erzähle ich davon, wie mein Ehemann um 14 kg leichter geworden ist, während er seinen Tee einen Monat lang mit Kokosfett genossen und dreimal am Tag einen Esslöffel Schweineschmalz zu seiner Suppe gegessen hat.

Es ist tatsächlich so, dass Sie in der Einstiegsphase an Gewicht verlieren werden, vor allem dann, wenn sich überschüssiger Ballast in Ihrem Körper angesammelt hat. Oft bekam ich zu hören, ich hätte abgenommen und sähe nun zu mager aus. Doch ich wusste, dass das GAPS-Programm eine sehr ausgewogene Ernährung bereithält und sich mein Gewicht schon bald wieder einpendeln würde. Ich habe über die Monate auch wieder etwa zugelegt und bin bei meinem Wohlfühlgewicht angekommen. Nick ist immer noch um 14 kg leichter und wird fast jeden Tag darauf angesprochen, wie gut er denn aussehe. Unsere Kinder erfreuen sich bester Gesundheit, sind kräftig und vergnügt.

Es ist nicht das Fett, das dick macht, sondern ein Übermaß an Zucker. Zucker wirkt wie ein Treibstoff, der gesundheitsschädigende Bakterien in unserem Darm ausschwärmen lässt. Seien Sie sich dessen stets bewusst, wenn nun auf Stufe 6 GAPS-freundliche Desserts frohlocken und ein etwas großzügigerer Einsatz von Honig erlaubt ist. Die süßen Rezepte sind nicht darauf ausgelegt, den Darm zu heilen; sie bieten vielmehr eine Möglichkeit, besondere Momente, die nach einer süßen Verführung verlangen, angemessen zu genießen.

Viele der erlaubten Desserts bestehen zu einem großen Teil aus Nüssen und sind daher sehr kalorienreich. Wählen Sie gesündere Alternativen. Ich versuche, den Nachtisch recht einfach ausfallen zu lassen, mit saisonalen Früchten, Sauerrahm oder Kokosbuttercreme. Ganz wichtig dabei ist das Fett, denn es verlangsamt die Zuckeraufnahme. Bedenken Sie, dass auch Obst und Honig im Körper zu Zucker aufgespalten werden. Dass Bananen und Mangos nun erlaubt sind, soll keine Aufforderung dazu sein, dreimal am Tag davon zu essen! Nehmen Sie, wenn überhaupt, täglich nicht mehr als eine Portion Obst zu sich. Wählen Sie ausschließlich Bio-Früchte, denn sie sind nährstoffreicher, umweltfreundlicher und besser im Geschmack. Gehen Sie maßvoll mit zuckerhaltigen Nahrungsmitteln um, schließlich können Sie getrost darauf verzichten, dass Ihre Geschmacksnerven den nach Zucker schreienden Bakterien in Ihrem Bauch zum Opfer fallen. Genießen Sie, wenn die Gelegenheit dazu gekommen ist, und haben Sie weiterhin Spaß!

Lebensmittel, die auf Stufe 6 erlaubt sind

Verwenden Sie die Lebensmittel der vorherigen Stufen weiter. Wenn Sie alle Zutaten, die Sie bislang hinzugefügt haben, gut vertragen, dürfen Sie zu rohem Obst greifen. Beginnen Sie mit einem rohen, geschälten Apfel, gefolgt von jeweils einer weiteren rohen Frucht. Honig und GAPS-freundliche Desserts sind nun öfter erlaubt. Verwenden Sie, wenn möglich, getrocknete Früchte anstelle von Honig zum Süßen gekochter Nachspeisen.

Auf Stufe 6 ergänzen wir:

- **rohe Früchte:** Ergänzen Sie eine Fruchtsorte nach der anderen. Erlaubt sind Birnen, Kiwis, Heidelbeeren, Himbeeren, Nektarinen, Marillen, Brombeeren, sehr reife Bananen (mit braunen Flecken), Kokosnüsse, Kirschen, Zwetschgen, Pfirsiche und Ugli[21].
- **Honig:** Bei guter Verträglichkeit dürfen Sie nun mehr davon verwenden
- **Paranüsse:** Mit kleinen Portionen beginnen und auf mögliche Unverträglichkeitserscheinungen achten
- **zusätzliche Lebensmittel:** Rosinen, Zimt, Koriandersamen, Kokosmilch, Datteln, Rettich und Kapern
- **süße Nachspeisen und Bäckereien** sind nun in kleinen Mengen erlaubt

Apfel-Zimt-Gratin

6 bis 8 Portionen

7–10 Äpfel (je nach Größe der Backform), geviertelt und in halbmondförmige Scheiben geschnitten
50 g Kokosfett und ein weiterer Esslöffel für den Überguss
2 EL Ghee und ein weiterer Esslöffel für den Überguss (wenn Sie Ghee nicht vertragen, verwenden Sie zusätzliches Kokosfett)
5 cm frische Ingwerwurzel, geschält und geraspelt
2 EL Honig und ein weiterer Esslöffel für den Überguss
¼ TL Meersalz
70 g gekeimte Walnüsse, gehackt
70 g gekeimte Sonnenblumenkerne

Backrohr auf 175 °C vorheizen. Apfelscheiben spiralförmig in eine runde Backform schichten. Kokosfett und Ghee in einem kleinen Topf bei mittlerer Hitze schmelzen. Den geriebenen Ingwer und zwei Esslöffel Honig einrühren und das süße Fett über die Äpfel gießen. Mit Meersalz bestreuen und 20 Minuten backen. Walnüsse und Sonnenblumenkerne in den Topf geben und mit dem zusätzlichen Kokosfett, Ghee und Honig auf sehr kleiner Flamme 5 Minuten erhitzen. Die Form aus dem Rohr nehmen und die Äpfel gleichmäßig mit dem Überguss bedecken. Mit oder ohne selbstgemachten Sauerrahm (Seite 30) servieren.

[21] Ugli ist eine Zitrusfrucht, eine Mischung aus Mandarine und Grapefruit.

Kokoskekse
Für 10 bis 12 Stück

160 g ungesüßte Kokosflocken
6 Eiklar
40 g Rosinen
2 TL selbstgemachtes Vanilleextrakt (Seite 96)
1 Prise Meersalz
3–4 Datteln, entsteint, aufgeweicht und klein gehackt (nach Belieben)
1 EL rohes Kakaopulver für Kokos-Schokoladenkekse (nach Belieben, GAPS-Vollwertdiät)

Backrohr auf 175 °C vorheizen. Alle Zutaten in einer Rührschüssel vermengen und portionsweise mit einem Löffel auf ein mit Backpapier ausgelegtes Backblech setzen. Die Teighäufchen flach drücken und für 12–15 Minuten backen, bis sie eine schön goldige Farbe haben. (Siehe Bild auf Seite 265.) Die Dotter können Sie wunderbar zu Mayonnaise verarbeiten (Seite 107).

Variation: Durch die Beigabe der Datteln wird die Bäckerei süßer. Dazu die Datteln entkernen und in einer Schüssel mit heißem Wasser 5 Minuten lang einweichen (wenn Sie für diesen Schritt keine Zeit haben, überspringen Sie ihn). Die Datteln mit allen übrigen Zutaten, außer den Rosinen, in einem Küchenmixer zu einem klebrigen Teig verarbeiten. Wenn der Teig zu trocken ist, können Sie 1–2 Teelöffel vom Dattelwasser hinzufügen. Die Rosinen einrühren und wie oben beschrieben weiter verfahren.

Zitronencreme
4 bis 6 Portionen

Dieses Rezept bietet eine weitere Verwendungsmöglichkeit für übrig gebliebene Eidotter. Das Lob der Verkoster wird Ihnen sicher sein!

6 Eidotter
Saft und Abrieb von 3 Zitronen
80 g Honig
50 g kühles Ghee oder kühle Butter (GAPS-Vollwertdiät)
1 Prise Meersalz

Eidotter, Zitronensaft, Zitronenschale und Honig gut verrühren. Ghee oder Butter in kleinen Stücken langsam einrühren, bis die Masse gut vermengt ist. Im Wasserbad bei geringer Hitze aufkochen. Für 5–10 Minuten leicht köcheln lassen und dabei immer wieder umrühren, bis sich die Masse zu festigen beginnt. Sobald die gewünschte Konsistenz erreicht ist, die Creme vom Herd nehmen und in eine Schüssel mit eiskaltem Wasser stellen, um den Kochvorgang zu unterbrechen. Die ausgekühlte Creme in Glasschüsseln oder Kaffeetassen füllen. Im Kühlschrank vor Schleckermäulern in Sicherheit bringen.

Power-Smoothie
2 bis 4 Portionen

Eine Homöopathin und gute Freundin von mir, Joette Calabrese, hat mich zu diesem köstlichen und nahrhaften Smoothie inspiriert. Auf ihrer CD *Secret Spoonfuls* gibt sie Tipps und Tricks, wie man Kinder ganz nebenbei mit allen wichtigen Nährstoffen versorgen kann.

1 l Rohmilchjoghurt oder Kefir, 24 Stunden vergoren
120 g selbstgemachter Sauerrahm
1–2 EL natives Kokosfett, auf kleiner Flamme geschmolzen, oder 2 EL Kokosbutter (bei Verträglichkeit)
1–3 Dotter von Bio-Freilandeiern (von einem Bauern Ihres Vertrauens)
1–2 EL Honig
1 TL kaltgepresstes Leinsamenöl oder frisch gemahlene Leinsamen (GAPS-Vollwertdiät)
1 Banane
150 g frische oder gefrorene Früchte (z. B. Himbeeren, Erdbeeren)
1 TL selbstgemachtes Vanilleextrakt (nach Belieben, Rezept unten)

Alle Zutaten in einen Mixer geben und glatt rühren.

Selbstgemachtes Vanilleextrakt
Ergibt 500 ml

Laut Joette unterstützt Vanille die Funktion der Schilddrüse. Vanille verleiht jedem Smoothie eine ganz besondere Geschmacksnote.

8–10 Vanilleschoten höchster Qualität
500 ml Wodka, Rum oder Brandy aus biologischer Erzeugung oder in erstklassiger Qualität

Vanilleschoten der Länge nach einschneiden, um die Geschmacksstoffe freizulegen und in eine ½-Liter-Flasche stecken (ich finde Flaschen mit Bügelverschluss besonders ansprechend). Die Flasche mit Alkohol auffüllen, verschließen und für etwa einen Monat an einem dunklen, kühlen Ort lagern. Wenn das Vanilleextrakt aufgebraucht ist, können Sie die Schoten ein weiteres Mal verwenden. Die Flasche einfach erneut mit Alkohol befüllen und lagern. Macht sich toll als Geschenk für Haus- und Wohnungseinweihungspartys!

Die gesundheitsfördernden Inhaltsstoffe von Smoothies

Jolette Calabrese, Fachärztin für klinische und klassische Homöopathie, Mitglied der Vereinigung der Homöopathen in Nordamerika

- Vergorener Rahm (Sauerrahm): Enthält fettlösliche Vitamine wie B6 und wertvolle Enzyme
- Roher Joghurt oder Kefir: Probiotische Kulturen schleusen Lebendenzyme in unseren Darm und sorgen für eine optimale Verdauung
- Dotter aus Freilandeiern: Omega-3-Fettsäuren und Cholesterin fördern die Vernetzung von Nervenzellen im Gehirn; enthalten fettlösliche Vitamine A und D
- Kokosfett: Nahrhaftes Fett zur Abwehr von Bakterien, Pilzen und Keimen, fördert die Entwicklung des Gehirns und stärkt die Knochensubstanz
- Unbehandelter Honig: Enthaltene Enzyme unterstützen die Verdauung und wehren Infektionen ab
- Leinsamenöl: Ungesättigte Omega-3-Fettsäuren wirken positiv auf Lunge, Gehirn und Haut

Fruchtgelee

4 bis 6 Portionen

1 l heißes Wasser
1 EL Honig (nach Belieben)
2 EL Gelatinepulver
75–150 g frische oder tiefgekühlte Beeren (uns schmecken Granatapfelbeeren und Heidelbeeren besonders gut)

Wasser zum Kochen bringen, dann in zwei Schüsseln aufteilen und etwas abkühlen lassen. Den Honig in der einen, die Gelatine in der anderen Schüssel auflösen. Die Gelatine nach dem Anrühren zehn Minuten stocken lassen und anschließend mit dem Honigwasser verrühren. Die Geleemasse in kleine Glasschüsseln, Puddingformen oder kleine Motiv-Backförmchen füllen. Beeren oder andere Geschmackszutaten (siehe Ideen unten) einsinken lassen und zum Festwerden einige Stunden in den Kühlschrank stellen. Das Gelee kann direkt aus der Form gelöffelt oder als Überraschungsdessert kopfüber auf einem Teller serviert werden. Wenn Ihre Kinder den Becher heben, sind die Beeren direkt oben auf! Ein Löffel vergorener Rahm (Seite 30) macht diesen gesunden Nachtisch perfekt.

Variationen: Versuchen Sie diese Geschmackskombinationen:
- Abgeriebene Zitronen- oder Limettenschale und Kokosflocken
- Heidelbeeren-Gelee mit einem Löffel Sauerrahm obenauf
- Kombucha mit Frucht, Wasserkefir mit frischem Zitronensaft oder Frucht-Kwass (wenn Sie Lebendkulturen verwenden, rühren Sie das Gelee nicht in allzu heißem Wasser an)

Die GAPS-Vollwertdiät

Sie haben es geschafft! Sie haben sich bis zur GAPS-Vollwertdiät hochgearbeitet. Gratulation! Die vergangenen Wochen müssen eine ziemlich turbulente Zeit für Sie gewesen sein. Doch Ihr beherzter Einsatz hat den Heilungsprozess Schritt für Schritt vorangetrieben. Sie sind nun bereit für ein wenig mehr Flexibilität und Abwechslung, immerhin verfügen Sie über die Qualitäten eines Küchenchefs, eines wahren GAPS-Profis: In Ihrer Küche ist der Suppentopf stets gefüllt, werden Fleisch- und Knochenreste restlos verwertet, rotieren Einweckgläser am laufenden Band und kommt bis zu dreimal täglich ein nahrhaftes Gericht auf den Tisch. Sie dürfen sich zu Recht auf die Schulter klopfen! Lassen Sie sich von Rückschlägen nicht entmutigen. Ein unerwarteter Vorfall, ein Infekt, ja sogar ein Urlaub kann jeden einmal aus der Bahn werfen. In solchen Fällen schalten Sie am besten einen Gang zurück und halten sich an die Einstiegsdiät, bis Sie wieder fest im Sattel sitzen.

Die GAPS-Vollwertdiät sollten Sie erst beginnen, wenn Sie alle Stufen der Einstiegsdiät durchlaufen haben und vollkommen beschwerdefrei sind. Ausführliche Informationen zur GAPS-Vollwertdiät finden Sie in Natasha Campbell-McBride: *GUTS™ – Gut and Psychology Syndrome. Wie Darm und Psyche sich beeinflussen*, Kandern 2015. Haben Sie die Aufwärmphase erfolgreich überstanden, erteile ich Ihnen hiermit offiziell die Erlaubnis, sich in Ihrer Küche auszutoben, die Rezepte in diesem Buch zu durchforsten und das auszuprobieren, was Ihnen ins Auge sticht. Sie werden vieles finden, das Ihnen aus der Zeit vor GAPS bekannt ist, allerdings in einer abgeänderten Variante, die Ihrem Darm schmeichelt. Denken Sie daran, dass Ihr Körper Zeit braucht, um zu heilen. Sollten sich negative Veränderungen bemerkbar machen, wie etwa Händeflattern, Blähungen, vermehrter Toilettengang oder Hyperaktivität, ist dies ein Signal dafür, innezuhalten und die möglichen Ursachen der Symptome abzuwägen. Schreiben Sie auf, was Sie in den vergangenen Tagen gegessen haben, streichen Sie den Übeltäter für weitere drei bis fünf Tage von Ihrem Speiseplan und versuchen Sie es dann erneut. Erweitern Sie Ihre Zutatenliste langsam, aber mit Bestimmtheit.

Sie sollten der GAPS-Vollwertdiät für mindestens zwei Jahre treu bleiben. Ich weiß, ich weiß … Sogar der gute, alte Nick meint: „Um nichts in der Welt werden wir zwei ganze Jahre mit dieser Diät zubringen.“ Doch ich mache einfach weiter wie bisher, in der Hoffnung, sein Verlangen nach Bier und Pizza wird irgendwann vergehen. Denken Sie daran, dass Sie nur für Ihren eigenen Körper verantwortlich sind und womöglich etwas an Kontrolle abgeben müssen, wenn Ihr Partner seinen Willen durchsetzen möchte. Konzentrieren Sie sich darauf, sich selbst zu heilen und jene, die tatsächlich darauf angewiesen sind. Wenn jemand in Ihrer Familie nur geringe Beschwerden hat, kann er vielleicht schon nach einem Jahr Lebensmittel, die in der GAPS-Diät nicht vorgesehen sind, in seinen Speiseplan aufnehmen.

Ich bin sicher, Sie haben bis zum jetzigen Zeitpunkt bereits die eine oder andere positive Veränderung wahrgenommen. Und Sie wissen: Der Erfolg kommt nicht über Nacht. Es werden noch einige Höhen und Tiefen auf Sie warten und Sie werden sie alle überwinden. Also, machen Sie nur weiter so, meine Damen und Herren!

Lebensmittel, die in der GAPS-Vollwertdiät erlaubt sind

Übernommen aus *GUTS™ – Gut and Psychology Syndrome. Wie Darm und Psyche sich beeinflussen* (dt. Kandern 2015):

- Ananas
- Äpfel
- Aprikosen (Marillen)
- Artischocken
- Aubergine (Melanzani)
- Avocados und Avocadoöl
- Bananen (reif mit braunen Flecken auf der Schale)
- Beeren allerlei
- Birnen
- Blattkohl
- Blattsalat allerlei
- Blumenkohl (Karfiol)
- Bohnen: kleine, weiße, getrocknete Bohnen; grüne Bohnen; Gartenbohnen; Navybohnen; Limabohnen; Fisolen; Schälerbsen
- Brokkoli
- Brunnenkresse
- Butter
- Cashewnüsse, ungesalzen
- Cayennepfeffer
- Cherimoya (tropische Frucht)
- Chinakohl
- Clementinen
- Datteln, frisch oder getrocknet
- Dill, frisch oder getrocknet
- Eier
- Eingelegtes Gemüse, in Salzwasser, ohne Zucker und Zusatzstoffe
- Ente, frisch oder tiefgekühlt
- Erbsen, geschält und getrocknet; frische grüne Erbsen
- Erdnussbutter, frei von Zusatzstoffen
- Erdnüsse, eingeweicht und getrocknet, geröstet
- Essig: Apfelessig, weißer Essig, Reisessig, Kokosessig
- Fasan, frisch oder tiefgekühlt
- Fisch, frisch, tiefgekühlt, eingelegt in eigenem Saft oder Öl
- Fischkonserven in Olivenöl oder Wasser
- Fisolen (Grüne Bohnen)
- Fleisch, frisch oder tiefgekühlt
- Fleischbrühe, selbstgemacht aus Geflügel, Rind, Lamm, Schwein und Fisch
- Gans, frisch oder tiefgekühlt
- Gartenkürbis (Sommer- und Wintersorten)
- Geflügel, frisch oder tiefgekühlt
- Gewürze, einzeln, ohne Zusatzstoffe
- Ghee, selbstgemacht
- Gin, gelegentlich
- Gorgonzola
- Grapefruit
- Grünkohl
- Gurken
- Haselnüsse
- Honig
- Huhn, frisch oder tiefgekühlt
- Ingwerwurzel, frisch oder tiefgekühlt
- Joghurt, selbstgemacht aus Rohmilch
- Kaffee, schwach und frisch geröstet, keinen Instantkaffee
- Kapern
- Karfiol (Blumenkohl)
- Karotten (Mohrrüben)

- Käse, Hart- und Weichkäse: Emmentaler, Gouda, Edamer, Pecorino, Parmesan, Limburger, Havarti, Asiago, Port Salut Münster, Sauermilchkäse (Quargel), Blauschimmelkäse, Roquefort, Brie, Camembert, Gorgonzola, Stilton
- Kefir, selbstgemacht aus Rohmilch
- Kirschen
- Kiwi
- Knoblauch
- Knochenbrühe, selbstgemacht aus Geflügel-, Rinder-, Lamm-, Schweineknochen oder Fischgräten
- Kohl
- Kohlsprossen
- Kokosfett
- Kokosmilch
- Kokosnuss, frisch oder getrocknet, ohne Zucker oder Zusatzstoffe
- Koriandersamen, frisch oder getrocknet
- Kräuter, frisch oder getrocknet
- Kräutertee
- Kumquats (Zwergorangen)
- Kürbis
- Lamm, frisch oder tiefgekühlt
- Linsen
- Mandeln, Mandelbutter und -öl
- Mango
- Marillen (Aprikosen), frisch und getrocknet
- Meeresfrüchte, frisch oder tiefgekühlt
- Melanzani (Aubergine)
- Melonen
- Mohrrüben (Karotten)
- Muskatnuss
- Nektarinen
- Nüsse allerlei, roh, gut eingeweicht und getrocknet
- Nussmehl oder gemahlene Nüsse
- Oliven, frei von Zusatzstoffen
- Olivenöl, nativ, kaltgepresst
- Orangen
- Papayas
- Paprika (grün, gelb, rot, orange)
- Parmesan
- Pekannüsse
- Petersilie
- Pfeffer, jede Sorte
- Pfirsiche
- Pilze
- Probiotische Lebensmittel, milchsauer vergorenes Gemüse aus der Liste
- Rettich, schwarz
- Rhabarber
- Rindfleisch, frisch oder tiefgekühlt
- Rosinen
- Rüben oder Rote Rüben (Rote Beete)
- Säfte, frisch gepresst aus Obst und Gemüse in der Liste
- Salzgurken
- Satsumas
- Sauerrahm, aus selbst vergorenem, frischem Rahm
- Schweinefleisch, frisch oder tiefgekühlt
- Scotch, gelegentlich
- Seetang, frisch oder getrocknet
- Sellerieknollen
- Selleriestangen
- Senf, frei von Zusatzstoffen
- Spargel
- Speiserüben
- Spinat
- Steckrüben
- Tee, schwach und frisch zubereitet; keine Instantmischung
- Tomaten
- Tomatenpüree, keine Zusatzstoffe außer Salz

- Tomatensaft, keine Zusatzstoffe außer Salz
- Truthahn, frisch oder tiefgekühlt
- Wodka, selten
- Wachtel, frisch oder tiefgekühlt
- Walnüsse
- Wein, trocken, rot oder weiß
- Weintrauben
- Wild, frisch oder tiefgekühlt
- Zellulose als Ballaststoff in Nahrungsergänzungsmitteln
- Zimt
- Zitronen
- Zitronensäure
- Zucchini
- Zwetschken (Pflaumen), getrocknet
- Zwiebeln

Wo sind die Bohnen geblieben?

Sie werden bemerkt haben, dass Bohnen und Hülsenfrüchte in den Rezepten nicht vorkommen. Das liegt daran, dass ich sie für unsere Gerichte zuhause bislang noch nicht verwendet habe. Ich habe für dieses Buch Rezepte gewählt, die ich auch für meine Familie koche. Selbstverständlich können Sie Bohnen und Hülsenfrüchte in Ihren Speiseplan aufnehmen, wenn Sie sich dazu bereit fühlen. Befolgen Sie dabei die vorbereitenden Schritte vom Einweichen bis zur Zubereitung. Weitere Informationen finden Sie in Dr. Natasha Campbell-McBrides Buch *GUTS™ – Gut and Psychology Syndrome. Wie Darm und Psyche sich beeinflussen* (dt. Kandern 2015).

Lebensmittel, die in der GAPS-Vollwertdiät nicht erlaubt sind

Übernommen aus Dr. Natasha Campbell-McBrides Buch *GUTS™ – Gut and Psychology Syndrome. Wie Darm und Psyche sich beeinflussen* (dt. Kandern 2015):

- Acidophilus-Milch
- Agar (Agartang-Geliermittel)
- Agavensirup
- Algen
- Aloe vera (erst wenn die Verdauung vollkommen symptomfrei abläuft)
- Amaranth
- Apfelsaft
- Augenbohnen
- Backpulver und Backtriebmittel jeder Art, ausgenommen reines Speisesoda/ Natron (siehe Anmerkung im Rezept für Brot aus Kokosbutter, Seite 118)
- Balsamico-Essig
- Baumwollsamen
- Bienenpollen
- Bier
- Bittermelone
- Bohnen mit hohem Stärkegehalt: Kidneybohnen, dicke Bohnen wie z. B. Saubohnen
- Bohnenmehl und Bohnensprossen
- Brandy
- Bratöle
- Buchweizen
- Bulgur
- Buttermilch
- Carrageen
- Cornflakes und alle anderen Frühstücksflocken
- Couscous
- Dinkel
- Eiskrem aus dem Handel
- Extrawurst und Wurstwaren mit Zusatzstoffen
- Fisch in Sauce oder Salz konserviert, geräuchert
- Fleisch mit Zusatzstoffen, konserviert, geräuchert, gesalzen
- Frischkäse
- Früchtekonserven
- Fruchtzucker
- Gemüsekonserven
- Gerste
- Getränkesirup
- Getreide, alle Sorten
- Grieß
- Hafer
- Hefe und Hefeextrakt
- Hirse
- Hüttenkäse
- Joghurt aus dem Handel
- Johannisbrot
- Kaffeeersatz und Instantkaffee
- Kakaopulver (siehe Hinweis zum Rezept „Nutella", Seite 262)
- Kartoffeln
- Käse mit künstlichen Zusatzstoffen
- Kastanienmehl
- Kaugummi
- Ketchup aus dem Handel
- Kichererbsen
- Klettenwurzel
- Kohlensäurehaltige Getränke
- Laktose
- Mais
- Maissirup
- Maisstärke
- Margarine und Butterersatz
- Marmeladen

- Mehl aus Getreide
- Milch: Tier-, Reis-, Kokos-, Sojamilch (rohe Kuhmilch für die Milchsäuregärung ist erlaubt)
- Milchpulver
- Molke oder Molkepulver (Molke in zubereiteten Speisen ist erlaubt)
- Mozzarella
- Mungbohnen
- Nudeln jeder Art
- Nüsse in verarbeiteter Form
- Okra
- Oligofruktose
- Pastinaken
- Pektin
- Quinoa
- Rahm
- Rahmkäse
- Reis
- Ricotta
- Roggen
- Sago (Verdickungsmittel)
- Sauerrahm aus dem Handel
- Schafkäse
- Schnäpse
- Schokolade
- Sherry
- Soja
- Spirituosen
- Stärke in jeder Form
- Streichkäse
- Suppenwürfel oder -pulver
- Süßkartoffeln
- Süßstoffe: Saccharin, Aspartam, Acesulfam etc.
- Tapioka (Stärke)
- Tee aus Fertigpulver
- Topinambur
- Traubenzucker
- Weinstein
- Weizen und Weizenkeime
- Wurstwaren mit Zusatzstoffen
- Zellulose
- Zichorienwurzel
- Ziegenkäse
- Zucker und Zuckerstoffe jeder Art

Stärkehaltige Produkte, somit auch Kartoffeln, Getreide und die meisten Hülsenfrüchte, sind grundsätzlich verboten. Wenn Sie die GAPS-Vollwertdiät als Vorbereitung auf die Einstiegsdiät beginnen, sollten Sie die genannten Produkte schrittweise aus Ihrer Ernährung streichen.

Saucen und Beilagen

MAYONNAISE: UNSER ALLESKÖNNER

Ergibt etwa 360 ml

Nick und ich hatten uns gerade in die tiefen Gewässer der GAPS-Diät begeben, als wir an der Reihe waren, unseren monatlichen Freundeabend auszurichten. Nervosität machte sich breit angesichts der vielen Lebensmittel und Getränke, mit denen wir nicht aufwarten konnten. Doch der Abend verlief großartig: Wir servierten Burger, Beilagen und einen großen Salat mit vergorenen Delikatessen. Im letzten Moment hatte ich bemerkt, dass das Ketchup zur Neige ging. Mayonnaise und Knoblauch waren schnell angerührt: Knoblauch-Aioli ahoi! Wir brauchten an jenem Abend zwei ganze Gläser auf. Am nächsten Tag überschwappte mich eine Flut von E-Mails mit der Bitte, ich möge doch das Aioli-Rezept weitergeben. Unser GAPS-Menü war ein voller Erfolg.

Mit Molke oder Salzgurkensaft können Sie die Haltbarkeit der Mayonnaise verlängern und für zusätzliche Enzyme und Nährstoffe sorgen. Vor dem Kühlstellen gut verschließen und für sieben Stunden bei Zimmertemperatur reifen lassen. Ungeöffnet ist Mayonnaise bis zu zwei Monate haltbar.

2 Dotter von Bio-Freilandeiern
1 TL getrocknete Senfkörner
Saft einer halben, kleinen Zitrone
½ TL Meersalz
100 g extra-natives Kokosfett
120 ml qualitativ hochwertiges Olivenöl
60 ml Molke, Sauerkrautsaft oder Salzgurkenlake (nach Belieben)

Dotter, Senfkörner, Zitronensaft und Salz in einem Küchenmixer pürieren. Kokosfett bei geringer Hitze schmelzen (es darf nicht zu heiß sein, sonst bringt es die Eimasse zum Stocken), mit Olivenöl vermengen und bei eingeschaltetem Mixer langsam zur Dottermasse gießen: Zuerst einen Tropfen, dann zwei, dann ein paar mehr hinzufügen, bis Sie das Öl schließlich in einem dünnen, gleichmäßigen Strahl einfließen lassen können. Meine Freundin Talie hat mich darauf aufmerksam gemacht, dass einige Küchenmixer über ein kleines Loch im Aufsatz verfügen, durch das das Öl einlaufen kann. Damit gelingt Mayonnaise um vieles einfacher! Zum Schluss die Molke einrühren. Die Mayonnaise in ein verschließbares Glas streichen und im Kühlschrank aufbewahren. Innerhalb einer Woche aufbrauchen.

KNOBLAUCH-AIOLI

Ergibt etwa 360 ml

Diese Sauce ist der Knaller! Knoblauchzehen mit Dottern, Senfkörnern, Zitronensaft und Salz vermixen und die Zubereitungsschritte des obigen Mayonnaiserezeptes weiter befolgen.

3 Knoblauchzehen
2 Dotter von Bio-Freilandeiern
1 TL getrocknete Senfkörner
Saft einer halben, kleinen Zitrone
½ TL Meersalz
100 g extra-natives Kokosfett
120 ml qualitativ hochwertiges Olivenöl
2 EL Molke, Sauerkrautsaft oder Salzgurkenlake (nach Belieben)

Geschmackszutaten für Mayonnaise und Aioli

Mit den folgenden Variationen lassen sich leckere Dressings, Dips oder Brotaufstriche anrühren. Sie machen sich hervorragend zu Eiersalat oder zu einem Blattsalat mit Putenstreifen!

- gehackte Schalotten und Kräuter
- gehackter Pfeffer, Knoblauch und Koriander
- gehackte Frühlingszwiebeln
- entkernte und gehackte rote Chilischoten
- Jalapeño (eine scharfe Chili), Knoblauch, Koriander, Abrieb einer Limette (oder Orange), Kümmel und Chilipulver
- Knoblauch, Schnittlauch, Petersilie und Estragon
- Chipotle in Adobo (eine getrocknete, in Sauce eingelegte Chilischote), Limette, angebratener Knoblauch, Meersalz und Pfeffer
- Dijon-Senf (Estragonsenf), Honig, gehackter Schnittlauch, Senfkörner und „Hot Nicky“-Gewürzsauce (Seite 241)
- „Sauce Tartar“: Aioli mit gehackten Salzgurken oder Kapern und gewürfelten, roten Zwiebeln
- „Hot Nicky“-Mayonnaise: Einige Esslöffel „Hot Nicky“ (Seite 241) auf 250 g Mayonnaise, steht bei uns immer griffbereit

MILCHSAUER VERGORENER SENF, 2 ARTEN

Gelber Senf
Ergibt etwa 500 ml

- 70 g Senfpulver
- 120 ml naturbelassener Bio-Apfelessig oder Kokosessig
- 2 EL Molke oder Salzgurkenlake
- 1 TL Meersalz
- 1 ½ EL Zitronensaft
- ¼ TL Kurkuma aus biologischem Anbau
- ½ TL Knoblauchpulver
- ¼ TL Paprikapulver

Alle Zutaten vermixen und in ein ½-Liter-Einweckglas füllen. Gut verschließen und drei Tage bei Zimmertemperatur gären lassen, dann kühl stellen. Gelber Senf ist im Kühlschrank einige Monate haltbar.

Vergorener Vollkorn-Honig-Senf
Ergibt etwa 500 ml

Die Idee zu diesem Rezept habe ich von der Internetseite *Cultures for Health*, auf der viel Wissenswertes rund ums Vergären und Einlegen von Lebensmitteln zu finden ist. Schmeckt ausgezeichnet zu „Caesar Salad" (siehe Caesar Dressing, Seite 128).

- 180 ml Salzgurkenlake oder Molke
- 40 g ganze gelbe Senfkörner
- 40 g ganze braune Senfkörner (diese sind schärfer als die gelben)
- 1 kleine gehackte Schalotte
- 1 gehackte Knoblauchzehe
- 1 EL Honig (nach Belieben)
- 1 TL Meersalz

Salzgurkenlake, Senfkörner, Schalotte und Knoblauch in einer Schüssel vermengen und über Nacht stehen lassen. Die Senfkorn-Mischung mit Honig (wenn Sie ihn verwenden) und Salz in einem Küchenmixer pürieren, bis die gewünschte Konsistenz erreicht ist. In ein ½-Liter-Einweckglas füllen, fest verschließen und drei Tage bei Zimmertemperatur gären lassen. Honigsenf ist im Kühlschrank einige Monate haltbar.

MILCHSAUER VERGORENES KETCHUP

Ergibt 500 ml

Lange habe ich nach einem Rezept für Ketchup gesucht, von dem auch meine Kinder begeistert sind. Dieses hier wird den hohen Ansprüchen gerecht. Es schmeckt besonders gut auf Burger, zusammen mit selbstgemachter Mayonnaise und Senf.

400 g Bio-Tomatenpaste (ohne Salz)
80 ml Salzgurkenlake oder Molke
2 EL Apfelessig
¼ TL Senfpulver
1 Messerspitze gemahlene Nelken
1 Messerspitze gemahlener Piment
1 Messerspitze Cayennepfeffer
½ TL Meersalz
2–4 EL Honig

Zutaten in einer Schüssel verrühren. Das Ketchup in ein Einweckglas füllen, gut verschließen und bei Zimmertemperatur zwei Tage gären lassen. Anschließend im Kühlschrank aufbewahren. Das Ketchup ist einige Monate haltbar.

MILCHSAUER VERGORENE BBQ-SAUCE

Ergibt 500 ml

Hervorragend zu Schweinefleisch-Carnitas (Seite 183).

1 Zwiebel, fein gehackt
2 gepresste Knoblauchzehen
225 g Tomatenpaste
80 g Honig
2 EL Apfelessig
2 EL Kokosblütennektar
½ TL Meersalz
1 TL Paprikapulver
¼ TL Zimt
½ TL Chilipulver
1 TL Senfpulver
1 Prise Cayennepfeffer
2 EL Sauerkrautsaft, Salzgurkenlake oder Molke

Zutaten vermengen und in einem ½-Liter-Einweckglas für zwei Tage bei Zimmertemperatur gären lassen. Gekühlt aufbewahren.

CHIMICHURRI GEWÜRZKRÄUTERSAUCE

Ergibt etwa 500 ml

1 Bund glatte Petersilie, Stiele entfernen
1 Bund frischer Koriander, Stiele entfernen
Oregano (nach Belieben)
30 g grob gehackte rote Zwiebeln
4–6 Knoblauchzehen
1 TL Meersalz
½ TL frisch gemahlener schwarzer Pfeffer
1 EL Apfelessig oder Kokosessig
Saft einer Limette
180 ml extra-natives Olivenöl

Petersilie, Koriander, Oregano, Zwiebeln und Knoblauch in einem Mixer zerkleinern. Meersalz, Pfeffer, Essig und Limette dazugeben und gut durchmixen. Die Kräuterpaste in eine Schüssel streichen und das Olivenöl einrühren. Ein Löffel Chimichurri zu Steak, Burger, Wurst oder Huhn verleiht einen wunderbar frischen Geschmack.

SAUCE HOLLANDAISE

Ergibt etwa 250 ml

Als ich ein Kind war, gab es Brokkoli, Spargel und Artischocken immer mit Sauce hollandaise. So konnte meine Mutter sicher sein, dass ich mein Gemüse auch garantiert aufessen würde – und zwar bis auf den letzten Bissen!

3 Dotter von Bio-Freilandeiern
110 g Butter mit Meersalz
Saft einer Zitrone

Die Zutaten im nicht zu heißen Wasserbad fünf Minuten lang gleichmäßig aufschlagen. Die Hollandaise rechtzeitig aus dem Wasserbad nehmen, ehe sie zu flocken beginnt. Sie ist bei Zimmertemperatur servierfertig.

SAUCE BÉARNAISE

Ergibt etwa 250 ml

„Möchtest du auch Hühnchen zur Béarnaise, Schatz?“ necke ich meinen Ehemann, wenn die Sauce wie so oft sein Fleischgericht dominiert. Sally Fallon Morell klärt in ihrem Buch *Nourishing Traditions* über die wertvollen Bestandteile der traditionellen Ernährung unserer Vorfahren auf. Als mein Mann erfuhr, wie nahrhaft seine Lieblingssauce ist, war er hoch erfreut. Meine Schwiegermutter macht Sauce béarnaise jedes Jahr zu Weihnachten und hat mir gezeigt, wie ich die Sauce retten kann, sollte sie versehentlich geflockt sein: Ein paar Tropfen Wasser zur heißen Sauce geben und durch zügiges Rühren so lange abkühlen, bis die Flocken verschwunden sind. Die Béarnaise erlangt dann wieder ihre sämig-glatte Konsistenz.

2 EL fein gehackte Schalotten
1 EL fein gehackter frischer Estragon oder 1 TL getrockneter Estragon
1 EL trockener Weißwein
2 EL Weißweinessig
5 Eidotter mit Zimmertemperatur
110 g Butter in Stücke geschnitten, wenn möglich aus rohem Rahm
frischer Zitronensaft
1 Prise Meersalz
1 Prise Pfeffer

Schalotten, Estragon, Wein und Essig in einem kleinen Topf aufkochen und zu etwa einem Esslöffel Flüssigkeit reduzieren. Den Weinessig durch ein Sieb in ein mittelgroßes, hitzebeständiges Gefäß gießen (oder mitsamt den Schalotten und dem Estragon weiterverarbeiten). Eidotter in einer separaten Schüssel aufschlagen. Einen Topf mit Wasser aufkochen und das Gefäß mit der Essigreduktion ins leicht kochende Wasserbad setzen. Die Hälfte der Butter Stück für Stück unter ständigem Rühren hinzufügen. Dann die aufgeschlagenen Dotter langsam, Tropfen für Tropfen, einrühren. Die zweite Hälfte der Butter hinzufügen und unter ständigem Rühren schmelzen lassen. Die Sauce sollte nun warm und leicht eingedickt sein. Die Schüssel aus dem Wasserbad nehmen und die Sauce béarnaise mit Zitronensaft, Meersalz und Pfeffer würzen. Sie können sie bis zum Servieren über heißem Wasser warm stellen. Gelegentlich umrühren nicht vergessen.

PESTO IN 7 GESCHMACKSRICHTUNGEN

Für die folgenden Pesto-Ideen bedanke ich mich bei Laura Sackton, Mitbegründerin der solidarischen Landwirtschaft *First Root Farm* in Massachusetts. Die Zubereitungsschritte des klassischen Basilikum-Pestos gelten auch für die anderen Rezepte.

Klassisches Basilikum-Pesto

Ergibt etwa 500 ml

2–4 Bund frisches Basilikum
120 ml Olivenöl
50 g geriebener Parmesan aus Rohmilch (nach Belieben)
70 g Pinienkerne
2 Knoblauchzehen pro Bund Basilikum
Saft und Abrieb einer Zitrone
Meersalz und Pfeffer

Alle Zutaten außer Olivenöl, Salz und Pfeffer in einem Küchenmixer zerkleinern. Am einfachsten gelingt das in einem Standmixer mit Stoßeinsatz, mit dem die Zutaten nach unten gedrückt werden können. Möglicherweise sind zu Beginn ein paar Tropfen Olivenöl nötig, um den Mixvorgang zu starten. Im Anschluss das Olivenöl in hauchdünnem Strahl bei laufendem Mixer einfließen lassen, bis das Pesto die gewünschte Konsistenz erreicht hat. Mit Meersalz und Pfeffer würzen, in ein ½-Liter-Einweckglas füllen und gekühlt aufbewahren.

Koriander-Pesto

Ergibt etwa 500 ml

1–2 Bund Koriander
60 ml Olivenöl
5 Knoblauchzehen
2–3 EL Zitronensaft
1 TL frisch gemahlener Ingwer (nach Belieben, aber sehr zu empfehlen!)
Meersalz und frisch gemahlener Pfeffer

Mildes Fenchel-Pesto

Ergibt etwa 500 ml

1–2 Fenchelknollen, gehackt und in Kokos- oder Olivenöl weich gedünstet (ca. 10 Minuten)
120 ml Olivenöl
5 Knoblauchzehen
60 g leicht geröstete Walnüsse
Meersalz und Pfeffer

Salbei-Pesto
Ergibt etwa 500 ml

- 1 Bund (ca. 20 g) Salbeiblätter
- 60 ml Olivenöl
- 5 Knoblauchzehen
- 1–2 EL Zitronensaft
- Meersalz und Pfeffer
- Nüsse nach Belieben (Pinienkerne passen gut)

Zitronen-Dill-Pesto
Ergibt etwa 500 ml

- 1 Bund frischer Dill
- 4–5 Knoblauchzehen
- 60 ml Olivenöl
- 1–3 EL Zitronensaft
- Meersalz und Pfeffer
- Abrieb einer Zitrone für eine schöne Farbe und extra zitronigen Geschmack

Würziges Rukola-Pesto
Ergibt etwa 500 ml

- 110–220 g Rukola, gewaschen und geschnitten (junge Blätter sind milder, ältere schärfer im Geschmack)
- 60 ml Olivenöl (Walnussöl passt auch gut)
- 60 g Walnüsse
- 25 g geriebener Parmesan (nach Belieben)
- 3–5 EL frischer Zitronensaft
- Meersalz und Pfeffer
- 3 Knoblauchzehen (nach Belieben, für ein extra scharfes Pesto)

Pesto aus sonnengetrockneten Tomaten
Ergibt etwa 500 ml

- 4 Bund frisches Basilikum
- 70 g Pinienkerne
- 2–3 Knoblauchzehen
- 240 ml Olivenöl
- Meersalz und Pfeffer
- 10–15 sonnengetrocknete Tomaten (in Wasser aufquellen lassen oder gebrauchsfertige, in Olivenöl eingelegte Tomaten verwenden)

GUACAMOLE

Ergibt ungefähr 350 ml

Eine unserer Lieblingssaucen, die zu jedem Gericht schmeckt.

2 reife Avocados, zerdrückt
Saft einer Limette
1 Prise Meersalz
1 Tomate, klein geschnitten (nach Belieben)
½ Bund Koriander, gehackt (nach Belieben)

Zutaten vermengen … fertig! Guacamole ist reich an gesunden Fetten und wird Ihre Kinder lange satt halten. Sie kommt bei uns zuhause fast täglich auf den Tisch.

ED GIOBBIS[22] SÜSSE MARINARASAUCE

4 bis 6 Portionen

Die Zubereitung dieser köstlichen Sauce habe ich bei einem Einmach-Kochkurs von Eds Tochter Eugenia Bone gelernt und an die GAPS-Diät angepasst. Schaufeln Sie ein Fach in Ihrem Gefrierschrank frei und halten Sie den größten Ihrer Suppentöpfe bereit! Diese Sauce lässt sich wunderbar einfrieren, wieso also nicht gleich die doppelte oder dreifache Menge vorkochen? Sie eignet sich als Beilage zu gebratenem Gemüse, Spaghettikürbis, Huhn und auch sonst zu überhaupt allem.

3 EL Ghee, Butter oder Fett Ihrer Wahl
1 mittelgroße Zwiebel, gewürfelt
2 mittelgroße Karotten, klein geschnitten
2 große Knoblauchzehen, gehackt
800 g frische, gehackte Tomaten oder 2 Dosen/Gläser zu je 800 g
1 EL frisch gehacktes Basilikum
1 TL getrockneter Oregano
Meersalz und frisch gemahlener, schwarzer Pfeffer

Einen Esslöffel Fett in einem großen Topf schmelzen. Zwiebel, Karotten und Knoblauch weich dünsten (etwa 10 Minuten). Tomaten hinzufügen. Wenn die Sauce zu kochen beginnt, Hitze reduzieren. Mit einem Stabmixer pürieren oder das Gemüse in Stücken belassen. Kräuter hineinstreuen. Mit Salz und Pfeffer würzen und weitere 15 Minuten bei mittlerer Hitze kochen. Zum Abschluss die übrigen zwei Esslöffel Fett einrühren.

[22] Edward Giobbi ist ein US-amerikanischer Künstler, Koch und Kochbuchautor.

ÜBERBACKENE TOMATENSAUCE

Ergibt 2 bis 3 Liter

Sollten Sie mal eine außergewöhnlich reiche Tomatenernte einfahren, können Sie mit diesem Rezept den frischen Hauch des Sommers für die kargen Wintermonate konservieren. Probieren Sie diese Sauce zu Parmesan-Hühnchen: Ausgelöste Hühnerkeulen mit verschiedenen Käsesorten bestreuen, bei 175 °C für 45 Minuten im Rohr braten und einen Löffel Pesto nach Wahl daraufsetzen! So haben Sie ruck-zuck ein herrliches Fleischgericht zubereitet, das bestimmt begeisterte Abnehmer findet. Wollen Sie die rohen Enzyme im Käse erhalten, reiben Sie ihn erst nach dem Braten über das Hühnchen.

25 frische Tomaten, geviertelt
8 Zwiebeln, geviertelt
10 Knoblauchzehen, zerdrückt
2 Handvoll frische Kräuter, gehackt
50 g Ghee, Talg oder Kokosfett
Meersalz und Pfeffer

Backrohr auf 230 °C vorheizen. Tomaten, Zwiebeln, Knoblauch und Kräuter mit dem geschmolzenen Fett in eine ofenfeste Pfanne geben. Großzügig mit Salz und Pfeffer würzen und für 30 Minuten ins Backrohr stellen. Kurz umrühren und weitere 30 Minuten backen. Die Sauce mit Tomatenstückchen belassen oder mit einem Handmixer glatt rühren.

BROT AUS KOKOSBUTTER

Ich hatte Brot lange Zeit aus Kokosmehl hergestellt, obwohl ich wusste, dass das nicht die optimale Lösung war. Die vielen Ballaststoffe im Mehl können dem Darm zu schaffen machen und die wertvollen Fette der Kokosnuss gehen beim Backen verloren. Ich wandte mich also ratsuchend an meine wunderbare GAPS-Beraterin Sandy, die mir sofort ein tolles Rezept von *lovingourguts.com* weitergab. Es vereint Fette und Ballaststoffe in Form von Kokosbutter und macht das Brot dadurch für den Körper verträglicher. Sie hat mir gesagt, dass Backpulver in reiner Form in der GAPS-Diät nicht erlaubt ist, jedoch in kleinen Mengen als Zutat zum Teig keine Beschwerden hervorrufen sollte. Das Brot ist kompakter als jenes aus Nussmehl; es eignet sich als Jausenbrot genauso wie für Sandwiches oder Hamburger. (Ich mache immer die doppelte Menge!). Am besten schmeckt es in Scheiben geschnitten und getoastet.

230 g Kokosbutter
5 Eier mit Zimmertemperatur
50 g Kokosfett oder Bio-Schmalz
½ TL Meersalz
¾ TL Backpulver

Backrohr auf 150 °C vorheizen. Kokosbutter in ein Glas oder in eine Schüssel streichen und für 10 bis 20 Minuten im Wasserbad schmelzen lassen. Gut durchrühren. Alle Zutaten in eine Rührschüssel geben und mit dem Handmixer vermengen, bis eine durch und durch homogene Masse entstanden ist, die nicht mehr klumpt. Den Teig in eine befettete Back- oder Auflaufform füllen und für 40–50 Minuten backen. 10 Minuten überkühlen lassen, dann im Kühlschrank aufbewahren. (Das Brot ist nach dem Backen noch weich und erlangt erst im Kühlschrank seine servierfertige Konsistenz).

Variation: Wie wäre es zur Abwechslung mit einem Zimt-Rosinen-Brot? Mischen Sie einen Teelöffel Zimt und 40 g Rosinen zu den anderen Zutaten in den Teig. In eine passende Form füllen und weiter verfahren wie oben beschrieben.

PIZZAFLADEN AUS KOKOSMEHL

Für 4 kleine Pizzaböden

Ein Highlight für Geburtstagsfeiern und besondere Anlässe. Kokosmehl aus dem Handel ist aufgrund seines hohen Ballaststoffgehaltes in der GAPS-Diät nicht erlaubt. Selbstgemachtes Kokosmehl hingegen ist leichter und lockerer, enthält weniger Ballaststoffe und ist für den Darm leichter zu verdauen. Dennoch rate ich Ihnen, zuerst nur wenige Bissen zu probieren, um zu sehen, wie Ihr Körper auf das Mehl reagiert. Bei guter Verträglichkeit darf das Pizzastück beim nächsten Mal größer ausfallen.

30 g selbstgemachtes Kokosmehl
100 g Kokosfett oder Schmalz
6 Bio-Freilandeier
1 TL Meersalz
1 TL Knoblauchpulver
240 ml Ed Giobbis Marinarasauce (Seite 116) oder andere Sauce; alternativ dazu können auch Tomatenpaste und Kräuter als Belag verwendet werden
50–100 g geriebener Käse

Backrohr auf 175 °C vorheizen. Alle Zutaten (außer Sauce und Käse) mit einem Handmixer zu einem glatten Teig verrühren. Ein Backblech mit Backpapier auslegen. Mit einem Löffel 10–13 cm große Scheiben auf das Papier streichen. Für 10 Minuten ins Backrohr schieben, dann wenden und weitere 5–10 Minuten backen. Marinarasauce und Käse auf den Pizzaböden verteilen und 5 Minuten fertig backen. In Stücke schneiden und servieren.

KRÄUTERBUTTER

Ergibt 110 g

Bei diesem Rezept kommen ganz klar meine drei Lieblingswörter zu tragen: Einfach, schnell und nährstoffreich! Kräuterbutter ist ideal, um Ihre Kinder mit einer extra Portion gesundem Fett zu versorgen. In dieser Diät kann einem schon mal das einfache Stück Butterbrot abgehen; da kommen die folgenden Rezepte als streichfeste Auflage für unser Brot aus Kokosbutter gerade recht! Selbst vergorene Butter (Seite 31) sollte Ihre erste Wahl sein, da sie besonders viele Nährstoffe und probiotische Wirkstoffe enthält. An einer hochwertigen heimischen Weidebutter aus dem Supermarkt ist aber auch nichts auszusetzen.

Nehmen Sie die Butter einige Stunden vor der Verarbeitung aus dem Kühlschrank. Ist sie schön weich, kann sie die Geschmackszutaten leichter aufnehmen. Verwenden Sie zum Anrühren am besten eine Silikonspachtel und vergessen Sie nicht auf die entscheidende Prise Salz! Tragen Sie die verrührte Buttermasse auf den Rand eines Butterpapierstreifens auf, rollen Sie das Papier ein und biegen Sie die Enden um. Beschriften Sie die Rolle und bewahren Sie sie im Kühlschrank auf oder frieren Sie sie ein.

Frische Kräuterbutter

Grandios zu Steak, Roastbeef, gegrillten Putenstreifen, Hühnchen (vor dem Braten unter die Haut streichen), frischem Fisch, Hamburger sowie rohem und gebratenem Gemüse.

110 g selbstgemachte Butter
1 EL gehackter Salbei
1 EL gehackter Thymian
1 EL gehackter Rosmarin
2 frisch gepresste Knoblauchzehen
Prise Meersalz und frisch gemahlener Pfeffer

Honig-Ingwer-Kümmelbutter

Köstlich zu Fisch, Huhn, gebratenen Karotten oder Karfiol.

110 g vergorene Butter
1 TL Honig
Abrieb einer Limette
½ TL Kümmel
¼ TL gemahlener Ingwer
1 TL Zimt
1 TL frisch gehackter Thymian
schwarze Sesamkörner
Prise Meersalz

Vanille-Zimt-Honigbutter

Fabelhaft auf Brot, Cracker, Apfelscheiben, Pfannkuchen oder in einem Kokosbuttersandwich.

110 g Butter
Mark einer Vanilleschote
1 TL Honig
1 TL Zimt
1 Prise Meersalz

Chili-Limettenbutter

Großartig zu Steak oder Pfannkuchen mit Spiegelei à la Huevos Rancheros (Seite 86).

110 g Butter
1 klein geschnittene Chili (mit oder ohne Kerne)
Abrieb einer Limette
Saft einer halben Limette
1 Schalotte
2 EL frisch gehackter Koriander
Prise Meersalz

Andere Geschmacksorten

- Koriander, Kümmel und Curry
- Blauschimmelkäse oder Gorgonzola
- gehackte, sonnengetrocknete Tomaten (in Olivenöl) und Basilikum
- Schnittlauch, Senf und eine Schalotte
- Petersilie, Schalotten, Knoblauch und Abrieb einer Zitrone
- Kokosflocken, eine Dattel und Zimt

Hinweis: *Nicht auf die Prise Salz vergessen.*

Dressings

Als ich Sally Fallon Morell zum ersten Mal bei einer Weston-A.-Price-Konferenz referieren hörte, eröffnete sie ihren Vortrag mit den Worten: „Salat bringt uns um." *Wie konnte denn das sein, dachte ich, jetzt ist auch schon Salat in Verruf geraten?* Am Ende des Vortrages stand fest, dass es das Dressing ist, das uns schadet. Handelsübliche Dressings beinhalten Fette, die während der Verarbeitung zu stark erhitzt wurden (z. B. Rapsöl oder Sojaöl), sowie Glukose-Fruktose-Sirup. Der perfekte Mix also, um alle gesunden Inhaltstoffe weiterer Salatzutaten zunichte zu machen.

Tun Sie sich selbst etwas Gutes und greifen Sie zu hochwertigen Salatölen, wie etwa Olivenöl oder kaltgepresstem Leinsamenöl. Der Großteil der Vitamine im Gemüse ist fettlöslich, weshalb ein Dressing, reich an gesunden Fetten, die Nährstoffaufnahme im Körper vorantreibt. Dressing selbst herzustellen ist keine Hexerei. Es wird nur wenig von Ihrer kostbaren Zeit in Anspruch nehmen, vor allem dann, wenn Sie gleich die doppelte oder dreifache Menge zubereiten. Selbstgemachtes Dressing kann über mehrere Monate im Kühlschrank aufbewahrt werden und kommt Ihnen um vieles günstiger als gekauftes. Achten Sie lediglich darauf, es bereits einige Minuten vor den Mahlzeiten aus dem Kühlschrank zu nehmen, damit sich das Öl erwärmen und das Dressing schön geschmeidig aus dem Glas laufen kann.

Salatdressing: Die Grundlagen

Monica Corrado, MA, zertifizierte Ernährungsberaterin, GAPS-Kochtrainerin und Expertin für traditionelle Ernährung

Dressings können in drei Kategorien eingeteilt werden:

- Essig und Öl (Vinaigrette)
- Cremiges Salatdressing
- Pürierte Salatsauce

Eine einfache Vinaigrette ist zugleich auch die Grundlage der anderen Dressingarten. Wenn Sie das unten stehende Mischverhältnis beherzigen, können Sie jede beliebige Salatsauce durch Beifügen von Sahne, Käse oder Ihren Wunschzutaten mischen. Die abzumessenden Mengen werden in „Teilen" angegeben. Ein Teil entspricht 60 Milliliter oder 30 Gramm. Entscheiden Sie sich für die Gewichts- oder die Volumeneinheit und bleiben Sie dabei.

1 Teil Essig nach Wahl (Apfel-, Kokos-, Weißweinessig) oder Zitronensaft
3 Teile hochqualitatives Olivenöl (nehmen Sie 4 Teile, wenn Sie gerne mehr Öl möchten)
½ Esslöffel Senf (am besten selbst vergoren) oder den hochwertigsten Bio-Senf, den Sie im Geschäft finden
1 EL kaltgepresstes Leinsamenöl

Fügen Sie zum Abschluss Knoblauch, Ingwer und Kräuter nach Belieben hinzu.

Für ein Cremedressing erweitern Sie das Grundrezept um 2 Teile Sauerrahm/vergorene Sahne, Joghurt oder Kefir. Für ein Käsedressing ergänzen Sie 2 Teile Roquefort, Blauschimmelkäse oder einen anderen Käse.

Für eine pürierte Salatsauce mixen Sie die Grundzutaten mit 2 Teilen Sesampaste (Tahina) und wahlweise Stangensellerie, Zwiebeln und Karotten oder einer Kräutersorte, die Ihnen schmeckt (vielleicht frischem Basilikum).

Sie werden großen Spaß daran haben, sich Ihre eigenen Rezeptideen zu überlegen. Hier vorweg einige Anregungen:

KRÄUTERDRESSING ODER DIP AUS SAUERRAHM UND KEFIR

Ergibt 240 ml

120 ml Rohmilchkefir
120 ml selbstgemachter Sauerrahm
2 EL frisch gehackte Kräuter
Abrieb einer Zitrone
Saft einer halben Zitrone
½ TL Meersalz
frisch gemahlener Pfeffer

Sie können die Zutaten entweder in einer Schüssel mit dem Handmixer verrühren oder in ein Glas geben und durchschütteln – dann ist das Dressing sofort bereit zum Servieren oder Aufbewahren.

EINFACHE VINAIGRETTE

Ergibt 240 ml

1 TL Bio-Senf (Ich mag ihn grobkörnig oder stelle meinen eigenen her; Seite 109)
½ TL Meersalz
1 gepresste Knoblauchzehe (nach Belieben)
frisch gemahlener Pfeffer
frisch gehackte Kräuter (nach Belieben)
3 EL Zitronensaft, frisch gepresster Orangensaft oder Apfelessig
180 ml Olivenöl

Senf, Gewürze, Kräuter und Zitronensaft in einer Schüssel vermengen. Das Olivenöl langsam und unter Rühren einfließen lassen, bis es sich zur Gänze mit den anderen Zutaten verbunden hat. In einem Einweckglas im Kühlschrank aufbewahren.

CAESAR DRESSING

Ergibt etwa 500 ml

„Mama, gibt es heute wieder Salat?“ Mit Caesar Dressing ist die Vorfreude auf Salat garantiert.

2 EL Zitronensaft
4–6 gehackte Knoblauchzehen
1 EL grobkörniger Senf
2 EL selbstgemachte Mayonnaise
120 ml extra-natives Olivenöl
100 g geriebener Parmesan (nach Belieben)
1 kleines Glas Sardellenfilets, klein geschnitten (nach Belieben)
½ TL Meersalz
frisch gemahlener schwarzer Pfeffer

Zitronensaft, Knoblauch, Senf und Mayonnaise verrühren. Das Olivenöl langsam eingießen. Nach Belieben Parmesankäse und Sardellen dazugeben und mit Salz und Pfeffer abschmecken. Und hier noch die schnelle Variante: Alle Zutaten in ein Einweckglas geben und mit einem Stabmixer gebrauchsfertig pürieren.

TACO-GEWÜRZMISCHUNG

Ergibt 140 g

Wir verbrauchen das Dreifache der hier angegebenen Menge im Monat! Die Gewürze bestelle ich in Großpackungen; das Zusammenmischen übernehmen meine Kinder für mich.

2 EL Chilipulver
5 TL süßes Paprikapulver
4 TL gemahlener Kümmel
1 EL Zwiebelpulver
2 TL Meersalz
2 ½ TL Knoblauchpulver
1 Messerspitze Cayennepfeffer

Zutaten vermengen, in einem luftdichten Behälter aufbewahren und innerhalb eines Jahres aufbrauchen.

Salate

KARFIOL-COUSCOUS

6 bis 8 Portionen

Dieser schnell zubereitete Salat ist eine wunderbare Begleitung zu vielen Vorspeisen. Mit Huhn- oder Fischstücken garniert eignet er sich hervorragend als Mittagessen fürs Büro. Karfiol-Couscous kann aber auch warm mit gebratenem Gemüse, Kräutern, Olivenöl, Meersalz und frisch gemahlenem Pfeffer zubereitet werden.

1 Karfiolkopf (ca. 600 g), fein geraspelt oder als Karfiolreis (Seite 87)
1 l Wasser
Saft einer Zitrone
Abrieb von zwei Zitronen
2–3 EL Olivenöl
½ Bund glatte Petersilie
120 g Pistazien
½ rote Zwiebel in Scheiben
5 Datteln, klein geschnitten
2 Handvoll frischer Rukola
½ TL Meersalz
frischer schwarzer Pfeffer

Die Karfiolrosen in einen Standmixer geben, mit Wasser auffüllen und auf hoher Geschwindigkeitsstufe 5–10 Sekunden lang mixen. In ein feinmaschiges Sieb abseihen und mit der Rückseite eines Löffels das überschüssige Wasser ausdrücken. (Sie können den Reis auch in einer Küchenmaschine mit speziellem Reibeeinsatz ohne Wasser zerkleinern.) Karfiolreis in eine Schüssel geben und mit den übrigen Zutaten zu einem Salat anrühren.

Wenn Sie den Karfiol nicht roh essen möchten, können Sie ihn nach dem Reiben für etwa sechs Minuten dünsten oder in etwas Hühnerbrühe kurz überkochen. Gut abseihen und auskühlen lassen, ehe Sie die übrigen Zutaten beifügen.

KARIBISCHER SALAT

6 bis 8 Portionen

Unsere sehr lieb gewonnene, ehemalige Babysitterin Carleen und ihre Familie aus Trinidad haben mich für diesen erfrischenden Sommersalat begeistert. Er macht sich hervorragend als Beilage zu karibischen und mexikanischen Gerichten. Die wohl abgestimmte Kombination aus herber Süße und milder Würze lassen die Geschmacksknospen jubeln!

1 gewürfelter Apfel
1 geschälte gewürfelte Mango
½ Bund Frühlingszwiebeln, grob gehackt
½ Gurke, geschält, entkernt, halbkreisförmig geschnitten
½ rote oder weiße Zwiebel (rot sieht hübscher aus), in Scheiben geschnitten
3 gehackte oder gepresste Knoblauchzehen
Saft einer halben Limette
1 Handvoll gehackter Koriander
Meersalz und Pfeffer

Zutaten in eine Schüssel geben und vermengen. Wenn Sie es gern würzig haben, fügen Sie einen halben Esslöffel – oder auch etwas mehr – „Hot Nicky" hinzu (Seite 241).

ROHER KOHLSALAT

4 bis 6 Portionen

Ich darf mich glücklich schätzen, in meiner Nachbarschaft einen exquisiten Bioladen zu haben. Man kann in der Tat behaupten, *The Natural Gourmet* in West Concord hat mein Leben verändert. Die geduldigen und zuvorkommenden Mitarbeiter dort haben mich und meine Familie beim Übergang zu einer gesunden Ernährung begleitet. Wenn Sie einen Naturkostladen betreten, können Sie darauf vertrauen, dass die Mitarbeiter mit Herz und Seele bei der Sache sind. Fragen Sie nach Rezepten und lassen Sie sich beraten, wenn Sie unsicher sind. Viele Menschen mit Erfahrung sind gerne bereit, ihr Wissen zu teilen.

Eines der vorgefertigten Gerichte im Bioladen, das viele Abnehmer findet, ist „Roher Kohlsalat". Rohen Kohl sollte man nicht jeden Tag essen, weil er unseren Verdauungstrakt ziemlich beansprucht. Eine Portion ab und an bietet jedoch eine schöne Variante, dieses nährstoffreiche Gemüse zu genießen.

1 Kopf Wirsing oder Palmkohl
2 EL Olivenöl
Saft einer Zitrone
1 EL Apfelessig
30 g getrocknete Kürbiskerne
½ rote Zwiebel, in dünne Scheiben geschnitten
1 gewürfelte Avocado
Meersalz und Pfeffer

Die Kohlblätter von Strunk und Stielen befreien, in mundgroße Stücke schneiden und mit dem Olivenöl in eine Schüssel geben. Das Öl für fünf Minuten in die Blätter einmassieren, um die starre Zellstruktur des Gemüses aufzubrechen und es so leichter verdaulich zu machen. Der Kohl wird weicher und weniger bitter im Geschmack; die Blätter fallen ein wenig zusammen und bekommen eine dunkelgrüne Farbe. Die übrigen Zutaten in die Schüssel geben und mit Salz, Pfeffer und Zitronensaft abschmecken. Kohlsalat bleibt im Kühlschrank mehrere Tage frisch und wird besser verdaulich, umso länger er mariniert ist.

SALAT ALS HAUPTGERICHT

Hühnchen, Thunfisch, Ei oder Lachs

Wenn es schnell gehen soll (was bei uns zuhause meistens der Fall ist), bin ich froh, einen dieser Salate im Kühlschrank zu haben. Ein paar frische Salatblätter dazu und vergorenes Gemüse, Zwiebelbrot (Seite 246), Leinsamen-Knäckebrot (Seite 248) oder süßes Knabbergebäck (Seite 245) als Beilage machen dieses herrlich einfache Gericht komplett.

Hühnchensalat

4 bis 6 Portionen

½ kg gekochte Hühnerbrust, in Würfel oder Streifen geschnitten (Pochiertes Huhn, Seite 44, eignet sich ausgezeichnet für dieses Rezept)
3 EL selbstgemachte Mayonnaise oder Knoblauch-Aioli (Seiten 107 und 108)
½ Bund glatte Petersilie oder 2 EL frisch gehackter Estragon
¼ rote Zwiebel, gewürfelt
2 Sellerlestangen, gewürfelt
Meersalz und Pfeffer

Lachssalat

2 bis 4 Portionen

140–170 g Wildlachs aus der Dose oder Lachsfilet aus Resten vom Vortag
2 EL selbstgemachte Mayonnaise oder Knoblauch-Aioli (Seiten 107 und 108)
½ rote Zwiebel, gewürfelt
Saft einer halben Zitrone
½ Bund Petersilie
1 EL frisch gehackter Dill (nach Belieben)
1 EL Kapern (nach Belieben)
Meersalz und Pfeffer

Thunfischsalat
2 bis 4 Portionen

Bei der handelsüblichen Dose Thunfisch in Olivenöl kann man wohl kaum nachvollziehen, von welcher Qualität das Öl ist. Vielleicht wurden billige Öle (wie Sojaöl) beigemischt, um den Preis zu drücken. Seit mich meine GAPS-Beraterin Sandy darauf aufmerksam gemacht hat, kaufe ich Thunfisch nur noch in eigenem Saft und füge Olivenöl oder Mayonnaise selbst hinzu. Für unsere Tochter verwende ich ausschließlich Olivenöl, da sie aufgrund ihrer Ei-Allergie keine Mayonnaise verträt. So oder so – dieser Salat schmeckt spitze!

140–170 g Thunfisch aus Wildfang (in der Dose)
2 EL selbstgemachte Mayonnaise, Knoblauch-Aioli (Seiten 107 und 108) oder Olivenöl
½ rote Zwiebel, gewürfelt
Saft einer halben Zitrone
1 kleine Handvoll frisch Petersilie, gehackt
Salz und Pfeffer
1 EL frisch gehackter Dill (nach Belieben)
1 EL Kapern (nach Belieben)

Eiersalat
2 bis 4 Portionen

6 hart gekochte Eier (Seite 68)
2 EL selbstgemachte Mayonnaise oder Knoblauch-Aioli (Seiten 107 und 108)
½ Bund glatte Petersilie
¼ rote Zwiebel, klein gewürfelt
1 Salzgurke, gehackt (nach Belieben)
1–2 Esslöffel frisch gehackter Dill (nach Belieben)
Meersalz und Pfeffer

WÜRZIGER THAI-HÜHNCHENSALAT

6 bis 8 Portionen

Sie können die Zutatenliste ruhig ein wenig abändern und das Gemüse nehmen, das Sie gerade bei der Hand haben. Es ist nämlich das Dressing, das diesem Salat seinen außergewöhnlichen Geschmack verleiht. Wenn Sie rohem Kohl nicht besonders zugetan sind, ersetzen Sie ihn durch einen Blattsalat, der Ihnen schmeckt. Radicchio, Rukola, Römersalat – was ist Ihr Favorit?

Meersalz und Pfeffer
2 ganze Hühnerbrüste (Ich verwende gerne Bruststücke mit Knochen und Haut, doch jedes Stück vom Huhn ist geeignet)
2 EL Schweineschmalz oder ein anderes gesundes Fett Ihrer Wahl
½ Kopf Chinakohl oder ein anderer Kohl Ihrer Wahl, fein geschnitten
2 große Karotten, gestiftelt
2 Paprika (egal welche Farbe), gestiftelt
4 Radieschen, in Scheiben geschnitten
1 Bund Frühlingszwiebeln, in dünne Scheiben geschnitten
130 g Pistazien oder Macadamia-Nüsse, gehackt
40 g gehackte Korianderblätter (nach Belieben)
20 g gehacktes Basilikum oder Thai-Basilikum
frischer schwarzer Pfeffer

Dressing

Ergibt 500 ml (was zu viel ist, kann im Kühlschrank aufbewahrt werden)

180 ml Kokos- oder Apfelessig
240 ml kaltgepresstes Sesamöl
60 ml Kokosblütensirup
Saft einer Limette
2 EL gehackter Knoblauch
25 g Ingwer, mit einer Feinraspel gerieben oder fein gehackt
1 Jalapeño-Chili, entkernt und fein gehackt (nach Belieben; für mehr Schärfe Kerne dabei lassen)
Meersalz und Pfeffer

Backrohr auf 175 °C vorheizen. Die Hühnerstücke rundum gut mit Salz und Pfeffer würzen. Fett in einer gusseisernen Pfanne bei mittlerer Hitze schmelzen und das Fleisch von jeder Seite 3–5 Minuten scharf anbraten. Die Pfanne im Anschluss für 15 Minuten ins Backrohr stellen.

Während das Hühnchen brät, kann der Salat vorbereitet werden. Kohl, Karotten, Paprika, Radieschen und Zwiebeln in eine große Schüssel geben. Die Zutaten für das Dressing in einer kleineren Schüssel anrühren. Das Hühnchen aus dem Backrohr nehmen und 5 Minuten überkühlen lassen. In Streifen schneiden und auf das Salatgemüse legen. Einen Teil des Dressings darübergießen und den Rest mit auf den Tisch stellen (oder abfüllen und im Kühlschrank aufbewahren). Mit gehackten Nüssen und frischen Kräutern bestreuen und ordentlich Pfeffer darübermahlen. Ein wahres Kunstwerk!

FENCHEL-ZITRONEN-SALAT

4 bis 6 Portionen

Dieser Salat ist herrlich erfrischend und kommt auch bei Kindern überraschend gut an. Er zählt zur leichten, proteinarmen Kost und eignet sich deshalb sehr gut als Beilage. Ich serviere ihn gerne zu einfachen Fischgerichten.

3 Fenchelknollen, dünn geschnitten oder gewürfelt, mit fedrigen Stielen für die Garnitur
Saft und Abrieb einer Zitrone
½ Bund frische Petersilie, gehackt
Meersalz und Pfeffer
2 EL Olivenöl

Die Fenchelknollen von den Stielen befreien, halbieren und die äußere Schale entfernen. Die Knollen in Scheiben schneiden, dann in 1–1,5 cm große Stücke zurechtschneiden und mit Zitronensaft, Zitronenschale, Petersilie und Fenchelfransen vermengen. Mit Salz und Pfeffer abschmecken. Zwei großzügige Löffel Olivenöl darüberträufeln, umrühren und servieren.

KOHLSALAT AUF 2 ARTEN

Roher Kohl sollte nur gelegentlich auf dem Speiseplan stehen. In großen Mengen genossen, kann er die Schilddrüsenfunktion beeinträchtigen. Bereitet Ihnen dieser Salat Verdauungsschwierigkeiten, sollten Sie rohen Kohl meiden, bis sich Ihr Darm weiter regenerieren konnte. Das Salatrezept ist auch mit Römersalat oder anderem Kopfsalat ein echter Gaumenschmeichler. Den Anstoß zu diesem Rezept gab mir Jamie Oliver ... große Klasse!

Grundrezept

6 bis 8 Portionen

½ Kopf Weißkohl, klein zerstückelt
½ Kopf Rotkohl, klein zerstückelt
1 großzügige Prise Salz
½ rote Zwiebel, in Scheiben geschnitten
4 Radieschen, in Scheiben geschnitten
1 Bund Koriander oder Petersilie
1 Karotte, in Scheiben geschnitten
1 Jalapeño-Chili, entkernt und gehackt (nach Belieben)
2–3 Frühlingszwiebeln zum Garnieren

DRESSING

Ergibt 120 ml

3–4 EL Olivenöl
1 EL Kokos- oder Apfelessig
1 EL Honig (nach Belieben)
Saft und Abrieb einer Limette
240 g Joghurt oder Kefir, 24 Stunden vergoren (nach Belieben)
Meersalz und Pfeffer

Rotkohlsalat mit Mango (ideal zu Lachs)

6 bis 8 Portionen

1 Kopf Rotkohl
1 großzügige Prise Salz
1 Mango, gewürfelt
1 Bund Koriander

DRESSING

2 EL Kokosessig
3–4 EL Olivenöl
Saft und Abrieb einer Limette
1 EL Honig (nach Belieben)
Meersalz und Pfeffer

Den Kohl in kleine Stücke schneiden, Salz darüberstreuen und etwa eine Minute lang einmassieren, um die Blätter zu erweichen und die Zellulosestruktur zu lösen. Die übrigen Zutaten hinzufügen, mit Dressing anrühren und nach Geschmack würzen.

Fisch

THUNFISCH-SASHIMI IN SCHWARZER SESAMKRUSTE

2 bis 4 Portionen

Vier meiner Kinder lieben Thunfisch-Sashimi. Wenn sie es im Restaurant auf der Speisekarte entdecken, fällt die Auswahl nicht schwer. Ich habe meine ganz persönliche Variante kreiert. Wir essen sie als Vorspeise oder zum Abendessen und manchmal, an langen Schultagen, schneide ich die Steaks in Scheiben und packe sie den Kindern in einer kleinen Kühlbox als Jause ein. Zum Tunken eignet sich Mayonnaise, gemischt mit einem kleinen Löffel „Hot Nicky" für besondere Würze oder Wasabipulver, mit Wasser angerührt, solange das Pulver auch garantiert frei von Zusatzstoffen ist.

35 g schwarze Sesamkörner
35 g weiße Sesamkörner
1 TL Meersalz
frisch gemahlener schwarzer Pfeffer
2 Thunfischsteaks (ca. 700 g), qualitativ hochwertig und für Sushi geeignet
2 EL Ghee oder Kokosfett
Blattsalat
2 reife Avocados, in dünne Scheiben geschnitten
vergorene Ingwerkarotten (Seite 235)
„Hot Nicky" (Seite 241) gemischt mit selbstgemachter Mayonnaise (Seite 107)

Sesamkörner, Salz und Pfeffer in einer Schüssel mischen. Den Thunfisch darin wälzen und die Körner von allen Seiten gut andrücken. Ghee oder Kokosfett in einer Pfanne erhitzen. Das Fett muss richtig heiß sein, wenn Sie den Fisch hineinlegen. Braten Sie die Steaks einzeln an, damit Sie das Fleisch auf den Punkt genau garen können. Nach einer Minute wenden, dann das Steak mit einer Zange aufrichten und auch die Seiten für jeweils 20 Sekunden braten. So bleibt der Kern des Fisches noch rosa (entspricht der Garstufe *rare*). Servieren Sie die Steaks auf frischem Blattsalat oder mit Salat als Beilage. Als Garnitur empfehle ich klein geschnittene Avocados, Ingwerkarotten (Seit 235) und einen Löffel Sauerrahm oder „Hot Nicky"-Mayonnaise.

LACHS MIT SELBSTGEMACHTER KNOBLAUCH-AIOLI

4 bis 8 Portionen

Dies ist eines unser liebsten „Tiefkühlgerichte“. Ich achte darauf, immer ein paar Stücke Wildlachs im Gefrierschrank zu haben. Er ist in fünf bis zehn Minuten aufgetaut – perfekt also, wenn die Zeit drängt. Einer meiner Söhne hat großen Geschmack an der Haut des Fisches gefunden und darf sie sich auch gerne von unseren Tellern angeln. Unsere Katze sieht wehmütig dabei zu. Ich jedoch bin sehr froh darüber, dass er seine Ernährung mit so wertvollen Fetten bereichert. Wenn Aioli für Sie (noch) nicht in Frage kommt, reichen Sie Pesto (Seite 114) oder Guacamole (Seite 116) zum Lachs.

450–900 g Lachsfilet
2–3 EL Kokosfett
Meersalz und Pfeffer
½ Zitrone
1 Handvoll frische Petersilie (nach Belieben)

Backrohr auf 175 °C vorheizen. Lachs in eine ofenfeste Pfanne legen und ein paar Stückchen Kokosfett auf die Oberseite drücken. Mit Salz und Pfeffer bestreuen und ein wenig von der Zitronenhälfte über dem Fisch ausdrücken. Die Pfanne für 15 Minuten ins Backrohr stellen. Mit frisch gehackter Petersilie garnieren und mit Knoblauch-Aioli (Seite 108) servieren.

LACHSTÖRTCHEN MIT ZITRONENPESTO

4 Portionen

- 140–170 g filetierter gehäuteter Alaska-Wildlachs aus der Dose oder 140 g gekochter Wildlachs, mit der Gabel in kleine Stücke zerteilt
- 80 g Kürbispüree (Seite 70)
- 3 Bio-Freilandeier
- Meersalz und schwarzer Pfeffer
- 2 EL gehackte rote oder weiße Zwiebeln
- ½ Bund frische Petersilie, gehackt
- Fett für die Pfanne, z. B. Ghee oder Kokosfett

Lachs und Kürbispüree mit einer Gabel grob vermengen. Eier, Salz, Pfeffer, Zwiebeln und Petersilie hinzugeben und aus der grobbröckeligen Masse 2 cm dicke Laibchen formen.

Zwei Esslöffel Fett in einer Pfanne erhitzen. Die Laibchen 2–3 Minuten auf jeder Seite braten. Vor jeder weiteren Portion bei Bedarf etwas Fett mit in die Pfanne geben. Auf frischem Blattgemüse anrichten und einen Löffel Zitronenpesto (Rezept unten) auf jedes Laibchen setzen.

Zitronenpesto

Ergibt etwa 500 ml

- 2–3 Knoblauchzehen
- 30 g geröstete Pinienkerne oder Walnüsse (eine günstigere Variante)
- 50 g frische Basilikumblätter
- 10 g frische glatte Petersilienblätter
- 25 g Parmigiano-Reggiano (nach Belieben)
- 1 TL geriebene Zitronenschale
- 1 EL frischer Zitronensaft
- 240–360 ml extra-natives Olivenöl
- Meersalz und frisch gemahlener Pfeffer

Zutaten in einem Standmixer pürieren. Während die Maschine läuft, das Olivenöl in kleinen Mengen einfließen lassen, bis die gewünschte Konsistenz erreicht ist. Mit Salz und Pfeffer würzen. In ein ½-Liter-Einmachglas füllen und kühl stellen.

ZUCCHINI-LAIBCHEN

4 Portionen

1 mittelgroße Zucchini, gerieben
2 Bio-Freilandeier
1 gehackte Knoblauchzehe
Meersalz und Pfeffer
3 EL Kokosfett, Ghee oder Fett Ihrer Wahl zum Anbraten

Zucchini, Eier, Knoblauch, Salz und Pfeffer vermengen und wie die Lachstörtchen auf Seite 151 zubereiten. Mit Sauerrahm und Kefir-Kräuterdressing (Seite 127) anrichten.

MARINIERTER DORSCH IN TORTILLAS[23] AUS KOKOSMEHL

6 bis 8 Portionen

Die Marinade für dieses Fischgericht eignet sich für jede leicht verdauliche Fischart, von Schellfisch über Seezunge bis hin zu Dorsch. Auch zu Lachs würde sie gut passen. Wenn Ihre Verdauung mit Kokosmehl überfordert ist, ersetzen Sie die Tortillas durch Kümmel-Karfiol-Crêpes (Seite 86).

½ Fenchelknolle
1 rote Zwiebel
2 Knoblauchzehen
1 TL Meersalz
½ TL frisch gemahlener schwarzer Pfeffer
Abrieb von 2 Zitronen
1–2 TL Kümmel
1 Jalapeño oder eine andere scharfe Chili, entkernt oder nicht … (je nach Schärfeempfinden; nach Belieben)
360 ml Olivenöl
½ Bund Koriander (oder Kräuter nach Wahl) und ½ Bund zum Garnieren
1–2 kg Dorsch oder Fisch nach Wahl
1 Limette zum Ausdrücken

Fenchel und Zwiebel grob hacken und in einen Küchenmixer geben. Knoblauch, Salz, Pfeffer, Limettenschale, Kümmel und Jalapeño oder Chili mit in den Mixer geben und zerkleinern. Olivenöl und Koriander beifügen und erneut durchmixen. Den Fisch in 5 cm große Würfel schneiden und in eine Glasschüssel geben. Mit der Marinade bedecken und (mit einer Frischhaltefolie) luftdicht verschließen. Für mindestens zwei Stunden in den Kühlschrank stellen, am besten über Nacht.

Die Fischwürfel auf Grillstäbchen aufspießen (besonders hübsch wird es, wenn Sie Fisch, gelbe Zucchini und rote Zwiebelstücke abwechselnd reihen) und in einer Pfanne herausbraten. Sie können die Fischstücke auch mit der Marinade in eine Ofenform geben und bei 175 °C für 15–17 Minuten im Backrohr braten.

Die Limette über dem Fisch ausdrücken, mit gehacktem Koriander garnieren und auf Tellern anrichten oder in Tortillas einrollen. Für die Tortillas aus Kokosmehl (Rezept folgt) wird der Fisch vor dem Einrollen mit knackigem Blattsalat, Guacamole, Sauerrahm und Salsa oder frisch gehackten Tomaten vermengt.

[23] Tortilla ist ein dünn gepresstes, mexikanisches Fladenbrot.

Tortillas aus Kokosmehl
4 Stück

6 Eiklar und 2 ganze Eier
120 ml Kokosmilch (Seite 23) oder Wasser
75 g Kokosmehl (Seite 26)
¼ TL Meersalz
¼ TL Zitronensaft
Kokosfett oder Schmalz für die Pfanne

MEXIKANISCHE TORTILLAS ENTHALTEN ZUSÄTZLICH:

½ TL Knoblauchpulver
½ TL Kümmel
½ TL Zwiebelpulver

Bis auf das Fett alle Zutaten in einem Küchenmixer pürieren oder mit einem Handmixer verrühren, bis ein homogener Teig entstanden ist, der nicht mehr klumpt. Einen Esslöffel Öl in einer antihaftbeschichteten Pfanne schmelzen. Einen kleinen Schöpfer voll Teig eingießen und die Pfanne kreisen, um eine flache, kreisrunde Scheibe herauszubacken. Nach etwa eineinhalb Minuten bei mittlerer Hitze ist die Unterseite schön braun. Die Tortilla mit einer Spachtel vom Rand lösen, wenden und eine weitere Minute auf der anderen Seite braten. Auf einen Teller gleiten lassen und mit dem Rest des Teiges gleich verfahren. Befetten Sie die Pfanne zwischendurch immer wieder mit etwas Kokosfett. Die Tortillas sind in einem gut verschließbaren Behälter mehrere Tage im Kühlschrank haltbar.

SHRIMPS MIT SALZ UND PFEFFER

6 bis 8 Portionen

4–5 EL Kokosfett
4 gepresste Knoblauchzehen
1 kg Shrimps aus Wildfang, Schale und Darm entfernt
2 EL frischer Zitronensaft
½ TL Meersalz
1 TL schwarzer Pfeffer
2 EL gehackte Petersilie

Das Fett bei mittlerer Hitze in einer Pfanne schmelzen. Den Knoblauch für eine Minute darin dünsten, damit er sein volles Aroma entfalten kann. Dann die Kochtemperatur erhöhen, Shrimps und Zitronensaft in die Pfanne geben und gut durchschwenken. Etwa drei Minuten braten, bis die Shrimps eine schöne, rosa Farbe haben und nicht mehr durchsichtig sind. Mit Salz und schwarzem Pfeffer würzen, mit Petersilie bestreuen und mit einer Sauce Ihrer Wahl servieren (siehe Rezepte unten).

Knoblauch-Schnittlauch-Aioli

125 g Mayonnaise
1 gehackte Knoblauchzehe
1 Handvoll frisch geschnittener Schnittlauch

Zutaten in einer kleinen Schüssel vermengen. Über die Shrimps träufeln oder als Sauce dazureichen.

„Hot Nicky"-Aioli

125 g Mayonnaise
1 gehackte Knoblauchzehe
1 EL „Hot Nicky" (Seite 241)

Zutaten in einer kleinen Schüssel vermengen. Über die Shrimps träufeln oder als Sauce dazureichen.

FISCHSUPPE MIT KOKOS UND CURRY

8 bis 10 Portionen

Rezepte mit einer üppigen Zutatenliste haben mich lange Zeit abgeschreckt. Doch ich verspreche Ihnen, dieses hier ist ganz einfach. Sollten Sie kein Zitronengras oder keine Kaffernlimettenblätter finden, nehmen Sie stattdessen ein wenig abgeriebene Zitronen- und Limettenschale … nur keine Umstände. Wenn Sie das Rezept erst einmal zubereitet haben, werden Sie sehen, wie leicht das Zusammenmischen der Gewürze von der Hand geht. Dieses Gericht ist den Mehraufwand auf jeden Fall wert!

2 EL Kokosfett
2 gewürfelte Zwiebeln
7,5 cm Ingwerwurzel, fein gehackt
2–4 Jalapeño-Chilis, entkernt, innere Häute entfernt und fein gehackt
3 gehackte Knoblauchzehen
3 EL Currypulver
¼ TL Kurkuma
1 Messerspitze Cayennepfeffer
1 EL Meersalz
½ TL frisch gemahlener schwarzer Pfeffer
2 l Hühner- oder Fischbrühe (alternativ können Sie die Hälfte der Brühe durch Wasser ersetzen)
400 ml selbstgemachte Kokosmilch (Seite 23) oder Bio-Kokosmilch aus der Dose, mit vollem Fettgehalt, ohne Guarkernmehl und andere Zusatzstoffe
800 g passierte oder gestückelte Bio-Tomaten aus der Dose
1 rote Paprika, gewürfelt
3 Stangen getrocknetes Zitronengras
2 Kaffernlimettenblätter
900 g Dorsch oder Schellfisch, in 5 cm große Würfel geschnitten
20 g frisch gehackter Koriander und einige Blätter zum Garnieren
geriebene Limettenschale zum Garnieren
Avocado, gewürfelt

Das Fett in einem hohen Topf schmelzen und die Zwiebeln darin glasig dünsten. Nach gut fünf Minuten Ingwer, Jalapeño und Knoblauch hinzugeben und einige Minuten weiterdünsten. Gewürze einstreuen und etwa zwei Minuten lang bei konstanter Hitze verrühren. Brühe, Kokosmilch, Tomaten, Paprika, Zitronengras und Kaffernlimettenblätter hinzufügen und aufkochen. Bei geringer Hitze 25 Minuten köcheln lassen. Den Fisch und den gehackten Koriander in den Topf geben und 10 Minuten mitkochen. Die Fischsuppe in Teller füllen und mit geriebener Limettenschale, Avocadostücken und Korianderblättern garnieren.

Variation: Verwenden Sie Huhn anstelle des Fisches und schon haben Sie ein weiteres, wohlig wärmendes Gericht für Ihre Lieben.

Geflügel

TRUTHAHNBURGER MIT KORIANDER

Ergibt 8 Burger

Diese Burger schmecken besonders gut mit Guacamole, Dip und Mayonnaise mit Chipotle-Chili. Wir essen sie ohne Brot. Diejenigen unter Ihnen, die lieber eine handfeste Unterlage haben, können Ihre Laibchen gerne mit allen erwünschten Beilagen zwischen zwei Scheiben Kokosbutterbrot packen.

900 g Putenfaschiertes
2 gehackte Knoblauchzehen
½ Bund Koriander
1 rote gehackte Zwiebel
1 EL Chilipulver
1 TL Meersalz
frisch gemahlener Pfeffer
3 Scheiben Brot aus Kokosbutter, halbiert (Seite 118; nach Belieben)
110 g selbstgemachter Sauerrahm (nach Belieben)

Die Grillfunktion des Backrohrs einschalten. Alle Zutaten, außer das Brot und den Sauerrahm, mit den Händen in einer Schüssel vermengen. Wenn Ihre Kinder keine Zwiebelstücke im Fleisch mögen, können Sie die Zwiebel weglassen oder in einem Küchenmixer passieren und beimengen. Aus der Hackfleischmischung Laibchen formen und diese für 5–7 Minuten im Rohr grillen. Wenden und von der anderen Seite grillen, bis das Fleisch durch ist. Sollten Sie Verdauungsbeschwerden haben oder keine Milchprodukte vertragen, lassen Sie das Brot und den Sauerrahm weg. Sie können die Burger einzeln in Butterpapier und Alufolie wickeln und einfrieren. So haben Sie ein praktisches und schnelles Essen, wenn Sie alleine sind oder Ihren Kindern ein GAPS-taugliches Abendessen für eine Übernachtungsparty einpacken müssen.

MARINIERTE HÜHNERFLÜGEL

Für 25 bis 30 Flügel

Vor einigen Jahren war ich als Vorstandsmitglied einer gemeinnützigen Organisation namens *Gaining Ground* tätig, die tonnenweise Bio-Gemüse anbaut, um es an bedürftige Menschen zu verteilen. Verena, die leitende Landwirtin der Organisation, kennt ein paar gute Tricks, mit denen man die reiche Ernte länger haltbar macht. Jeder von Ihnen, der schon einmal eine Jalapeño-Pflanze zuhause hatte und in den Sommermonaten nicht an die hundert Stück der feurigen Schoten verwerten kann, kann sie bedenkenlos in einen großen Tiefkühlbeutel packen und einfrieren. Wenn Sie das volle Aroma konservieren möchten, grillen Sie die Chilis vor dem Einfrieren für 15 Minuten bei 200 °C im Backrohr.

85 g Honig (nach Belieben)
2 EL Apfelessig
60 ml Kokosblütensirup
1 fein gehackte Zwiebel
1 EL Ghee, Hühnerschmalz, Schweineschmalz oder Butter
1 rote Chili oder Jalapeño, entkernt und gewürfelt (nach Belieben)
2,5–5 cm Ingwerwurzel, gerieben
2 gehackte Knoblauchzehen
1 Prise Cayennepfeffer (nach Belieben)
25–30 Hühnerflügel und/oder Hühnerhaxen
½ TL Meersalz
2 EL Sesamkörner
gehackte Frühlingszwiebeln zum Garnieren

In einem mittelgroßen Topf Honig, Apfelessig und Kokosblütensirup bei geringer Hitze verschmelzen. Die übrigen Zutaten (außer Huhn, Salz, Sesamkörner und Frühlingszwiebeln) einrühren. Hühnerflügel und Hühnerhaxen in eine große Bratform schlichten und mit der zubereiteten Marinade übergießen. Alle Hühnerteile sollten bedeckt sein. Die Marinade mit den Fingern in das Fleisch einmassieren, die Bratform verschließen und für mindestens zwei Stunden in den Kühlschrank stellen (besser länger und zwei- bis dreimal durchkneten).

Backrohr auf 220 °C vorheizen. Die Hühnerteile auf ein großes Backblech legen, mit Salz bestreuen und für 25–30 Minuten braten, bis das Fleisch durch ist und eine schöne, braune Kruste hat. Sesamkörner und gehackte Frühlingszwiebeln darüberstreuen und im Blech oder auf Tellern servieren. Wenn Sie ob der Schärfe der Marinade Bedenken haben, lassen Sie die Chilis und den Cayennepfeffer weg.

Hinweis: *Hühnerflügel direkt auf das Backblech legen, mit Kokosblütensirup beträufeln, mit gehacktem Knoblauch, Ingwer, Salz und Pfeffer bestreuen, gut einreiben und ins Rohr schieben. Das Marinieren können Sie auslassen, wenn Sie keine Zeit dafür haben. Nach dem Braten mit Sesamkörnern bestreuen und servieren!*

MAROKKANISCHES HÜHNCHEN

4 bis 6 Portionen

Die gewürfelten, eingelegten Zitronen verleihen diesem Gericht seinen authentischen Geschmack. Sie können die Gewürzmischung für alle Gemüsegerichte verwenden; im Besonderen zu Karfiol schmeckt sie hervorragend. Beträufeln Sie das Gemüse dazu mit Palmöl oder Kokosöl, mischen Sie die Gewürze unter und stellen Sie es für 50 Minuten ins 180 °C heiße Rohr.

3 EL Palmöl (mir schmeckt Palmöl zu diesem Gericht am besten, Sie können jedoch gerne auf ein anderes gesundes Öl ausweichen)
3–4 Karotten, gestiftelt
2 Zwiebeln, in Ringe geschnitten
3 Knoblauchzehen, gehackt
2,5–5 cm Ingwerwurzel, geschält und gehackt
1 TL Meersalz
1 ½ TL Paprikapulver
1 TL Kurkuma
2 TL Kümmel
1 TL Koriander
frisch gemahlener Pfeffer
450–900 g Hühnerteile mit Haut: Brust, Keulen und/oder Haxen
240 ml Knochen- oder Fleischbrühe vom Huhn
40 g Rosinen
30 g Pinienkerne, leicht geröstet
½ Bund frischer Koriander oder Petersilie, gehackt
eingelegte Zitrone, gewürfelt (Rezept folgt; nach Belieben)

Backrohr auf 180 °C vorheizen. Die Hälfte des Palmöls in einer ofenfesten Pfanne schmelzen und Karotten und Zwiebeln bei mittlerer Hitze für 10 Minuten anschwitzen. Knoblauch und Ingwer hinzufügen und weitere 5–10 Minuten braten. In der Zwischenzeit die Gewürze in einer kleinen Schüssel vermengen. Das Huhn damit würzen. Die zweite Hälfte des Palmöls in einer weiteren Pfanne schmelzen und die Hühnerstücke mit der Haut nach unten ins Fett legen. 3–4 Minuten anbraten, wenden und weitere 3–4 Minuten braten. Die Hühnerstücke auf die Karotten und Zwiebeln legen, mit Brühe übergießen und die Pfanne für 15–20 Minuten ins Backrohr stellen. Das Huhn im Anschluss in Stücke schneiden, mit Rosinen, Pinienkernen, Kräutern und eingelegter Zitrone (Seite 168) garnieren und bei Bedarf mit zusätzlichem Meersalz und Pfeffer würzen.

Eingelegte Zitronen
Ergibt ½ bis 1 Liter

Dieses Rezept trägt die Handschrift eines Meisters der Einmachkunst, nämlich meines guten Freundes Alex Lewin, Autor von *Real Food Fermentation.*

450–900 g Bio-Zitronen und/oder Limetten mit Zimmertemperatur
60 g Meersalz
Gewürze allerlei: eine Zimtstange, ein Lorbeerblatt, ein paar Gewürznelken, ein paar Pfefferkörner, eine Handvoll Koriandersamen oder eine Einmachgewürzmischung
½-Liter-Einmachgläser mit luftdichtem Verschluss

Zitronen oder Limetten waschen, halbieren und die Fruchtseite mit einem tiefen Kreuzschnitt einschneiden. Kerne entfernen. Den Boden eines Einweckglases mit etwas Salz ausstreuen. Gewürze darüberstreuen und zwei der eingeschnittenen Hälften mit der Fruchtseite nach unten auf die Gewürzmischung legen. In derselben Reihenfolge weiter schichten, bis das Glas bis 2,5 cm unter den Rand gefüllt ist. Die Früchte fest nach unten drücken, um sie mit ihrem eigenen Saft zu bedecken. Sollte die letzte Zitronenschicht nicht vollständig untergetaucht sein, gießen Sie den Saft einer zusätzlichen Zitrone darüber. Das Glas gut verschließen und bei Zimmertemperatur ohne direkte Sonneneinstrahlung stehen lassen. Das Glas eine Woche lang täglich öffnen und die Früchte fest hinunterdrücken. Werden die Zitronen bei Zimmertemperatur gelagert, entwickeln sie über die folgenden Monate einen immer intensiveren Geschmack. Um den Gärungsprozess zu verlangsamen, stellen Sie die Zitronen zu einem beliebigen Zeitpunkt in den Kühlschrank.

GEWÜRZHÜHNCHEN AUS DEM SCHONGARER

6 bis 8 Portionen

Ich bin ein großer Fan von *Kelly, the Kitchen Kop*. Mit diesem Rezept, das ich in ihrem Koch-Blog gefunden habe, kann ich mir den Nachmittag freihalten, um die Kinder zum Fußballtraining zu kutschieren und alle möglichen anderen Termine wahrzunehmen. Wenn wir nach einem langen Tag nach Hause kommen, genügen etwas Guacamole, gehackte Tomaten, Selleriestangen und eingelegtes Gemüse, um einen leckeren Hühnchensalat aufzutischen. Sie können anstatt des Hühnchens auch Rindfleischwürfel oder ein Hüftstück vom Freilandrind verwenden.

480 ml Knochen- oder Fleischbrühe vom Huhn oder Wasser
2 EL Schmalz, Ghee oder Fett Ihrer Wahl
10 g Taco-Gewürzmischung (Seite 128)
900 g ausgelöste Hühnerbrust (Tipp: Legen Sie das Fleisch tiefgekühlt in den Schongarer!)

Geben Sie alle Zutaten in den Schongarer und lassen Sie sie auf niedriger Stufe für 5–6 Stunden garen … nun haben Sie Freizeit! Wenn das Fleisch weich von den Knochen fällt, können Sie es direkt im Schongarer mithilfe zweier Gabeln zerstückeln. Der leckere Bratensaft kommt natürlich mit auf den Teller! Mit einem Gargerät von VitaClay verringert sich die Garzeit auf 1–2 Stunden.

GESCHICHTETES HÜHNCHENSANDWICH

4 Portionen

Für dieses Sandwich werden Sie wohl Messer und Gabel benötigen …

1 Hühnerbrust am Stück mit Haut
Meersalz und Pfeffer
2 EL Kokosfett oder tierisches Fett

Backrohr auf 180 °C vorheizen. Die Hühnerbrust auf beiden Seiten mit Salz und Pfeffer würzen. Fett in einer ofenfesten Pfanne bei mittlerer Hitze schmelzen und das Hühnchen mit der Hautseite nach unten 3–4 Minuten scharf anbraten, dann wenden und weitere 3–4 Minuten braten. Die Pfanne für 15–20 Minuten ins Backrohr stellen. Das Fleisch auskühlen lassen und in Scheiben schneiden.

Belag für eine Portion:

- 2 Scheiben getoastetes Brot aus Kokosbutter (Seite 118)
- 2 EL selbstgemachte Mayonnaise (Seite 117)
- 1/4 Avocado, längs in Scheiben geschnitten
- 1 kleine Handvoll frische Salatblätter oder Sprossen
- Rotkraut mit Rosinen und Äpfeln (Seite 236)
- Cheddarkäse, in Scheiben geschnitten (nach Belieben)
- Salzgurken, in Scheiben geschnitten (selbstgemacht oder Bio-Qualität)
- milchsauer vergorener Senf (Seite 109)

Schicht für Schicht ein Genuss.

MEXIKANISCHES HUHN MIT KORIANDERSAUCE

4 bis 6 Portionen

Dieses Gericht erfreut sich bei uns zuhause großer Beliebtheit.

2 EL Kokosfett, Schmalz oder Fett Ihrer Wahl
3 weiße Zwiebeln, in Ringe geschnitten
Meersalz und Pfeffer
2 geschnittene Paprika, Farbe nach Belieben
2–3 EL Taco-Gewürzmischung (Seite 128)
Saft und Abrieb von 2 Limetten
1 Hühnerbrust am Stück mit Haut oder 8 Hühnerkeulen mit Haut (die Keulen enthalten mehr Fett, sind daher vielleicht die bessere Wahl)
1–2 EL Olivenöl
1 Handvoll frischer Koriander, gehackt, zum Garnieren

Backrohr auf 180 °C vorheizen. Einen Esslöffel Fett in einer großen Pfanne erhitzen und die Zwiebeln mit einer Prise Salz für etwa 5 Minuten anschwitzen. Paprika, einen Esslöffel Taco-Gewürz und ein paar Spritzer Limettensaft hinzufügen und für 30–45 Minuten köcheln lassen, bis die Zwiebeln und der Paprika karamellisiert sind.

Einen Esslöffel Fett in einer ofenfesten Pfanne schmelzen. Das Hühnerfleisch mit Salz und Pfeffer würzen und im Anschluss von allen Seiten mit dem restlichen Taco-Gewürz einreiben. Mit der Hautseite nach unten in die heiße Pfanne legen, für 4–5 Minuten scharf anbraten, dann wenden und von der anderen Seite für 3–4 Minuten braten. Die Pfanne für 15 Minuten ins Backrohr stellen. Das fertige Hühnchen kurz überkühlen lassen, in Streifen schneiden und mit den Zwiebeln und dem Paprika auf einem Servierteller anrichten. Eine Limette über dem gesamten Teller ausdrücken und die abgeriebene Limettenschale darüberstreuen. Mit Olivenöl beträufeln und mit gehacktem Koriander garnieren. Selbstgemachte Guacamole (Seite 116), Sauerrahm (Seite 30) und Koriandersauce (Seite 234) dazureichen.

PUTENBRUST MIT KRÄUTERKRUSTE

8 bis 10 Portionen

Putenbrust ist noch einfacher zuzubereiten als Hühnerbrust und meist günstiger im Einkauf. Zudem lässt sich aus den Knochen eine wunderbare Brühe kochen. Bei der Zubereitung habe ich mich an einem Rezept von Ina Garten, einer US-amerikanischen Kochbuchautorin und Fernsehköchin, orientiert. Die Zutatenliste habe ich GAPS-freundlich zurechtgeschnitten.

3 grob gehackte Karotten
2 geschnittene Zwiebeln
4 Knoblauchzehen, davon 2 zerdrückt für die Brühe und 2 gehackt für die Gewürzpaste
zusätzliches Gemüse wie etwa Fenchel, Lauch oder Stangensellerie, grob gehackt (nach Belieben)
500–700 ml Knochen- oder Fleischbrühe vom Huhn
Meersalz
frisch gemahlener Pfeffer
1,5 kg Putenbrust
1 EL getrockneter Salbei
1 EL getrockneter Thymian
1 EL getrockneter Rosmarin
1 EL Senfpulver
Saft einer halben Zitrone
2 EL Schmalz, Kokosfett, Ghee oder Butter
1–2 EL Gelatinepulver

Backrohr auf 160 °C vorheizen. Karotten, Zwiebeln, zerdrückte Knoblauchzehen, Gemüse und Hühnerbrühe in eine Brat- oder Auflaufform geben. Mit etwas Salz und Pfeffer würzen. Die Putenbrust mit der hautfreien Seite nach unten auf das Gemüse legen.

Kräuter, Senfpulver, gehackten Knoblauch, Zitronensaft, einen Esslöffel Salz, einen Esslöffel Pfeffer und das Fett Ihrer Wahl in einer kleinen Schüssel zu einer Marinade rühren. Die Haut der Putenbrust hochziehen und die Hälfte der Gewürzpaste mit den Fingern darunterstreichen. Die übrige Marinade über dem Rest der Brust verteilen.

Die Bratform für 50 Minuten bis 1 Stunde ins vorgeheizte Backrohr stellen. Nach halber Zeit die Putenbrust mit der angerührten Brühe sowie dem abgeflossenen Bratensaft übergießen. Wenn ein Bratenthermometer an der dicksten Stelle der Brust 75 °C misst, können Sie die Form aus dem Backrohr nehmen. Setzen Sie die Putenbrust auf ein Tranchierbrett und bedecken Sie sie für 15 Minuten mit Aluminiumfolie; so behält das Fleisch seinen Saft, wird kompakter und ist leichter zu schneiden.

Die Brühe können Sie abseihen und trinken (vorzüglich!) oder zu einer erstklassigen Bratensauce verkochen: Dazu das Gemüse auf einen tiefen Servierteller legen. Den Bratensaft in eine Pfanne am

Herd füllen. Es empfiehlt sich, nicht die gesamte Flüssigkeit zu verwenden, damit die Sauce etwas dicker wird. Bei mittlerer Hitze nacheinander ein bis zwei Esslöffel Gelatine einrühren. Die Sauce ist womöglich nicht so dick wie eine herkömmliche Bratensauce, schmeckt aber ganz hervorragend. Mit Salz und Pfeffer abschmecken. Die Putenbrust auf das Gemüsebett legen und mit Bratensauce übergießen.

Fleisch

LAMMKEULE, 2 ARTEN

Gegrillte Lammkeule aus dem Ofen mit Minzsauce und Kefirkäse

8 bis 10 Portionen

Lammkeule hat in meiner Familie zu Ostern Tradition. Ich erinnere mich noch gut an das hellgrüne Minzgelee, das ich als Kind dazu serviert bekommen habe und dessen Zutaten mir bis heute ein Rätsel geblieben sind. Für die Erwachsenen gab es die traditionelle Minzsauce, deren Rezept ich nun für alle großen und kleinen GAPS-Gourmets überarbeitet habe.

1 Lammkeule (ca. 1800 g)
4 rote Zwiebeln, geviertelt
4 Karotten, grob gehackt
4 Stangen Staudensellerie, grob gehackt
10 g frisch gehackte Kräuter Ihrer Wahl (mir schmecken Rosmarin und Thymian)
1 Lorbeerblatt
50 g tierisches Fett, erwärmt: Schmalz, Lamm- oder Rindertalg
5 Knoblauchzehen, mit der Messerkante leicht zerdrückt
Meersalz und frisch gemahlener Pfeffer

Die Lammkeule aus dem Kühlschrank nehmen und auf Zimmertemperatur erwärmen lassen (etwa 30 Minuten). Das Backrohr auf 250 °C vorheizen. Gemüse, Kräuter und Lorbeerblatt in eine Bratform legen, das flüssige Fett darüberträufeln und das Lamm darauflegen. Das Fleisch an fünf Stellen einschneiden und eine Knoblauchzehe in jede Öffnung stecken. Salz und Pfeffer großzügig über die ganze Form streuen.

Das Lamm ins Backrohr stellen und die Hitze auf 230 °C reduzieren. Nach 20 Minuten das Fleisch einige Male mit dem abgeronnenen Saft am Boden der Form übergießen. Ist das Gemüse zu stark ausgetrocknet, füllen Sie etwas Wasser oder Brühe ein. Reduzieren Sie die Hitze auf 160 °C. Überprüfen Sie nach 40 Minuten die Kerntemperatur der Keule an ihrer dicksten Stelle mit einem Bratthermometer. Zwischen 63 und 65 °C ist das Fleisch innen noch schön rosa. Nehmen Sie die Lammkeule aus dem Rohr, bedecken Sie die Bratform mit Alufolie und lassen Sie das Fleisch für 30 Minuten rasten. Schneiden Sie das Lammfleisch mit einem Tranchiermesser von der Keule ab und servieren Sie es mit Minzsauce und Kefir-Rosmarin-Käse (Rezepte folgen).

MINZSAUCE

8 bis 10 Portionen

10 g Honig
1 großer Bund frische Minze, klein geschnitten
60 ml Kokosessig
Meersalz und Pfeffer

Honig mit den restlichen Zutaten verrühren. Wenn erforderlich, ein wenig heißes Wasser einfließen lassen, um die Sauce zu verdünnen. In einer Schüssel mit einem Löffel zum Lamm servieren. Im Kühlschrank aufbewahren.

KEFIR-ROSMARIN-KÄSE

Ergibt etwa 240 ml

Befolgen Sie die Zubereitungsschritte für Joghurtkäse (Seite 32) mit einem Liter Kefir oder Joghurt aus Rohmilch. Arbeiten Sie am Ende die folgenden Zutaten ein:

2 gepresste Knoblauchzehen
1 EL frisch gehackter Rosmarin oder Thymian
Meersalz und Pfeffer
ein großzügiger Schuss Olivenöl

Langsam gebratene Lammkeule in Sauce
8 bis 10 Portionen

1 Lammkeule (ca. 1800 g)
50 g tierisches Fett, erwärmt: Schmalz, Lamm- oder Rindertalg
4 rote Zwiebeln, geviertelt
4 Karotten, grob gehackt
4 Stangen Staudensellerie, grob gehackt
480 ml Knochen- oder Fleischbrühe
1 Flasche trockener Rotwein
10 g frisch gehackte Kräuter Ihrer Wahl (mir schmecken Rosmarin und Thymian)
1 Lorbeerblatt
5 Knoblauchzehen, mit der Messerkante leicht zerdrückt
Meersalz und frisch gemahlener Pfeffer

Die Lammkeule aus dem Kühlschrank nehmen und auf Zimmertemperatur erwärmen lassen (etwa 30 Minuten). Backrohr auf 175 °C vorheizen. Fett in einer ofenfesten Pfanne mit hohem Rand schmelzen und das Gemüse für 5 Minuten darin anschwitzen. Lammkeule, Brühe, Wein, Kräuter, Lorbeerblatt und Knoblauch in die Pfanne geben und für 3½ Stunden zugedeckt im Backrohr köcheln lassen. (Sie können die Zutaten auch in einem Schongarer für 6 Stunden auf niedriger Stufe garen.) Lamm und Gemüse auf einem Servierteller anrichten und aus dem abgeronnenen Bratensaft eine Sauce anrühren.

BRATENSAUCE

480 ml Lamm- oder Rinderbrühe
1 EL Gelatinepulver
Meersalz und Pfeffer

Den Bratensaft in einer Pfanne am Herd aufkochen. Die Brühe langsam und unter Rühren eingießen. Das Gelatinepulver einrieseln lassen und gut verrühren.
Mit Salz und Pfeffer abschmecken.

Hinweis: *Suchen Sie nach einem Lammgericht, das weniger aufwendig ist, habe ich dieses hier für Sie: Marinieren Sie Lammkoteletts mit ein wenig Meersalz, Pfeffer, Knoblauch, Ghee und Kräutern nach Wahl. Wenn es Ihre Zeit erlaubt, lassen Sie die Gewürze 30 Minuten einziehen. Braten Sie die Koteletts 3–4 Minuten pro Seite in einer ofenfesten Pfanne scharf an und stellen Sie sie im Anschluss ins 95 °C heiße Rohr. Nach 10–15 Minuten – je nach Dicke – ist das Fleisch in seinem innersten Teil noch rosa (entspricht der Garstufe* medium rare*) und kann aus dem Rohr genommen werden. Lassen Sie die Koteletts für 5 Minuten rasten, ehe Sie sie servieren.*

CARNITAS[24] VOM SCHWEIN

8 bis 10 Portionen

Wir essen besonders gerne Schweins-Carnitas mexikanischer Art mit vergorener scharfer Sauce, Salsa, Sauerrahm, Koriander … eben allem, was dazugehört. Dieses Rezept lässt sich aber noch auf andere, köstliche Weise verfeinern: Mit gegrillten Paprika allerlei (Rezept Seite 184), mit würzig-süßen, karamellisierten Zwiebeln (Rezept unten) und, selbstverständlich, mit vergorener BBQ-Sauce (Seite 110). Herrlich!

1300 g Schweinsschulter ohne Knochen
1 TL Meersalz
1 TL Knoblauchpulver
1 TL gemahlener Kümmel
½ TL zerbröselter getrockneter Oregano
¼ TL Zimt
480 ml Knochen- oder Fleischbrühe vom Huhn
2 Lorbeerblätter

Das Fleisch in fünf oder sechs Stücke zerteilen (Ihr Metzger kann das für Sie erledigen). Gewürze in einer Schüssel vermengen, die Fleischstücke mit der Gewürzmischung einreiben und in den Schongarer legen. Mit Brühe auffüllen und die Lorbeerblätter hineinlegen. Für 6–8 Stunden auf niedriger oder für 5–6 Stunden auf hoher Stufe garen. Das Fleisch mit zwei Gabeln klein zupfen und mit reichlich Beilagen servieren. In einem Gargerät von VitaClay beträgt die Garzeit 2 Stunden.

Würzig-süße, karamellisierte Zwiebeln

4 bis 6 Portionen

3 EL Kokosfett, Ghee, Schmalz oder Butter
3–4 weiße oder rote Zwiebeln, in dickere Ringe geschnitten
1 EL Honig
1 Prise Cayennepfeffer oder 1–2 TL „Hot Nicky“ (Seite 241)

Fett in einer Pfanne schmelzen. Die Zwiebelringe während des Einlegens in die Pfanne in einzelne Ringe teilen. Bei mäßiger Hitze zugedeckt für 45 Minuten dünsten. Gelegentlich umrühren, damit die Ringe nicht aneinander kleben. Wenn die Zwiebeln karamellisiert sind und eine schön goldene Farbe haben, Hitze reduzieren, Honig und Cayennepfeffer einrühren und kurz anziehen lassen.

[24] Carnitas ist ein mexikanisches Fleischgericht, bei dem das Fleisch über mehrere Stunden gegart und im Anschluss in kleine Stücke zerteilt wird.

Gegrillte Paprika allerlei
4 bis 6 Portionen

450 g Paprika: milde und scharfe (grüne, gelbe, rote, orange Paprika, Pfefferoni und Chilis, z. B. Jalapeño, Poblano)
Meersalz und Pfeffer
2 EL Schmalz, Ghee, Kokosfett oder Butter

Backrohr auf 175 bis 190 °C vorheizen. Die Paprika auf ein mit Backpapier ausgelegtes Blech legen. Mit Salz und Pfeffer bestreuen und einige Stückchen Fett daraufsetzen. Das Blech für 2–3 Minuten ins Backrohr schieben, bis das Fett geschmolzen ist. Auf diese Weise ersparen Sie sich zusätzliches Geschirr – das Fett schmilzt direkt dort, wo es hingehört. Die Paprika mit einer Spachtel schwenken und für 1 Stunde weiterbraten. Zwischendurch immer wieder schwenken.

ROHES ROASTBEEF

8 bis 10 Portionen

Selbermachen spart bares Geld. Das habe ich erst unlängst wieder im Bio-Supermarkt feststellen müssen, als ich Aufschnitt für die Jausenbrote meiner Kinder kaufen wollte. Zum einen war das angebotene Rindfleisch kein reines Weidefleisch und zum anderen hätte ich satte 28 Euro für ein Kilo aufgeschnittene Roastbeefscheiben zahlen sollen! Für ungefähr denselben Preis bekomme ich ein 2-Kilo-Stück reines Weidefleisch zum Selberbraten. Hier also mein Rezept für die doppelte Menge Roastbeef, schnell und einfach zubereitet, und zu hundert Prozent geschmacksecht.

1,5–2 kg Roastbeef vom Weiderind (Vorderrippe oder Lende)
1 EL Knoblauchpulver
1 TL Paprikapulver
1 TL schwarzer Pfeffer
1 große Zwiebel, in Ringe geschnitten (nach Belieben)

Backrohr auf 260 °C vorheizen. Das Roastbeef mit Knoblauchpulver, Paprikapulver und Pfeffer einreiben. Die Hälfte der Zwiebelringe in eine ofenfesten Pfanne oder eine Bratform schichten. Das gebeizte Fleisch daraufsetzen und mit den restlichen Zwiebeln bedecken. So sorgen Sie für zusätzlichen Geschmack und halten das Fleisch saftig. Das Roastbeef für 5 Minuten pro halbes Kilo Fleisch im Rohr braten, dann das Backrohr ausschalten und das Fleisch eine weitere Stunde im geschlossenen Rohr schmoren lassen. Die Bratform aus dem Rohr nehmen und mit einer Aluminiumfolie bedecken. 10–15 Minuten rasten lassen, damit das Fleisch durchgehend saftig wird. Im Kühlschrank aufbewahren und bei Bedarf portionsweise gegen die Faserrichtung in dünne Scheiben schneiden.

Hinweis: *Aus dem abgeronnenen Saft in der Pfanne lässt sich eine hervorragende Bratensauce zubereiten. Die eingetrockneten Saftreste mit einem Holzlöffel von der Pfanne kratzen, mit Rinderknochenbrühe aufgießen und für 4–5 Minuten köcheln lassen. Ein klein wenig Gelatine einrühren, dann mit Salz und Pfeffer abschmecken und über die Roastbeefscheiben gießen. Die Reste können Sie für die Pausenbrote Ihrer Kinder aufschneiden oder als kalte Mahlzeit am Abend genießen!*

RINDERFILET MIT PERLZWIEBELN, KRÄUTERBUTTER UND RÖSTGEMÜSE

10 bis 12 Portionen

Bei der Vorweihnachtsfeier unserer Nachbarn wartete der Herr des Hauses vor einigen Jahren ein Rinderfilet auf, das mich schon nach dem ersten Bissen verzaubert hatte. Ich bat um das Rezept und erhielt, wie Sie unten lesen werden, eine ganz einfache Anleitung. Das Filetstück mag zwar etwas teurer sein, doch besondere Anlässe verlangen eben ab und an nach einem ganz besonderen Gaumenschmaus. Mit einem guten Bratthermometer kann gar nichts schiefgehen! Ein großer Dank an Thayer, unseren Gastgeber!

Wenn Sie Knoblauchliebhaber zuhause haben, können Sie ruhig ein paar Knoblauchknollen mehr verwenden. Unsere Kinder etwa essen gegrillten Knoblauch so gerne, dass ich gar nicht genug davon in den Ofen legen kann.

2300 g ganzes Rinderfilet
4 Knoblauchknollen als Beilage
2–3 EL Rindertalg
3 fein gehackte Knoblauchzehen zum Marinieren
4–5 Zweige frischer Rosmarin, 2 oder 3 davon fein gehackt zum Marinieren
900 g Perlzwiebeln (oder weiße Zwiebeln, in Scheiben geschnitten)
Meersalz und Pfeffer

Backrohr auf 160 °C vorheizen. Das Fleisch aus dem Kühlschrank nehmen, mit Salz und Pfeffer würzen und etwa 30 Minuten bei Zimmertemperatur stehen lassen.

Den oberen Teil der Knoblauchknollen mit dem Stiel abschneiden (die Schale nicht entfernen und die Knollen ganz lassen). Die Knollen auf ein Stück Alufolie setzen, ein wenig geschmolzenes Fett über jede Knolle träufeln und Folie darüberwickeln. Auf einem Kuchengitter für 45 Minuten bis 1 Stunde ins Backrohr legen.

Das Rinderfilet mit vier bis fünf Fäden umwickeln, um ein gleichmäßiges Garen zu ermöglichen (Ihr Metzger kann das für Sie erledigen). Einen Esslöffel Rindertalg in einer ofenfesten Pfanne schmelzen und das Filet bei mittlerer Hitze für 2–3 Minuten pro Seite kurz anbraten. Das Fleisch auf einen Teller setzen. Einen weiteren Esslöffel Talg in der Pfanne schmelzen. Die Knoblauchzehen und zwei oder drei Zweige Rosmarin fein hacken (die übrigen Zweige ganz lassen) und im erwärmten Fett schwenken. Das Rinderfilet mit der warmen Rosmarin-Zwiebel-Marinade einreiben.

Das Filet zurück in die Pfanne setzen. Die Zwiebeln um das Fleisch verteilen und mit Salz, Pfeffer und ein paar Fettflocken bestreuen. Zu den Knoblauchknollen ins Rohr stellen und 30 Minuten braten. (Sollten Sie ein dünneres Filet haben, überprüfen Sie schon eher, ob es durch ist). Wenn Ihr Bratthermometer 55 und 57 °C anzeigt, ist der innere Kern noch schön rosa (die Garstufe *medium rare* ist bei 60 °C erreicht). Das Filet auf ein Schneidebrett setzen und nicht zugedeckt für etwa 20 Minuten rasten lassen, damit die Säfte sich setzen können. Nach dem Abrasten ist das Filet *medium rare*. Die Zwiebeln können, wenn nötig, noch etwas länger im Rohr belassen werden. Das Filet aufschneiden und mit Perlzwiebeln, Röstgemüse (Seite 222), gegrilltem Knoblauch und Kräuterbutter (Seite 123) anrichten.

BURGER, 3 ARTEN

Jeder in meiner Familie liebt Burger, egal welcher Art. Die persönlichen Lieblingszutaten verleihen jedem Burger einen eigenen Geschmack. Mein Mann etwa mag keine grob geschnittenen Beilagen dazu, sondern wählt ausschließlich selbstgemachte Saucen und Dips. Versuchen Sie, Rindsfaschiertes mit Innereien zu bekommen. Wenn Sie ein halbes Kilo Fleisch mit Innereien und ein halbes Kilo reines Rinderhack mischen, wird niemand den Unterschied merken.

Ein klassischer Burger kann aus jedem beliebigen Fleisch geformt werden. Für sechs bis acht Laibchen benötigen Sie ein halbes Kilo Hackfleisch. Die Laibchen mit Salz und Pfeffer würzen und in einer gusseisernen Pfanne braten oder im Backrohr grillen, jeweils 4 Minuten pro Seite, sodass der innere Kern noch rosa ist. Die Laibchen auf einen Teller setzen und einige Minuten rasten lassen. Um Käse darüber zu schmelzen, stellen Sie das Backrohr eine Minute lang auf Grillfunktion oder legen Sie 1–2 Minuten einen Deckel auf die Pfanne, um den Käse schonend zu schmelzen.

Um für Abwechslung zu sorgen, probieren Sie mal die untenstehenden Varianten. Alle Burgerrezepte sich genauso gut für Fleischbällchen geeignet.

Rindfleisch-Burger

8 Portionen

1 kg faschiertes Weidefleisch vom Rind
Meersalz und Pfeffer
1 rote Zwiebel, fein gehackt
4 TL Senf
2 TL Kokosblütensirup (nach Belieben)
2 Eidotter

Hervorragend mit vergorener Mayonnaise, Salzgurken, Ketchup (Seite 110) und Senf (Seite 109). (Siehe Abbildung auf Seite 177.)

Lammfleisch-Burger
8 Portionen

1 kg Lammfaschiertes
1 TL Zimt
1 Prise Paprikapulver
1 rote Zwiebel, gehackt
2 Knoblauchzehen, gehackt
2 Eidotter
3 EL gehackte frische Minze oder Koriander
1 Prise Meersalz

Schweinefleisch-Burger
8 Portionen

1 kg Schweinsfaschiertes
1 rote Zwiebel, gehackt
2 Knoblauchzehen, gehackt
2 Eidotter
10 g frisch gehackter Salbei, Thymian oder Petersilie
2 EL Senf
1 Apfel, klein geschnitten

Zu Burgern aus Schweinefleisch reichen Sie am besten vergorenes Apfel-Birnen-Chutney (Seite 90).

GEGRILLTE SCHWEINSWÜRSTE MIT ROTEN ZWIEBELN UND BUTTERNUSSKÜRBIS

4 bis 6 Portionen

Ich war im Bioladen in unserer Nähe, um noch schnell etwas fürs Abendessen einzukaufen. Debra, die Besitzerin des Ladens, stand mir mit gutem Rat zur Seite und hat mir dieses Rezept empfohlen. Als Beilage genügt ein einfacher Salat.

1 Butternuss-Kürbis, geschält, entkernt und gewürfelt
2 rote Zwiebeln, in Spalten geschnitten
450 g Schweinswürste, aus dem Naturdarm gedrückt und in 2,5 cm dicke Räder geschnitten
Meersalz und Pfeffer
2–3 EL Kokosfett, Ghee oder tierisches Fett

Backrohr auf 175 °C vorheizen. Kürbis, Zwiebeln und Wurst auf einem Backblech auslegen, mit Salz und Pfeffer würzen und das Fett in Stückchen darauf verteilen. Für 5 Minuten ins Backrohr stellen, bis das Fett geschmolzen ist, dann mit einer Spachtel durchschwenken, um das Gemüse und die Wurst rundum einzufetten. Für 45–50 Minuten im Rohr grillen, bis der Kürbis weich ist. Die Zubereitung ist einfach!

MARINIERTES FLANK STEAK NACH MUTTERS ART

4 bis 6 Portionen

Das Flank Steak meiner Mutter zählte für mich in jungen Jahren zu meinen absoluten Lieblingsspeisen. Nun koche ich es für meine eigenen Kinder und sie sind hellauf davon begeistert. Ich nehme meist die zweifache Menge an Zutaten, um auch noch etwas für den nächsten Tag übrig zu haben. Fleischstücke aus der Flanke und dem mageren Bauchlappen, wie etwa Flank Steak, Onglet (Nierenzapfen) oder Kronfleisch, sind gut geeignet und preislich akzeptabel. Die Marinade passt auch zu Schweinefilet mit roten Zwiebeln und Apfelspalten.

55 g Ghee, Talg oder Palmöl (Sie können auch Olivenöl verwenden, müssen es allerdings aufgrund seines niedrigen Rauchpunktes vor dem Braten vom Fleisch wischen)
85 g Honig (nach Belieben)
2 ½ TL gemahlener Ingwer oder 5–7,5 cm frisch gemahlene Ingwerwurzel
Saft einer Limette
60 ml Kokosblütensirup
1 El. Apfelessig
½ Zwiebel, fein gehackt
2 Knoblauchzehen, gepresst oder fein gehackt
900 g Steak am Stück
Meersalz und Pfeffer

Für die Marinade alle Zutaten bis auf das Steak, das Salz und den Pfeffer vermengen. Das Steak in eine Glasschüssel legen, mit der Marinade übergießen und auf allen Seiten bestreichen. Zugedeckt für 3 Stunden bis maximal 2 Tage in den Kühlschrank stellen, dabei das Fleisch regelmäßig wenden. Da sich das Fett der Marinade in der Kälte verfestigt, müssen Sie das Fleisch bereits einige Zeit vor dem Braten aus dem Kühlschrank nehmen.

Für das Grillen im Rohr benötigen Sie ein Grill- oder Kuchengitter. Damit das Fleisch nicht daran festklebt, tränken Sie ein Papiertuch in Kokosfett oder Schmalz und fetten Sie das Gitter damit ein. Schalten Sie die Grillfunktion Ihres Backrohrs auf die höchste Stufe.

Das Steak von beiden Seiten mit Salz und Pfeffer bestreuen. Auf das Gitter setzen und für 4–5 Minuten pro Seite grillen. Aus dem Rohr nehmen, auf ein Schneidebrett legen und mit Alufolie bedecken, um das Fleisch bei gleichbleibender Hitze 10 Minuten rasten zu lassen. Flank Steak schmeckt am besten, wenn der innere Kern noch rosa ist (Garstufe *medium rare*). Öffnen Sie Ihre Hand, Handfläche nach unten, und spüren Sie mit Daumen und Zeigefinger, wie sich die weiche Haut eines *medium rare* Steaks anfühlt. Schneiden Sie das Fleischstück diagonal gegen die Faserrichtung in dünne Scheiben. Die übrig gebliebene Marinade können Sie für 7–10 Minuten leicht aufkochen und als Sauce zu den Steakscheiben reichen.

Innereien

Warum es sich lohnt, Innereien zu essen, erklärt Sally Fallon Morell in ihrem Buch *Nourishing Traditions:*

> Innereien verfügen über einen weitaus höheren Nährstoffgehalt als Muskelfleisch. Sie enthalten größere Mengen an Mineralstoffen, wie Phosphor, Eisen, Zink, Magnesium und Jod, und an B-Vitaminen, wie B1, B2, B6, Folsäure und vor allem Vitamin-B12. Auch die fettlöslichen Vitamine A, D, E und K sind reichlich zu finden, besonders wenn Sie von Tieren aus Weidehaltung stammen, die Zeit ihres Lebens viel Sonnenlicht und frisches Gras genießen durften. Innereien enthalten zudem gesundheitsfördernde Fettsäuren, wie Arachidonsäure, EPA und DHA, und sogar Vitamin C. In Leber etwa steckt mehr Vitamin C als in Äpfeln oder Karotten! Selbst wenn Sie nur kleine Mengen an Innereien in Ihre Hackfleischgerichte mischen, bereichern Sie dadurch den Speiseplan Ihrer Familie erheblich ... und auf ganz schmackhafte und unkomplizierte Weise.

FASCHIERTER BRATEN MIT INNEREIEN

6 bis 8 Portionen

Der Bauer, von dem ich mein Hackfleisch beziehe, ist so nett und zerkleinert für mich die Innereien gemeinsam mit dem Fleisch. Das macht die Sache einfacher. Sollten Sie selbst Hand anlegen müssen, geben Sie ein halbes Kilo Innereien in den Mixer und drücken Sie zum Zerkleinern zehn Mal den „Pulse"-Knopf (manuelle An-Aus-Funktion). Mengen Sie die Innereien dann per Hand unter das Faschierte.

- 700 g Faschiertes (vom Rind, Lamm, Schwein oder gemischt)
- 250 g faschierte Innereien (Hühner- oder Rindsleber und/oder Herz)
- 3 Bio-Freilandeier
- 1 kleine rote Zwiebel, klein gewürfelt
- 3 Knoblauchzehen, gehackt
- 1 TL Meersalz
- 1 TL getrockneter Oregano
- 1 TL getrockneter Thymian
- 80 g braune oder weiße Champignons, fein gehackt (nach Belieben)
- 130 g fein geriebene Karotten (nach Belieben)
- 1 TL frisch gemahlener Pfeffer
- 1 EL Kelp (Seetang-Gewürzmischung) (nach Belieben, ist reich an Spurenelementen)
- 8–10 Scheiben Speck (nach Belieben)

Backrohr auf 175 °C vorheizen. Bis auf den Speck alle Zutaten in eine Schüssel geben und mit den Händen vermengen. Zu einer Rolle drücken, in eine Bratform setzen und mit Speckstreifen bedecken. Für eine Stunde ins Backrohr stellen. Wenn Sie ein Bratthermometer verwenden, sollte die Kerntemperatur nun rund 70 °C betragen. Sie können den Braten sofort servieren oder in dicke Scheiben schneiden und einfrieren. Ich bereite gerne zwei Braten zu und verdopple dafür die Zutaten: Ein Braten dient zum sofortigen Verzehr, während der andere – noch roh – für ein baldiges Abendessen im Tiefkühler bereitliegt. Das Fleisch zum Einfrieren erst in Butterpapier, dann in Alufolie wickeln.

ENCHILADAS[25] MIT HUHN UND LEBER

6 bis 8 Portionen

Das Enchilada-Rezept einer Freundin hat mir als Vorlage für dieses extravagante GAPS-Gericht gedient. Ich habe damit einen einfachen Weg gefunden, Leber in den Speiseplan meiner Kinder einzubauen. Und die Tortillas? Bislang hat sich noch niemand über deren mysteriöses Verschwinden beschwert …

Sauce

25 Tomatillos[26]
1 Pfefferoni (z. B. Poblano)
240 ml Knochen- oder Fleischbrühe vom Huhn
2–3 Knoblauchzehen
1 ½ Bund Koriander
2 Handvoll junge Spinatblätter
Saft einer halben Limette
2 ganze Frühlingszwiebeln
Meersalz und Pfeffer

Fleisch-„Füllung“

720 ml Knochen- oder Fleischbrühe vom Huhn
240 ml trockener Weißwein
1 kleingeschnittene Frühlingszwiebel
Meersalz und Pfeffer
2 Hühnerbrüste am Stück oder 12–16 ausgelöste Hühnerkeulen
225–450 g Hühnerleber
110–220 g geriebener Cheddarkäse (nach Belieben)

Für die Sauce das Backrohr auf 200 °C vorheizen. Tomatillos aus ihren Hüllen nehmen und waschen (die Schale ist ein wenig klebrig, das macht aber nichts). Auf ein mit Backpapier ausgelegtes Blech setzen und für etwa 30–45 Minuten braten, bis die Früchte braun sind. Auskühlen lassen und in einen Mixer geben. Die weiteren Zutaten für die Sauce hinzufügen und glatt rühren. In einen Topf füllen und bei mäßiger Hitze etwa 15 Minuten köcheln, bis die Sauce etwas dunkler geworden ist. (Sie können die Früchte die Sommermonate über sammeln, verkochen und sich einen Vorrat an Sauce für den Winter einfrieren.)

Die Backtemperatur auf 175 °C reduzieren. Für die „Füllung“ Brühe, Wein, Frühlingszwiebel, Salz und Pfeffer in einen Suppentopf geben. Das

[25] Enchilada ist ein gefüllter mexikanischer Maisfladen (Tortilla), der mit einer Chilisauce übergossen wird.
[26] Tomatillo ist eine aus Mexiko stammende, grüne bis grünviolette Beerenfrucht, die von einer papierartigen Hülle umschlossen ist. Die Frucht sieht aus wie eine grüne Tomate, die Hülle ähnelt jener der Andenbeere.

Huhn und die Leber hineinlegen und am Herd bei geringer Hitze etwa 15 Minuten pochieren. Das Hühnchen klein schneiden und die Leber passieren. Beides in eine Auflaufform füllen und die im Vorfeld zubereitete Sauce darübergießen. Die Form für 30 Minuten ins Backrohr stellen. Kurz vor Ende der Bratzeit den geriebenen Cheddarkäse über die „Füllung" streuen, um die Enchiladas mit einem geschmolzenen Käsemantel (anstelle des Fladenbrotes) zu bedecken. Mit Sauerrahm (Seite 30), gehackten Tomaten, Koriander und Guacamole (Seite 116) servieren.

HÜHNERLEBER IM SPECKMANTEL

4 bis 6 Portionen

Ich kann mich nicht erinnern, als Kind außer dieser Hühnerleber noch andere Innereiengerichte gegessen zu haben. Meine Mutter hat wohl ihre einfache Zubereitung geschatzt. Mit dem Einzug der Fertigprodukte gerieten Innereien offensichtlich aus der Mode. Dennoch erinnert sich meine Mutter gerne an die häufig gefeierten „Leber-Parties" zurück, die während ihrer Jugendzeit in Maine im Trend lagen ... unglaublich, oder? Ich denke, wir sollten die Weichen für eine zweite Auflage stellen!

½ kg Hühnerleber, gesäubert und in 5 cm große Stücke geschnitten
½ kg nitrit-/nitratfreier, ungesüßter Speck

Backrohr auf 175 °C vorheizen. Jedes Stück Hühnerleber mit einer halben Speckscheibe umwickeln und mit einem Zahnstocher fixieren. Auf ein mit Backpapier ausgelegtes Backblech setzen und etwa 15 Minuten ins Rohr stellen, bis der Speck knusprig gebraten ist. Auf einem Servierteller anrichten.

SÜSSE KALBSLEBER MIT ZWIEBELN

4 bis 6 Portionen

Unsere Babysitterin aus Deutschland hat dieses Rezept empfohlen. Die Komposition ist hervorragend, sodass auch jene, die Leber nicht so gerne mögen, an diesem Geschmackserlebnis Gefallen finden.

8 Scheiben nitrit-/nitratfreier, ungesüßter Speck
4 EL Butter oder Fett nach Wahl
2 große Zwiebeln, in grobe Stücke geschnitten
3 Äpfel, entkernt und jeweils in acht Spalten geschnitten
2 EL Kokosessig
60 ml trockener Weißwein
1 TL Honig
1 Kalbsleber, gewaschen, trocken getupft und in mundgerechte Stücke geschnitten
1 Zitrone zum Ausdrücken
½ Bund frische Petersilie, gehackt
Meersalz und Pfeffer

Backrohr auf 175 °C vorheizen. Speck auf ein Backblech legen und 10–15 Minuten knusprig braten. Zum Garnieren beiseitelegen.

Ein paar Esslöffel des abgeronnenen Speck-Fettes in einer Pfanne bei mittlerer Hitze erwärmen und einen Esslöffel Butter dazurühren. Die Zwiebeln im Fett anschwitzen, bis sie weich sind. Gelegentlich durchschwenken. Die Apfelspalten in die Pfanne legen und mit den Zwiebeln 5 Minuten braten. Essig und Wein eingießen und aufkochen. Einige Minuten kochen lassen, damit die Flüssigkeit etwas eindicken kann. Vom Herd stellen und den Honig einrühren.

In einer weiteren Pfanne die übrigen 3 Esslöffel Butter schmelzen und die Leber für 3–4 Minuten anbraten, bis sie von außen gebräunt und innen noch leicht rosa ist. Die Leber zu den Äpfeln legen und eine Zitrone darüber ausdrücken. In einer flachen Schüssel oder auf einem Servierteller anrichten. Den gebratenen Speck in kleine Stücke brechen und zusammen mit der gehackten Petersilie darüberstreuen. Mit Salz und Pfeffer abschmecken. Nach Belieben können Sie zerbröckelten Gorgonzola oder einen anderen Blauschimmelkäse untermischen.

HÜHNERLEBERPASTETE

8 bis 10 Portionen

Die erste Pastete, die ich je zubereitet habe, beruht auf einem Rezept aus Sally Fallon Morells Buch *Nourishing Traditions*. Sie schmeckt gut, so wie sie ist, und bedarf keinerlei komplizierter Vorbereitungsschritte.

3 EL Butter
450 g Hühner- und/oder Entenleber
1 Bund Frühlingszwiebeln, gehackt
225 g Pilze, gewaschen, trocken getupft und grob geschnitten
1 Knoblauchzehe, gehackt
180 ml trockener Weißwein
½ TL Senfpulver
1 EL Zitronensaft
¼ TL getrockneter Dill
¼ TL getrockneter Rosmarin
55 g erwärmte Butter
Meersalz

3 EL Butter in einer gusseisernen Pfanne schmelzen. Leber, Zwiebeln und Pilze hinzugeben und für 10 Minuten unter gelegentlichem Rühren anbraten, bis die Leber schön gebräunt ist. Knoblauch, Wein, Senfpulver, Zitronensaft und Kräuter in die Pfanne geben und aufkochen. So lange Kochen lassen, bis die Flüssigkeit verdampft ist. Die Zutaten für die Pastete vom Herd nehmen und abkühlen lassen. Mit der erwärmten Butter in einen Mixer füllen und passieren. Nach Geschmack würzen. In ein Tongefäß oder eine Porzellanform füllen, etwas zerlassene Butter zum Versiegeln darübergießen und mit Frischhaltefolie bedeckt in den Kühlschrank stellen. Ich teile die Pastete meist in vier kleinere Gefäße auf und friere drei davon ein.

MEXIKANISCHE HÜHNERHERZEN

6 bis 8 Portionen

Ich gestehe ein, dies war das letzte Rezept, das ich für dieses Buch ausgesucht und ausprobiert habe. Mich hat es wohl nicht so sehr nach Herz gelüstet. Allerdings war mir klar, dass ich die Liste der Innereiengerichte noch erweitern wollte und ich entschied mich, frei nach *Kelly the Kitchen Kop* „die Hosenträger anzulegen und bis ans Eingemachte vorzudringen." Als die Arbeit vollbracht war, staunte ich nicht schlecht: Jeder in meiner Familie verspeiste genüsslich eine große Portion – Hühnerherzen! Wer hätte das gedacht? Sie sehen, es besteht kein Grund dazu, die Vorbehalte unserer Eltern weiterzuleben. Wenn wir unseren Kindern von Anfang an Innereien servieren, werden sie zu etwas ganz „Alltäglichem". Sie erinnern sich an das Handbuch von Deborah Krasner, mit dem ich die viertelte Kuh auf Stufe 5 gebändigt habe? Dies hier ist ein weiteres Rezept daraus.

450 g Hühnerherzen
2 Chilis mit Kernen (entfernen Sie die Kerne, wenn Sie es nicht so scharf mögen)
4 Knoblauchzehen
1 TL Kümmel
1 TL Koriander
½ TL Meersalz
½ TL Pfeffer
60 ml Wasser
180 ml Kokosblütensirup
2 EL tierisches Fett oder Ghee
2 klein geschnittene Zwiebeln
2 klein gewürfelte Paprika (Farbe egal)
450 g frische Tomaten, gehackt, oder 800 g Tomatenwürfel aus der Dose

Die Herzen vierteln, in einem Sieb abschwemmen und trocken tupfen. Die Hauptschlagadern entfernen. (Ich habe das beim ersten Mal vergessen und sie haben trotzdem gut geschmeckt; ohne Blutgefäße sehen sie jedoch appetitlicher aus.)

Chilis und drei Knoblauchzehen in einem Mixer feinwürfelig schneiden.

Die Herzen in eine mittelgroße Schüssel legen. Die übrige Knoblauchzehe hacken und mit Kümmel, Koriander, Salz und Pfeffer unter die Herzen mengen.

Zum Marinieren für 30 Minuten oder länger zugedeckt in den Kühlschrank stellen. Wasser, Kokosblütensirup und etwas frisch gemahlenen Pfeffer in einer Schüssel anrühren.

Das Fett bei mittlerer Hitze in der Pfanne schmelzen und die Chili-Knoblauch-Mischung für etwa 30 Sekunden darin anschwitzen.

Zwiebeln einstreuen und für 2–3 Minuten braten, dann die Herzen hineinlegen. 1–2 Minuten lang mehrmals durchschwenken, bis die Herzen

eine zarte Farbe bekommen haben und fast gar sind.

Das Kokosblütensirup-Gemisch eingießen, Paprika und Tomaten hinzufügen und mit Salz und Pfeffer nachwürzen. Zugedeckt für weitere 5 Minuten kochen lassen. In Schüsseln anrichten – am besten auf Karfiolreis (Seite 87).

GEBRATENES KNOCHENMARK

4 bis 6 Portionen

Früher wäre es mir nie in den Sinn gekommen, Knochenmark zu braten. Nun bin ich froh, dass ich mich endlich dazu durchringen konnte. Knochenmark ist eine hervorragende Quelle an Mineralstoffen und Kalzium, besonders während der Schwangerschaft und Stillzeit, sowie für Frauen, die versuchen schwanger zu werden. Knochenmark ist vollgepackt mit lebenswichtigen Nährstoffen. Vor einigen Jahren habe ich es im Restaurant bestellt. Ich war ein wenig unsicher, was ich zu erwarten hätte, doch ich wurde für meinen Mut belohnt. Es war reichhaltig, appetitlich und überzeugend im Geschmack. Meine Kinder essen es mittlerweile auch gerne, vor allem den gegrillten Knoblauch, den ich dazu serviere.

3 Knoblauchknollen (oder mehr, für kleine Vampirjäger)
2 EL Ghee oder tierisches Fett
6–10 Stück Markknochen (je 7,5–10 cm lang oder länger; Ihr Metzger kann Sie auf Ihre Bitte hin der Länge nach spalten)
1 Prise Meersalz und frisch gemahlener Pfeffer
1 Zitrone zum Ausdrücken
frisch gehackte Petersilie zum Garnieren
Toast oder Knäckebrot (ich toaste gerne ein paar Scheiben Kokosbutter-Brot, Seite 118, und viertle sie zum Anrichten)

Backrohr auf 200 °C vorheizen. Die Kappe der Knoblauchknollen abschneiden, die Knollen auf ein Stück Alufolie setzen, mit geschmolzenem Ghee oder Fett beträufeln und mit Folie umwickeln. 1 Stunde im Backrohr braten.

Die Knochen aufrecht in eine gusseiserne Pfanne oder auf ein Backblech stellen (oder legen, wenn sie längs geschnitten sind). Mit Salz und Pfeffer bestreuen und für 30 Minuten ins Backrohr schieben. Überschreiten Sie die Bratzeit nicht, da die Knochen sonst zu viel an Fett verlieren. Wenn sich das Mark von den Knochen zu lösen beginnt und oben eine leichte Kruste zu erkennen ist, ist die Garzeit erreicht. Die Knochen aus dem Rohr nehmen. Das Mark und das übergetretene Fett mit Zitronensaft beträufeln. Die Knochen auf Toaststücken anrichten und mit Petersilie garnieren. Sie können die Knoblauchknollen als ganzes dazusetzen oder die einzelnen Zehen für Ihre Gäste auslösen und dazulegen. Vergorene Feigenmarmelade (Seite 237) ist eine exquisite Beilage für all jene, die noch mehr Selbstgemachtes verkosten möchten! (Siehe Abbildung auf Seite 195.)

Gemüse

BUTTERNUSSKÜRBIS MIT MANGOLDLASAGNE

6 bis 8 Portionen als Hauptspeise oder 10 bis 12 als Beilage

Wenn Sie mehrere Personen mit diesem Rezept verwöhnen möchten, können Sie die eineinhalbfache Zutatenmenge nehmen. Sie können den Mangold durch Kohl ersetzen oder beide Blattgemüse mischen.

Da unsere Tochter keine Milchprodukte verträgt, bereite ich ihre Portion ohne Käse und Butter zu. Stattdessen verwende ich Schmalz oder Speckfett[27]. Wollen Sie die Lasagne als Beilage zu einem Fleisch- oder Fischgericht servieren, lassen Sie die faschierten Würste weg. Dieses Rezept dauert zwar ein wenig länger in der Vorbereitung, doch das ist es allemal wert.

1 großer oder 2 kleine Butternusskürbisse (oder ein anderer länglicher Kürbis), geschält, entkernt und in 3 mm dicke Scheiben geschnitten
Meersalz und Pfeffer
3 EL Butter, in kleine Stücke geschnitten, oder Fett nach Wahl
1–2 große Büschel Mangold, gehackt (entfernen Sie die Stiele, wenn Sie möchten)
150–300 g gekochte, faschierte Wurst
2–3 EL getrockneter Thymian
160–220 g geriebener Cheddarkäse (nach Belieben)
240–480 ml Hühnerbrühe
55 g geriebener Parmesan (nach Belieben)

Backrohr auf 175 °C vorheizen. Eine 23 x 33 cm große Lasagneform einfetten. Ein Drittel der Kürbisscheiben auf den Boden der Form schichten, mit Salz, Pfeffer und ein paar Butterstücken bestreuen. Die Hälfte des Mangolds darauflegen, gefolgt von der Hälfte der Wurst und einem Löffel getrockneten Thymian. Wieder etwas Salz, Pfeffer und Butter darüberstreuen. Ein Drittel des geriebenen Cheddarkäses darauf verteilen. Die Schichtenabfolge wiederholen: Das zweite Drittel Kürbisscheiben, der restliche Mangold, Salz, Pfeffer, Thymian und die restliche Wurst, das zweite Drittel Cheddarkäse und zum Abschluss die restlichen Kürbisscheiben.

Die Brühe sorgfältig über das Gemüse gießen (während des Kochens wird einiges an Flüssigkeit verdunsten), fest mit Alufolie verschließen und für eine Stunde ins Rohr stellen. Die Form abdecken, mit dem restlichen Cheddarkäse und dem Parmesan bestreuen und auf oberster Schiene im Rohr grillen, bis der Käse goldbraun geschmolzen ist.

[27] Als Speckfett wird in den USA das ausgebratene Fett von geräuchertem, gewürztem Speck bezeichnet. Es wird nach dem Braten abgefüllt und findet vor allem in der Südstaatenküche Verwendung. Das uns bekannte Schweineschmalz wird, anders als Speckfett, von ungeräuchertem Fleisch gewonnen.

KOHLSPROSSEN MIT SPECK

4 bis 6 Portionen

Bei der Zubereitung von Kohlsprossen halte ich mich gerne an das Rezept meiner Freundin Suzy. So schmecken sie uns einfach am besten!

450 g Kohlsprossen
225 g nitrit-/nitratfreier, ungesüßter Speck (wenn Ihre Kinder Speck mögen, nehmen Sie etwas mehr)
1 EL körniger Senf
1 EL Honig
Meersalz und Pfeffer

Kohlsprossen waschen, braune Stielkappen entfernen und die Sprossen halbieren. Den Speck in eine große Pfanne schlichten, am Herd braten oder im Backrohr bei 175 °C für 15 Minuten grillen.

Für das Blanchieren der Kohlsprossen einen Topf Wasser zum Kochen bringen. Die Sprossenhälften für etwa 2 Minuten hineinlegen, bis sie eine hellgrüne Farbe haben, dann ins eiskalte Wasserbad tauchen.

Den fertig gebratenen Speck auf ein Schneidebrett legen und die Kohlsprossen zum abgeflossenen Fett in die Pfanne geben. Senf hinzufügen und bei mittlerer Hitze für etwa 5 Minuten braten, bis die Sprossen weich genug zum Essen sind. Die Pfanne vom Herd nehmen und den Honig vorsichtig einrühren. Den Speck grob hacken und über die Kohlsprossen streuen. Mit Salz und Pfeffer abgeschmeckt servieren. Die Menge der Zutaten können Sie bei Bedarf ganz einfach verdoppeln!

SENFKOHL MIT INGWER

6 bis 8 Portionen

Zum Senfkohl bekam ich von meinen SOLAWI-Bäuerinnen gleich ein schmackhaftes Rezept mit auf den Weg. Frisch geerntet ist er besonders weich und bekömmlich. Vielleicht finden Sie ihn in einer Gemüsekiste bei Ihrem nächsten Bauernmarktbesuch.

1 Senfkohlkopf
1 kleine braune Zwiebel, gehackt
2 EL Sesamöl
5 Knoblauchzehen, gehackt
1 kleines Stück Ingwerwurzel, fein gehackt
1 EL Kokosblütensirup
1 TL Chiliflocken (nach Belieben)
Meersalz und Pfeffer
2 EL Sesamkörner zum Garnieren

Senfkohl in 2,5 cm große Stücke schneiden, dabei die grünen von den weißen Teilen trennen. Die Zwiebelwürfel in Sesamöl etwa 5 Minuten weich dünsten. Die weißen Kohlstücke zu den Zwiebeln geben und nochmals 5 Minuten dünsten. Die grünen Teile zusammen mit dem Knoblauch, Ingwer, Kokosblütensirup und den Chiliflocken einrühren und einige Minuten weiterbraten. Mit Salz und Pfeffer abschmecken und mit Sesamkörnern garniert servieren.

GRÜNE ERBSEN MIT SCHALOTTEN UND SPECK

4 bis 6 Portionen

115 g nitrit-/nitratfreier, ungesüßter Speck
1 Schalotte, kleingeschnitten
450 g frisch geschälte Erbsen oder tiefgekühlte Bio-Erbsen
Meersalz und Pfeffer

Backrohr auf 175 °C vorheizen. Speck auf ein Backblech legen und 15 Minuten grillen, bis er schön knusprig ist. Einen Esslöffel des abgeflossenen Speckfettes in einer Pfanne erhitzen, die Schalotten hinzugeben und bei mittlerer Hitze glasig dünsten. Dann die Erbsen beigeben und für 3–6 Minuten mitkochen, bis sie gar sind. Die Erbsen in einer Schüssel anrichten und den gegrillten Speck in kleinen Stücken darüberstreuen.

VERSPIELTER MANGOLD

Ein schnelles Gericht zum Frühstück, Mittag- oder Abendessen!

2 EL Kokosfett oder Schmalz
1 Bund Mangold, gehackt (die Stiele, wenn Sie sie dabei haben wollen, separat hacken)
3 Knoblauchzehen, gehackt
1 TL Kokosessig
1 Handvoll Pinienkerne, leicht geröstet
Meersalz und Pfeffer
4 Eier
55 g geriebener italienischer Hartkäse (z. B. Parmesan aus Rohmilch)
Olivenöl

Einen Esslöffel Fett in einer großen Pfanne schmelzen und die gehackten Mangoldstiele für 5 Minuten darin dünsten. Knoblauch einstreuen und weitere 2 Minuten dünsten. Nun die Mangoldblätter in die Pfanne geben und etwa 5 Minuten lang weich kochen. Essig und Pinienkerne hinzufügen und eine weitere Minute durchschwenken.

Die Eier mit dem zweiten Esslöffel Fett zu Spiegeleiern herausbraten. Eine kleine Portion Mangold auf jeden Teller setzen und je ein Spiegelei darüberlegen. Mit etwas geriebenem Rohmilchkäse bestreuen und mit ein paar Tropfen Olivenöl verfeinern. Salzen und pfeffern nach Geschmack. Als Beilage eignen sich Parmesanlaibchen (Seite 247) und Ingwerkarotten (Seit 235) oder ein vergorenes Gemüse Ihrer Wahl.

ÜBERBACKENE RIESENCHAMPIGNONS IN TOMATENSAUCE

4 bis 6 Portionen

Dies ist ein Gericht, von dem ich nie gedacht hätte, dass meine Kinder es essen würden. Schon gar nicht die Pilzverweigerer unter ihnen. Doch siehe da, nun gibt es niemanden mehr in meinem Haus, der zu Pilzen „nein“ sagt! Die Rezeptidee stammt von der US-amerikanischen Fernsehköchin und Kochbuchautorin Giada De Laurentiis.

3 EL Schmalz oder Kokosfett
4–6 Portobellos (braune Riesenchampignons)
½ TL Meersalz
¼ TL frisch gemahlener schwarzer Pfeffer
480 ml Ed Giobbis süße Marinarasauce (Seite 116) oder eine Tomatensauce Ihrer Wahl
55 g geriebener Cheddarkäse oder anderer Hartkäse
30 g geriebener Parmesan
2 EL Butter in kleinen Stücken

Backrohr auf 175 °C vorheizen. Schmalz oder Kokosfett erwärmen, die Pilze auf beiden Seiten damit beträufeln und etwas Fett für die Pfanne übrig lassen. Die Pilze mit Salz und Pfeffer würzen und bei mittelhoher Hitze von beiden Seiten etwa 5 Minuten anbraten. Den Boden einer Brat- oder Auflaufform mit der Hälfte der Tomatensauce bedecken, die Pilze mit der Lamellenseite nach oben hineinlegen und mit der restlichen Sauce übergießen. Die geriebenen Käsesorten vermischen und über die Pilze streuen. Butterflocken daraufsetzen und die Form für 15 Minuten ins Backrohr stellen, bis der Käse goldbraun geschmolzen ist. Als Beilage empfehle ich Salat.

SPAGHETTIKÜRBIS MIT OLIVENÖL UND BASILIKUM

6 bis 8 Portionen

1 Spaghettikürbis
2–3 EL Butter oder Ghee
1 gepresste Knoblauchzehe
Meersalz und Pfeffer
1 Handvoll frischer Basilikum, gehackt (ergänzen Sie weitere Kräuter, wenn Sie möchten)
2 EL Olivenöl
1 Handvoll Pinienkerne
geriebener Parmesan (nach Belieben)

Backrohr auf 190 °C vorheizen. Den Spaghettikürbis der Länge nach halbieren und die Kerne ausschaben. Den Boden eines Backblechs mit Wasser bedecken und den Kürbis mit der offenen Seite nach unten ins Wasser legen. Mit Aluminiumfolie bedecken und für 45 Minuten ins Rohr stellen, bis sich die Schale mit einer Gabel leicht durchstechen lässt. Den Kürbis aus dem Rohr nehmen und kurz überkühlen lassen. Das Kürbisfleisch mit einer Gabel in Spaghetti-ähnlichen Fäden herausschneiden.

Butter oder Ghee in einer Pfanne schmelzen. Kürbis, Knoblauch, Salz, Pfeffer und frische Kräuter hinzufügen und vorsichtig umrühren, bis die Zutaten gleichmäßig erhitzt sind. Auf Tellern anrichten. Wahlweise mit ein paar Spritzern Olivenöl und Pinienkernen garnieren, mit Pesto (Seite 114) verfeinern, oder mit Ed Giobbis Marinarasauce (Seite 116) servieren, um dem traditionellen Spaghettigericht in nichts nachzustehen. Zum Abschluss frischen Parmesan darüberreiben.

GEBRATENES ALLERLEI

6 bis 8 Portionen

Jahrelang habe ich Gemüse in Olivenöl bei 200 bis 220 °C gebraten ... du lieber Himmel! Nun weiß ich es besser und verwende mein wertvolles Olivenöl für Salate und gelegentlich zum Dünsten bei niedriger Temperatur. Es gibt eine Reihe an hitzebeständigen Ölen, die sich zum Braten und Grillen eignen. Unten angeführt finden Sie den Rauchpunkt jener gesunden Speisefette, die in meiner Küche zum Einsatz kommen. Wird ein Fett über seinen Rauchpunkt erhitzt, entstehen freie Radikale, die man am besten vermeiden sollte.

Rauchpunkt von Speisefetten

Unraffiniertes Kokosfett 175 °C
Butter 175 °C
Schweineschmalz 185 °C
Hühner- oder Gänsefett 190 °C
Entenfett 190 °C
Rindertalg 205–215 °C
Palmöl 230 °C
Ghee 250 °C

Für meine Kinder brate ich Gemüse gerne im Rohr. Die Zubereitung funktioniert für fast alle Gemüsesorten gleich: Ich nehme 1–1,5 kg Gemüse, 2–4 Esslöffel Fett (am liebsten Entenfett), etwas Meersalz und frisch gemahlenen Pfeffer. Als weitere Gewürzzutat eignet sich alles, worauf wir gerade Lust haben. Das Gemüse in einer Brat- oder Auflaufform bei 190 °C für 30–40 Minuten ins Backrohr stellen und einige Male durchrühren. Die folgende Liste enthält unsere Geschmackssieger ... Denken Sie nur an die Frittatas, die Sie aus den Resten zaubern können!

- Gebratener Karfiol mit Kräutern der Provence, Meersalz und Pfeffer
- Gebratene Rote Rüben mit Rosmarin, Meersalz und Pfeffer
- Gebratene Zucchini mit Gartenkürbis, Parmesan, Meersalz und Pfeffer
- Gebratene Karotten mit Kümmel, Meersalz und Pfeffer
- Gebratener Butternusskürbis mit roten Zwiebeln, Wurst, Rosmarin, Meersalz und Pfeffer (als Hauptspeise geeignet, mit Salat als Beilage)
- Gebratener Spargel mit geriebener Zitronenschale, Meersalz, Pfeffer und ein wenig geriebenem Parmesan oben drüber
- Gebratene Sommertomaten, geviertelt, mit roten Zwiebeln, Knoblauch und vielen frischen Kräutern: Zu einer Sauce pürieren und einfrieren. Beim Auftauen mit Meersalz und Pfeffer würzen
- Gebratene Kirschtomaten mit Knoblauch, Basilikum, Meersalz und Pfeffer
- Gebratene Melanzani mit buntem Paprika, roten Zwiebeln und Knoblauch: Als Gemüsegericht verzehren oder mit etwas Tomatenmark, Olivenöl, Meersalz und Pfeffer zu einem Dip pürieren
- Gebratener Brokkoli mit Knoblauch, geriebener Zitronenschale, Meersalz und Pfeffer

- Gebratene Kohlsprossen mit Speck, Meersalz und Pfeffer
- Gebratener Spaghettikürbis mit Meersalz, Butter und frisch gemahlenem Pfeffer
- Gebratener Delicatakürbis mit Entenfett, Meersalz und Pfeffer
- „Pommes Frites" aus Steckrüben oder Butternusskürbis, gebraten in Entenfett mit Rosmarin, Meersalz und Pfeffer … lecker!

GARTENKÜRBIS-EINTOPF

4 bis 6 Portionen

Vor allem in den Sommermonaten, wenn Zucchini und Kürbisse in Ihrem Garten wuchern, schafft dieses Rezept willkommene Abhilfe! Es ist kinderleicht und schont Ihre Geldbörse. Die Reste ergeben eine wunderbare Frittata (Seite 77).

1–2 EL Kokosfett, Ghee oder tierisches Fett
2–4 Gartenkürbisse und/oder Zucchini, gewürfelt
1 rote oder weiße Zwiebel, gehackt (rot sieht schöner aus)
1 Knoblauchzehe, gehackt
Meersalz und Pfeffer
1 Handvoll gehackte Petersilie (nach Wahl)

Fett in einer Pfanne schmelzen. Kürbis, Zucchini und Zwiebeln hinzufügen und für etwa 15 Minuten weichdünsten. Mit Knoblauch, Salz und Pfeffer würzen und weitere 5 Minuten köcheln lassen. Petersilie einstreuen und servieren. (Siehe Abbildung Seite 208.)

GEGRILLTE MELANZANI MIT BASILIKUM UND PINIENKERNEN

4 bis 6 Portionen

Während des Stillens meines Nachwuchses vor mittlerweile fast zehn Jahren habe ich unzählige Kochsendungen verfolgt. Giada De Laurentiis hat dieses Gericht zubereitet. Es schmeckt genauso verführerisch, wie es aussieht, und ist der Renner unter den Gemüsegerichten!

3 EL Ghee oder Kokosfett
1–2 große Melanzani oder 5–6 Babymelanzani, der Länge nach in 1 cm dicke Räder geschnitten (alternativ können Sie auch Zucchini oder Gartenkürbis verwenden)
Meersalz
70 g leicht geröstete Pinienkerne
70 g Joghurt- oder Kefirkäse mit Kräutern (nach Belieben; Seite 32)
5 g fein geschnittener oder gezupfter Basilikum
3 EL extra-natives Olivenöl
Pfeffer

Eine Grillpfanne bei mittelhoher Hitze am Herd erwärmen oder einen Tisch-, Gas- oder Kohlegrill vorheizen.

Geschmolzenes Ghee oder Kokosfett auf die Melanzanischeiben träufeln. Die Melanzani leicht salzen und auf den Grill legen, bis sie weich sind und deutliche Grillstreifen aufweisen. Nach 3–4 Minuten pro Seite wenden.

Die Scheiben auf ein Serviertablett legen. Pinienkerne, Joghurtkäse und Basilikum darüber verteilen. Mit Olivenöl beträufeln und mit einer Prise Meersalz und frisch gehacktem Pfeffer würzen.

FRANZÖSISCHES GEMÜSEGRATIN

6 bis 8 Portionen

Wenn sich kurzfristig Gäste angesagt haben, werden Sie mit diesem Gratin garantiert einen Publikumshit landen. Sie können beliebige Gemüsesorten kombinieren und Ihre eigene Komposition kreieren. Gemüse, das auf diese Weise zubereitet wird, ergibt eine schöne Beilage zu Fisch.

1 Melanzani, in Räder geschnitten
1 rote Zwiebel, in Räder geschnitten
1 Zucchini, in Räder geschnitten
2 Tomaten, in Räder geschnitten
3 EL Ghee oder Fett nach Wahl
1 TL Meersalz
½ TL frisch gemahlener Pfeffer
1 Handvoll frischer Thymian, Blätter von den Stielen gezupft
3 Knoblauchzehen, zerdrückt oder gehackt

Backrohr auf 220 °C vorheizen. Gemüse in eine große Schüssel geben und das erwärmte Fett darüberträufeln. Meersalz, Pfeffer, Thymian und Knoblauch mit einem großen Löffel unterheben. Eine runde Auflaufform gut einfetten und die Gemüsescheiben in abwechselnder Abfolge vom Rand beginnend spiralförmig aufreihen. Sie können auch eine rechteckige Form nehmen und das Gemüse in Reihen nebeneinander auffächern. Ein paar Flocken Ghee auf das Gemüse setzen, die Form mit Folie bedecken und für 20 Minuten ins Backrohr stellen. Die Folie entfernen und das Gemüse mit dem Saft, der sich am Boden der Form gesammelt hat, übergießen. Für 10 Minuten zurück ins Rohr stellen, noch einmal mit Saft übergießen und weitere 10 Minuten fertig braten. Aus dem Rohr nehmen und in der Form servieren.

Vergorenes

ROTE-RÜBEN-KWASS

Ergibt 1 Liter

Sally Fallon Morrell äußert sich zu Rote-Rüben-Kwass folgendermaßen:

> Dieses Getränk ist aufgrund seiner gesundheits- und verdauungsfördernden Eigenschaften als besonders wertvoll einzustufen. Rote Rüben sind reich an Nährstoffen. Ein viertel Liter davon morgens und abends wirkt regulierend auf den Blutdruck, reinigt die Leber und bringt Linderung bei Nierensteinen und anderen Leiden.

3 mittelgroße oder 2 große Rote Rüben aus biologischem Anbau, geschält und grob gehackt
1 EL Meersalz
60 ml Molke oder Salzgurkenlake
2 Knoblauchzehen, zerdrückt oder gehackt (nach Belieben)
Wasser

Rüben in ein 2-Liter-Einweckglas mit großer Öffnung geben. Salz, Molke und Knoblauch hinzufügen und bis 2,5 cm unter den Rand mit Wasser auffüllen. Das Glas mit dem Deckel verschließen und zwei Tage bei Zimmertemperatur stehen lassen. Sie können die Rüben ein weiters Mal vergären: Lassen Sie dazu ein wenig Flüssigkeit im Glas über, füllen Sie die Rüben erneut mit Wasser auf und halten Sie die Gärzeit von 2 Tagen ein. Danach müssen Sie die Rüben entsorgen, sollten jedoch etwa 60 ml der Flüssigkeit als Starterkultur für das nächste Glas übrig lassen. So bleibt der Kreislauf aufrecht und Sie benötigen die Molke oder Salzgurkenlake nur beim ersten Ansetzen. Geöffnete Gläser müssen im Kühlschrank aufbewahrt werden.

Ich finde, noch einfacher ist es, die Menge an Kwass, die man trinken möchte, aus dem Einweckglas in einen Becher zu leeren, das Glas mit der entsprechenden Menge Wasser wieder aufzufüllen und zurück in den Kühlschrank zu stellen. Wenn die Roten Rüben „verbraucht" sind, entsorge ich sie und setze ein neues Glas an.

FRÜCHTEKWASS

Ergibt 1 Liter

175 g Bio-Fürchte (frisch oder tiefgekühlt)
2,5 cm frische Ingwerwurzel, geschält (nach Belieben; ich verwende Ingwer, weil er verdauungsfördernd ist)
Wasser
1 Prise Meersalz
120 ml Molke

Ein 1-Liter-Einweckglas zu etwa einem Viertel mit Früchten und Ingwer füllen. Mit Wasser, Salz und Molke bis 2,5 cm unter den Rand aufgießen. Das Glas gut verschließen und 2 bis 3 Tage bei Zimmertemperatur stehen lassen, bis sich der Deckel durch das entstandene Vakuum festgezogen hat. Mehrmals täglich wenden (das Glas für einige Stunden auf den Deckel stellen, dann wieder aufrichten). Während des Gärungsprozesses darf keine Luft ins Glas gelangen.

Je nach Temperatur kann die Gärung auch etwas länger dauern. Kleine Bläschen sind ein Zeichen dafür, dass der Gärprozess eingesetzt hat und sich im Glas Druck aufbaut. Versuchen Sie den Deckel nach unten zu drücken. Ist dies nicht mehr möglich, ist der Kwass vergoren und trinkfertig.

Die Früchte können Sie abseihen oder mit in Ihr Getränk gießen. Da sie nun kaum bis gar keinen Fruchtzucker mehr enthalten, sind die vergorenen Früchte auch für unsere Tochter ein willkommener Genuss. Kwass ist im Kühlschrank eine Woche haltbar.

Sie können gleich wie beim Rote-Bete-Kwass verfahren und die Menge, die Sie zum Trinken entnehmen, wieder mit frischem Wasser auffüllen. Wenn die Früchte an Farbe und Geschmack verloren haben, ist es Zeit, ein neues Glas anzusetzen.

WASSERKEFIR

Ergibt 1 Liter

Meine Kinder löschen ihren Durst gerne mit diesem Getränk und ich sorge mit gutem Gewissen für regelmäßigen Nachschub, da die zusätzlichen probiotischen Kulturen ihrem Darm eine große Hilfe sind. Wasserkefirkörner können Sie im Bioladen, in einigen Supermärkten oder im Onlinehandel erhalten. Wenn Sie Kefir mit Sprudel probieren möchten, investieren Sie in Glasflaschen mit Bügelverschluss. Darin wird die Kohlensäurebildung begünstigt.

50 g Bio-Zucker (Kokosblütenzucker wäre großartig, wenn Sie ihn zuhause haben)
1 l Wasser
Wasserkefirkörner

Zucker in ein 1-Liter-Einweckglas füllen und mit 125 ml heißem Wasser übergießen. Leicht umrühren, um den Zucker aufzulösen. Das Glas mit (kaltem) Wasser auffüllen, dabei 5–10 cm Überstand zum Glasrand frei lassen. Wenn das Zuckerwasser abgekühlt ist, Kefirkörner einstreuen und mit einem Holzlöffel vorsichtig verruhren.

Das Einweckglas mit etwas Stoff und einem Gummiband verschließen und 24–48 Stunden bei Zimmertemperatur gären lassen. Den trinkfertigen Kefir durch ein Sieb seihen und genießen oder in einem weiteren Gärungsprozess mit beliebigen Geschmackszutaten verfeinern (siehe unten): Ergänzen Sie dazu 40 g der unten gelisteten Zutaten und lassen Sie das Einweckglas, mit Stoff bedeckt, für einen weiteren Tag bei Zimmertemperatur stehen. Farbe und Geschmack des Wasserkefirs werden Sie begeistern. Den fertigen Kefir luftdicht verschlossen im Kühlschrank aufbewahren und gleich den nächsten Liter vorbereiten!

Weitere Geschmackskombinationen für Kwass und Kefir

- Kirsche, Himbeere, Kardamom
- Apfel, Ingwer, Himbeere
- Heidelbeere, Zitrone, Minze
- Apfel, Rosine, Zimt
- Zitrone, getrocknete Aprikose oder Dattel, Ingwer
- Mango, Vanille, Chai-Gewürzmischung
- Ingwer, Apfel, Limette
- Pfirsich, Kamille, Zitrone
- Brombeere, Pfirsich, Vanilleschote
- Frische Zitrone oder Limette
- 1 TL selbstgemachtes Vanilleextrakt (Seite 96)
- Minze, Limette, Ingwer

MILCHSAUER VERGORENE KORIANDERSAUCE

Ergibt 1 Liter

Sally Fallon Morell hat mit diesem Rezept bewiesen, wie geschmackvoll und preiswert selbstgemachte Saucen sein können, im Besonderen dann, wenn Tomaten und Kräuter im eigenen Garten wachsen. Wenn Sie möchten, können Sie die Tomaten durch frische Pfirsiche ersetzen!

1400 g frische Tomaten oder 800 g (Abtropfgewicht) geschälte Bio-Tomaten aus der Dose, gehackt
1 kleine Zwiebel, gewürfelt
1–2 Knoblauchzehen, gewürfelt
1 Serrano- oder Jalapeño-Chili, grob gehackt (mit oder ohne Kerne)
1 TL Meersalz
1 TL getrockneter Oregano
1 TL gemahlene Koriandersamen
1 TL gemahlener Kümmel
gemahlener schwarzer Pfeffer nach Geschmack
Saft einer Zitrone
Saft einer Limette
120 ml Molke, Sauerkrautsaft oder Salzgurkenlake (wenn Sie keine selbst vergorene Gemüselake übrig haben, verwenden Sie ruhig ein Glas einer Bio-Marke, die Ihnen schmeckt)
1 großer Bund frischer Koriander, grob gehackt

Alle Zutaten bis auf den Koriander in einem Küchenmixer glatt rühren. Den frischen Koriander einstreuen und einige Male den „Pulse"-Knopf (manuelle An-Aus-Funktion) betätigen. Die Sauce in ein 1-Liter-Einweckglas mit großmündiger Öffnung füllen, sodass etwa 2,5 cm bis zum Deckelrand frei bleiben. Bei Bedarf etwas Wasser hinzufügen. Das Glas gut verschlossen für 3 Tage bei Zimmertemperatur stehen lassen, dann gekühlt aufbewahren. Innerhalb von vier bis sechs Wochen aufbrauchen (Pfirsiche innerhalb von 4 Wochen aufbrauchen).

INGWERKAROTTEN

Ergibt 1 Liter

Vor einigen Jahren hatte ich bei einer Weston-A.-Price-Konferenz das Vergnügen, einer Rede von Scott Grzybek, dem Gründer von *Zukay Live Foods*, zu lauschen. Er hat auf unterhaltsame Weise vorgeführt, wie man Ingwerkarotten selbst herstellen kann und mich damit um eine nützliche Fähigkeit reicher gemacht. Kaum zu glauben, dass ich bis zu jenem Tag ein kleines Vermögen für das Fertigprodukt aus dem Bioladen hingeblättert habe! Ingwerkarotten zählen zu meinen absoluten Lieblingsknabbereien. Sie sind ideal für die Jausenbox der Kinder und eine schöne Ergänzung zur kalten Platte, wenn wir Gäste bewirten. Auch Brokkoli oder Karfiol können Sie auf dieselbe Weise haltbar machen.

4–6 Karotten, geschält und gestiftelt
5 cm Ingwerwurzel oder 2 Knoblauchzehen, fein geraspelt
2 TL Meersalz
Starterkultur (2 EL Molke, 2 EL Saft von bereits vergorenen Karotten oder eine Starterkultur für Gemüse aus dem Bioladen)
Wasser

Karotten, Ingwer, Salz und die Starterkultur in einer Schüssel vermischen, in ein 1-Liter-Einweckglas geben und mit Wasser bis 2,5 cm unter den Glasrand auffüllen. Ein wenig durchschütteln, um das Salz und die Starterkultur gleichmäßig im Glas zu verteilen. Vor Sonnenlicht geschützt 2–4 Wochen bei Zimmertemperatur gären lassen, dann im Kühlschrank aufbewahren.

ROTKRAUT MIT ROSINEN UND ÄPFELN

Ergibt 1 Liter

Monica Corrado hat mir dieses Rotkrautrezept schmackhaft gemacht. Es ist bei uns zuhause zu einem leicht bekömmlichen Klassiker geworden.

1 Kopf Rotkohl, Strunk entfernt
1 EL Meersalz
1 Handvoll Bio-Rosinen
½ Apfel, gerieben
60 ml Molke (wenn Sie keine Molke haben, verwenden Sie einen zusätzlichen Esslöffel Meersalz)
Wasser

Kohlkopf vierteln und mit einem Messer oder einer Gemüsehobel dünnfädrig schneiden. Kohl und Salz in eine große Schüssel geben und das Salz für etwa 10 Minuten in das Gemüse einmassieren, um die Säfte zu lösen. Rosinen und geriebenen Apfel hinzufügen. Gut durchmischen und in ein Einweckglas mit großer Öffnung füllen. Der Rotkohl sollte nicht höher als 2,5 cm unter den Rand reichen. Überprüfen Sie, ob das Gemüse vollständig mit Flüssigkeit bedeckt ist und fügen Sie bei Bedarf etwas Wasser hinzu. Ich lege zum Abschluss immer ein Rotkohlblatt oben auf, um sicherzugehen, dass das gesamte Gemüse in Wasser getaucht ist. Gut verschlossen für 3 Tage bei Zimmertemperatur gären lassen, dann gekühlt aufbewahren. Das Rotkraut ist nach der Gärung bereit zum Verzehr, wird mit zunehmender Reife jedoch noch besser im Geschmack.

VERGORENE FEIGENMARMELADE

Ergibt 1 Liter

Hier habe ich eine süße Leckerei für Sie. Meinen Kindern schmeckt Feigenmarmelade am besten auf einer Scheibe Kokosbutter-Brot (Seite 188) oder zu Apfelspalten und einem dicken Stück Rohmilchkäse. Auch zu selbstgemachtem Joghurt- oder Kefirkäse und etwas Knabbergebäck mundet sie ausgezeichnet. Ihre Verkoster werden beeindruckt sein!

320 g getrocknete Feigen
240 ml heißes Wasser
2 EL Honig
½ TL Meersalz
2 EL Molke oder Starterkultur

Stiele von den Feigen entfernen, die Früchte in eine Schüssel mit dem heißen Wasser legen und für 15 Minuten quellen lassen. (Ich habe die Feigen auch schon ohne Einweichen verarbeitet, allerdings ist das Mixen einfacher, wenn die Früchte aufgequollen sind.) Feigen mit dem Wasser, in dem sie gelegen haben, in einem Küchenmixer glatt rühren. Honig, Salz und Molke einarbeiten. Die Marmelade in zwei Einweckgläser mit je einem halben Liter Fassungsvermögen füllen, dabei 2,5 cm bis zum Deckelrand frei lassen. Gut verschlossen für 2–3 Tage bei Zimmertemperatur gären lassen, dann kühl stellen.

MILCHSAUER VERGORENER JALAPEÑO-KRAUTSALAT

Ergibt 1 Liter

„Holy Jalapeño“ heißt der Krautsalat, den die beiden tüchtigen Geschäftsleute von *Fab Ferments* auf Bauernmärkten und in einigen Supermärkten in den USA vermarkten. Ich wünschte, ich hätte ihr Geheimrezept!

½ Kopf Weißkohl, geraspelt
¼ Kopf Chinakohl, geraspelt
2 EL Meersalz bzw. 1 EL Meersalz und 60 ml Molke
1 rote Zwiebel, in dünne Scheiben geschnitten
2 Jalapeños
1 Bund Koriander, gehackt
5 Radieschen, kleingeschnitten
½ TL getrocknete, gemahlene Chipotle-Chili
½ TL getrocknete, gemahlene Jalapeño-Chili

Den geraspelten Kohl in eine große Schüssel geben. Das Salz 3–5 Minuten lang in das Gemüse einmassieren, um ihm die Säfte zu entziehen. Wenn Sie die Schüssel zusätzlich mit einem Tuch bedeckt für 1 Stunde stehen lassen, wird noch mehr Flüssigkeit austreten. Die übrigen Zutaten hinzufügen (inklusive der Molke, wenn Sie sie verwenden) und gut durchmischen. Das Kraut mit sauberen Händen in ein 1-Liter-Einweckglas füllen und mit geballter Faust in Richtung Glasboden drücken, um die Säfte nach oben zu befördern. Das Gemüse muss zur Gänze mit Flüssigkeit bedeckt sein. Das gut verschlossene Glas für 2–3 Tage bei Zimmertemperatur stehen lassen. Um zu überprüfen, ob der Gärungsprozess eingesetzt hat, drücken Sie die Mitte des Deckels nach unten. Wenn Sie kein „klick“ hören, hat sich bereits Druck im Glas aufgebaut und die Gärung ist in vollem Gange.

„HOT NICKY“

Ergibt 1,5 Liter

Auf die Schüsseln – Fertig – Hier ist sie: die vielgepriesene vergorene Gewürzsauce!

Unsere gute Freundin Kerese aus Trinidad verbrachte vor einigen Jahren den Sommer bei uns in Maine. Wir wollten ein mexikanisches Abendessen kochen, also griff ich zu den Autoschlüsseln, um die passende Gewürzsauce zu besorgen. „Warum machen wir nicht unsere eigene?“, schlug sie vor. Kerese begleitete mich in den Lebensmittelladen und ich sah zu, wie sie zehn Habanero-Chilis in die Einkaufstüte packte! Ihr Rezept sollte von da an für die richtige Würze in unserem Leben sorgen. Zu Nicks rundem Vierziger veranstalteten wir eine mexikanische Fiesta und ich habe kleine Gläser mit der Sauce, die wir „Hot Nicky“ nannten, als Gastgeschenk verteilt. „Hot Nicky“ passt zu jedem mexikanischen Gericht, zu Burger, Eiern und was immer für Sie sonst noch in Frage kommt. Aber seien Sie gewarnt: Ein Teelöffel als Beilage genügt schon, um Ihrem Gaumen einzuheizen. Mit selbstgemachter Mayonnaise verrührt (Seite 107), über Roastbeef oder Fisch geschmolzen oder als unscheinbare Draufgabe zu Austern in der Halbschale sorgt diese Sauce bei Tisch für eine willkommene Portion Raffinesse.

240 ml Wasser
½ Limette, geschält
¾ Bund Petersilie
½ Bund Frühlingszwiebeln
1 Zwiebel
4–5 Knoblauchzehen
5–10 Habanero-Chilis (kleine, scharfe, orangefarbene Chilis)
½ Bund Koriander
1–2 Äpfel, geschält und entkernt (oft lasse ich die Schale drauf)
1 Mango, geschält (nach Belieben)
Starterkultur für Gemüse, in 60 ml Wasser, Molke oder Sauerkrautsaft aufgelöst
1 große Prise Meersalz

Zutaten in einem Küchenmixer oder Standmixer mit Stoßeinsatz zerkleinern. In ½-Liter-Einweckgläser füllen und 5–7 Tage bei Zimmertemperatur gären lassen. Gekühlt aufbewahren.

MILCHSAUER VERGORENER KARFIOL MIT CURRY

Ergibt 1 Liter

½ Kopf Chinakohl, fein geschnitten
½ Kopf Karfiol, in kleine Röschen zerteilt
1 EL Meersalz
1 Bund Frühlingszwiebeln, gehackt
4 Karotten, geschält und gewürfelt
1 weiße Zwiebel, kleingeschnitten
2 EL Curry
20 g Rosinen (nach Belieben)

Chinakohl und Karfiol mit dem Salz in eine Schüssel geben. Das Salz 3–5 Minuten mit den Händen in die Kohlblätter einmassieren, bis sich die Säfte zu lösen beginnen. Die übrigen Zutaten beimengen und wie auf Seite 238 weiter verfahren.

Knabbereien

KÄSE-KNABBERGEBÄCK

6 bis 8 Portionen

Ich habe die sehnsüchtigen Blicke meiner Kinder gesehen, als ihre Freunde diesen Sommer mit Cheez-It-Schachteln umherliefen. Eine gleichwertige Alternative zur beliebten amerikanischen Käseknabberei musste her!

110 g Kokosmehl
¼ TL Meersalz
¼ TL Cayennepfeffer
¼ TL weißer Pfeffer
¼ TL getrockneter Kurkuma
¼ TL Knoblauchpulver
330 g geriebener scharfer Cheddarkäse
110 g geriebener Parmesan
2 Eier
55 g Weidebutter, erweicht

Backrohr auf 275 °C vorheizen. Die trockenen Zutaten in einem Küchenmixer vermischen. Käse, Eier und Butter langsam dazumixen, bis sich der Teig zu einer Kugel formen lässt. Den Teig zwischen zwei Backpapierbögen ausrollen und mit einem der Bögen auf ein Backblech legen. Für 10 Minuten backen, dann das Blech herausnehmen und den Teig in ca. 2,5 cm breite Längs- und Querstreifen schneiden, um die quadratische Cheez-It-Form herauszuarbeiten. Nach weiteren 10 Minuten im Rohr kann das Gebäck in Quadrate gebrochen werden. Die Käseecken am Blech verteilen und zurück ins ausgeschaltete Backrohr stellen oder in den Dörrautomaten legen, damit sie ihren knusprigen Biss bekommen. Werfen Sie stets ein Auge auf das Gebäck, während es im Rohr ist, da die Ränder sehr schnell dunkel werden. Die ausgekühlten Käseecken können Sie in einem luftdichten Behälter aufbewahren, müssen jedoch damit rechnen, nach kurzer Zeit nur noch Krümel vorzufinden.

SÜSSES KNABBERGEBÄCK

Ergibt 30 bis 40 Stück

Als Dip dazu reichen Sie am besten selbstgemachten Sauerrahm (Seite 30), verrührt mit etwas Zimt und Honig!

200 g Mandelmehl
½ TL Meersalz
1 EL Zimt
2 EL Kakaopulver
1 TL selbstgemachtes Vanilleextrakt (Seite 96)
1 Ei (alternativ Eiersatz aus Chiasamen; siehe Hinweis unten)
1 TL alkoholfreies Schokoladenextrakt (nach Belieben)
1–2 EL Kokosfett

Die trockenen Zutaten in einem Mixer oder einer Rührschüssel vermengen. Die übrigen Zutaten langsam einrühren, sodass ein gut formbarer Teig entsteht. Den Teig zu einer Kugel kneten und für 20 Minuten in den Kühlschrank stellen. Zwischen zwei Backpapierbögen etwa 3 mm dick ausrollen. Mit einem Messer Formen in der gewünschten Größe abschneiden, diese auf eine nicht haftende Dörrfolie legen und bei 60 °C im Dörrautomaten trocknen lassen. Nach 12 Stunden wenden und für weitere 12 Stunden vollständig austrocknen lassen. In einen luftdichten Behälter schlichten und kühl lagern, damit das Gebäck frisch bleibt.

Wenn Sie keinen Dörrautomaten haben, können Sie die Teigstücke auf einem mit Backpapier ausgelegten Blech eine Stunde lang im Backrohr trocknen. Wählen Sie dazu die niedrigste Temperaturstufe und wenden Sie die Teigstücke nach halber Backzeit. Behalten Sie das Gebäck gut im Auge; je nach Hitzeentwicklung kann sich die Backzeit verkürzen. Während das Knabbergebäck auskühlt, wird es noch etwas knuspriger.

Hinweis: *Für ein Ei aus Chiasamen lassen Sie 1 EL gemahlene Chiasamen in 3 EL Wasser für fünf Minuten quellen.*

ZWIEBELGEBÄCK ODER ZWIEBELBROT

8 bis 10 Portionen

3 große süße gelbe Zwiebeln
100 g naturbelassene Sonnenblumenkerne, zu feinem Mehl gemahlen (geben Sie Acht, dass dabei keine Butter entsteht)
120 ml Kokosblütensirup
½ TL Meersalz
1 Karotte, kleingeschnitten
1 Zucchini, kleingeschnitten
80 ml Olivenöl
130 g gemahlene Leinsamen
Sesam, Mohn und Kürbiskerne zum Drüberstreuen

Zwiebeln, gemahlene Sonnenblumenkerne, Kokosblütensirup, Salz, Karotte, Zucchini und Olivenöl in einer Küchenmaschine pürieren. Leinsamen hinzufügen und noch mal gut durchmixen. Dünn auf eine nicht haftende Dörrfolie auftragen. Die verschiedenen Samen und Körner drüberstreuen und mit der Rückseite einer Gabel in den Teig drücken, damit sie auch nach dem Trockenvorgang am Teig haften. Bei 45 °C für 6 Stunden in den Dörrautomaten schieben, wenden und einige weitere Stunden austrocknen lassen. Das Knabbergebäck in die gewünschte Größe und Form brechen oder schneiden und für 18–24 Stunden im Dörrautomaten fertig backen. In einen luftdichten Behälter schlichten und gekühlt aufbewahren. Das Zwiebelgebäck wird gierige Abnehmer finden, weshalb Sie vielleicht gleich die doppelte Menge einplanen sollten!

Hinweis: *Für ein bisschen Extravaganz können Sie die Zwiebeln vor dem Verarbeiten karamellisieren. Die Zwiebeln kleinschneiden und für 30 Minuten mit einer Prise Meersalz und 2 EL Kokosfett oder Ghee in einer großen Pfanne bei mittlerer Hitze anschwitzen. Dann mit den übrigen Zutaten in der Küchenmaschine zerkleinern.*

PARMESAN-SCHEIBEN

6 Portionen

Eine fabelhafte, glutenfreie Alternative zu Knäckebrot!

150 g geriebener Parmesan

Backrohr auf 275 °C vorheizen. Ein Backblech mit Backpapier auslegen und den geriebenen Parmesan in 6 Häufchen daraufsetzen. Die Parmesanhäufchen zu Scheiben mit je 12–13 cm Durchmesser flach drücken. Das Blech für 8–10 Minuten ins Backrohr schieben, bis die Scheiben golden sind und der Käse schöne Blasen geworfen hat. Auskühlen lassen.

In einem verschließbaren Plastikbeutel im Kühlschrank ist die Parmesan-Knabberei lange haltbar. Am besten schmecken die Scheiben, wenn Sie sie kurz vor dem Verzehr im Toaster knusprig backen. Aber auch bei Zimmertemperatur oder aus dem Kühlschrank sind sie ein echter Leckerbissen!

LEINSAMEN-KNÄCKEBROT

Ergibt 20 bis 30 Stück

Ich habe Leinsamen-Knabbergebäck im Supermarkt entdeckt und für ein paar Schachteln mit unterschiedlichen Geschmacksrichtungen 30 Euro bezahlt. Nach zwei Tagen waren die Schachteln leer gegessen und ich wusste, ich musste in Zukunft selbst Hand anlegen. Lassen Sie Ihrer geschmacklichen Inspiration freien Lauf und erweitern Sie das Grundrezept um italienische oder mexikanische Gewürze, Zimt oder Lebkuchengewürz für süßen Knabberspaß.

680 g Leinsamen
280 g Kürbis- oder Sonnenblumenkerne, eingeweicht (siehe Tabelle auf Seite 19)
1 EL Meersalz
5 EL Kokosblütensirup
1 Bund frischer Koriander
1 Bund frische Petersilie
Saft und Abrieb einer Limette
1 TL schwarzer Pfeffer

Leinsamen in eine Schüssel geben, mit Wasser bedecken und 6 Stunden quellen lassen. Alle übrigen Zutaten in einem Mixer grobkörnig pürieren. Leinsamen hinzufügen und noch mal gut durchmixen. Die Masse auf drei nicht haftenden Dörrfolien verteilen und bei 30 °C für 10–12 Stunden in den Dörrautomaten schieben. Die drei riesigen Knäckebrotscheiben auf eine normale Dörrfolie wenden (Sie können sie auch jetzt schon in kleinere Stücke brechen – wir machen das immer erst am Schluss) und weitere 10–12 Stunden trocknen. Auf diese Weise werden die Scheiben von beiden Seiten gleichmäßig knusprig. In die gewünschte Größe brechen und abbeißen!

Variationen: Verwenden Sie Kräuter und Gewürze nach Ihrem Geschmack und kreieren Sie Ihr ganz persönliches Knäckebrot. Sie können 1–2 EL Taco-Gewürz (Seite 128) über den Teig streuen, nachdem Sie ihn auf die Folie aufgetragen haben oder 3 EL der Gewürzmischung gleich zu Beginn mit den übrigen Zutaten vermixen.

MÜSLI IN 3 GESCHMACKSRICHTUNGEN

Müsli essen wir alle gern. Es kommt bei uns nicht jeden Tag auf den Tisch, weil die Zutaten zu teuer sind, um die ganze Meute damit zu versorgen. Als Alternative zu Eiern, Fleisch und Suppe macht es sich jedoch gelegentlich ganz gut als Frühstück! Es geeignet sich auch hervorragend zum Knabbern für unterwegs. Wir genießen unser Müsli mit selbstgemachter Nussmilch (Seite 19), Kokosmilch (Seite 23) oder mischen ein paar Löffel davon in unseren Kefir (Seite 28) oder unser Joghurt (Seite 27).

Müsli Nr. 1

Ergibt etwa 750 g

420 g Nüsse und Körner nach Wahl, eingeweicht (siehe Tabelle auf Seite 19)
50 g Kokosfett
½ TL Meersalz
½ EL Vanilleextrakt (Seite 96) oder Mandelextrakt
2 TL Zimt
Mark einer Vanilleschote
1 Chia-Ei
240 ml Apfelmus (ich verwende gerne selbstgemachtes aus ungeschälten Äpfeln; gegen naturbelassenes Mus aus dem Supermarkt ist auch nichts einzuwenden)
40 g Kokosflocken (nach Belieben)

Hinweis: *Für ein Ei aus Chiasamen lassen Sie 1 EL gemahlene Chiasamen in 3 EL Wasser für fünf Minuten quellen.*

Müsli Nr. 2

Ergibt etwa 750 g

280 g Nüsse, eingeweicht
140 g Körner und Samen, eingeweicht
75 g getrocknete Äpfel, kleingeschnitten
5 getrocknete Feigen, kleingeschnitten
2 TL Zimt
½ TL Meersalz
2 EL Vanilleextrakt (Seite 96)
50 g Kokosfett
40 g Kokosflocken (nach Belieben)

Müsli Nr. 3

Ergibt etwa 750 g

80 g Cashews, eingeweicht
50 g Pekannüsse, eingeweicht
70 g Sonnenblumenkerne, eingeweicht
70 g Kürbiskerne, eingeweicht
2 EL Zimt
1 TL Vanilleextrakt
½ TL Muskatnuss
½ TL Meersalz
125 g Kürbispüree
40 g Kokosflocken (nach Belieben)
50 g Kokosfett

Zutaten in der Küchenmaschine grobkörnig pürieren. Auf einer nicht haftenden Dörrfolie verteilen und für 12–24 Stunden bei 60 °C trocknen lassen. Dabei ein- oder zweimal durchrühren. (Oder auf einem mit Backpapier ausgelegten Backblech bei niedrigster Stufe 12–24 Stunden – je nach Temperatur – knusprig backen.) Das Müsli in kleine Stücke brechen und in einem luftdichten Behälter gekühlt aufbewahren.

STUDENTENFUTTER MIT GERÖSTETEN KOKOSRASPELN

4 bis 6 Portionen

160 g große Kokosraspeln
2 EL Kokosfett
1 TL Zimt
70 g Nüsse nach Wahl
80 g Trockenfrüchte nach Wahl
1 Prise Meersalz
Kakaosplitter (geschälte, gebrochene Kakaobohnen; nach Belieben)

Kokosraspeln und Kokosfett in eine Pfanne geben. Bei geringer Temperatur schwenken, bis die Raspeln eine leicht goldige Farbe haben. Vom Herd nehmen und in einer Schüssel mit dem Zimt vermengen. Wenn die Raspeln ausgekühlt sind, die übrigen Zutaten unterrühren. In einen luftdichten Behälter füllen und gekühlt aufbewahren. Diese Knabberei ist großartig für die Schule oder für unterwegs. Noch einfacher gelingt die folgende Kokos-Knabberei: Kokosraspeln mit zwei großen Esslöffeln Kokosfett und einer Prise Salz in der Pfanne oder im Minibackofen goldgelb rösten. Fertig ist ein wunderbarer Popkorn-Ersatz. Vorsicht, Suchtgefahr!

KNUSPRIGE KOHLBLÄTTER

6 bis 8 Portionen

1 Kohlkopf (ich verwende gerne Palmkohl oder Wirsing)
1 EL Kokosblütensirup
1–2 EL Kokosfett
120 g große Kokosraspeln

Backrohr auf 275 °C vorheizen. Die Kohlblätter in mundgroße Stücke reißen; die schweren Stiele entsorgen. Die Kohlblätter auf einem Backblech verteilen und mit Kokosblütensirup beträufeln. Das Kokosfett in kleinen Stückchen darüber verteilen. Zum Schluss die Kokosraspeln über den Kohl streuen.

Ins Backrohr schieben und nach 1–2 Minuten, wenn das Kokosfett geschmolzen ist, den Kohl durchschwenken. Für 10–12 Minuten backen, dabei den Kohl noch zwei- bis dreimal schwenken. Das Rohr ausschalten, die Kohlblätter jedoch weitere 10 Minuten im geschlossenen Rohr belassen, damit auch die letzten weichen Stellen knusprig werden können. (Passen Sie auf, dass die Blätter an den Spitzen nicht anbrennen!) Dies ist ein toller Snack, der jedes industriell erzeugte Knabbergebäck in den Schatten stellt. In einem luftdichten Behälter bleibt der Knabberkohl im Kühlschrank frisch.

HASELNUSSECKEN MIT KOKOS UND CURRY

4 bis 6 Portionen

Auch diese Knabberei aus dem Supermarkt musste meiner preiswerten Eigenkreation weichen!

2 EL Honig
120 g Haselnüsse
40 g fein geriebene Kokosflocken
1 TL Currypulver
1 Prise Meersalz

Honig leicht erwärmen, sodass die wertvollen Inhaltsstoffe erhalten bleiben. Die Nüsse mit den übrigen Zutaten und dem geschmolzenen Honig vermengen. Die Nussmasse wie einen Teig und auf ein mit Backpapier ausgelegtes Blech streichen, im Kühlschrank hart werden lassen und im Anschluss in quadratische Nussecken schneiden. Gekühlt aufbewahren.

NUSSMARK

Die ausgetrockneten, gemahlenen Nüsse, die bei der Herstellung von Nussmilch (Seite 19) übrig bleiben, werden als Nussmark bezeichnet. Sie sollten es keinesfalls wegwerfen, denn es ist eine wunderbar vielseitige Zutat für tolle Rezeptideen. Hier habe ich eine kleine Auswahl für Sie zur Anregung:

Schokoladetrüffel

Ergibt 12 bis 15 Stück

150 g Nussmark, Kokosmark oder Mandelmehl
80 g Honig
1 TL Zimt
1 TL Vanilleextrakt (Seite 96) oder Mark von 2 Vanilleschoten
1 großzügige Prise Salz
80 g Kokosflocken
30 g Kakaopulver und etwas mehr zum Rollen der Trüffel

Zutaten mit einer Küchenmaschine verrühren. Ein wenig Wasser hinzufügen, sollte der Teig zu trocken sein. Für 10 Minuten in den Kühlschrank stellen, damit sich die Geschmackszutaten verbinden können und der Teig leichter weiterzuverarbeiten ist. Den Teig aus dem Kühlschrank nehmen und mit einem Löffel kleine Kugeln mit 2,5 cm Durchmesser abstechen. Zwischen den Handflachen glatt rollen, in Kakao wälzen und auf einen Teller setzen. Im Kühlschrank aushärten lassen.

Makronen

Ergibt 12 bis 15 Stück

120 g Nuss- oder Kokosmark
80 g Honig oder 6 entkernte Medjoul-Datteln (eine dickfleischige, saftig-süße Sorte)
120 g Kokosflocken
3 EL Kokosfett
1 EL Vanilleextrakt (Seite 96) oder Mark von 2 Vanilleschoten
1 Prise Salz

Zutaten in der Küchenmaschine verarbeiten, bis ein gut formbarer Teig entstanden ist. Für 10 Minuten in den Kühlschrank stellen, damit sich die Geschmackszutaten verbinden können und der Teig leichter weiterzuverarbeiten ist. Den Teig aus dem Kühlschrank nehmen und mit einem Löffel kleine Kugeln mit 2,5 cm Durchmesser abschneiden. Zwischen den Handflachen glatt rollen und auf ein Dörrgitter setzen. Ein wenig flach drücken, um Makronen zu formen. Bei 45 °C für 4 bis 6 Stunden im Dörrautomaten trocknen. Wenn es schneller gehen muss, legen Sie die Kugeln auf ein Butterpapier und stellen Sie sie zum Aushärten in den Kühlschrank.

Ingwerkekse
Ergibt 12 bis 15 Stück

- 120 g Nuss- oder Kokosmark
- 120 g Kokosflocken
- 6 Datteln
- ¼ TL gemahlene Muskatnuss
- ¼ TL gemahlener Ingwer
- 1 Prise Piment
- ½ TL Zimt
- 1 EL Vanilleextrakt (Seite 96) oder Mark von 2 Vanilleschoten

Zutaten in der Küchenmaschine verarbeiten. Für 10 Minuten in den Kühlschrank stellen, damit sich die Geschmackszutaten verbinden können und der Teig leichter weiterzuverarbeiten ist. Den Teig aus dem Kühlschrank nehmen und mit einem Löffel kleine Kugeln mit 2,5 cm Durchmesser abschneiden. Zwischen den Handflachen glatt rollen. Sie können die Bällchen gleich so essen oder auf ein Dörrgitter setzen, flach drücken und bei 45 °C für 4 bis 6 Stunden im Dörrautomaten trocknen. Wenn Sie keinen Dörrautomaten haben, lassen Sie die Kekse bei niedrigster Temperaturstufe für 1–2 Stunden im Backrohr trocknen, bis sie den gewünschten Biss haben. An einem kühlen Ort aufbewahren.

Hummus aus Nussmark
Ergibt 240 bis 480 ml

Diese Nusscreme ist eine großartige Alternative zu herkömmlichem Hummus aus Kichererbsen (die in der GAPS-Diät nicht erlaubt sind). Meine Kinder haben gar keinen Unterschied feststellen können! Hummus schmeckt hervorragend als Dip zu einem bunten Rohkostteller.

- 120–240 g Nussmark
- 3 Knoblauchzehen
- Saft einer Zitrone
- 6 EL Tahina (Sesampaste, unbehandelt)
- 2 EL gemahlener Kümmel
- 1 Prise Cayennepfeffer
- Meersalz und Pfeffer
- 1 EL Olivenöl und ein paar Tropfen zum Garnieren
- 1 EL rotes, unbehandeltes Palmöl (nach Belieben, sorgt jedoch für eine schöne Farbe und ein Extra an gesunden Fettsäuren)
- Paprikapulver zum Garnieren

Alle Zutaten in einer Küchenmaschine etwa eine Minute lang glatt rühren. In eine Schüssel füllen, ein wenig Olivenöl darüberträufeln und mit einem Hauch Paprikagewürz garnieren.

Nussaufstrich
Ergibt 240 bis 480 ml

120–240 g Nussmark
60 ml Olivenöl
Saft einer Zitrone
10 g frisch gehackte Kräuter
2 gepresste Knoblauchzehen
60 g gewürfelte Zwiebeln
½ TL Meersalz
frisch gemahlener Pfeffer

Zutaten in einer Küchenmaschine zur gewünschten Konsistenz verarbeiten und zu Gemüse oder Nuss-Crackern (Seite 21) servieren.

MÜSLIRIEGEL

15 bis 20 Portionen

In den Jahren, in denen ich ohne Fett ausgekommen bin, habe ich viel auf Energieriegel gehalten. Ich dachte, Sojaproteine und all die anderen künstlich erzeugten Zutaten wären die optimale Nahrung für meinen Körper. Als Studentin habe ich bei Skiereignissen, Mountainbikerennen und Marathons Gratisriegel für eine Herstellerfirma verteilt und hatte daher einen Vorrat, der nie zur Neige ging. Ungefähr zwei Jahre lang bestand mein Mittagessen aus Energieriegeln ... schrecklich! Doch auch ich habe meine Lektion gelernt. Industriell erzeugte Nahrung geht auf Kosten der Gesundheit und des Wohlbefindens. Das Rezept hier hat rein gar nichts mit dem Laborprodukt von früher zu tun (das mittlerweile leider den Weg in die Supermarktregale gefunden hat). Es liefert die Grundlage für eine geschmackvolle, nährstoffreiche Zwischenmahlzeit, die ich gerne mit meinen Kindern teile: Für unterwegs, für die Schulpause oder als kleine Nachspeise. Mit den Nüssen sollten Sie gut haushalten und die vorgesehene Ration auf zwei Stück beschränken. „Eines für jede Hand", wie meine Schwägerin zu sagen pflegt.

350 g gekeimte Nüsse (verwenden Sie verschiedene Sorten, z. B. Walnüsse, Cashews, Pekannüsse)
200 g gekeimte Samen und Körner (verwenden Sie verschiedene Sorten, z. B. Sesamkörner, Sonnenblumenkerne, Kürbiskerne)
70 g Chiasamen (nach Belieben)
80 g Kokosflocken oder Kokosraspeln
1 TL Zimt
½ TL Meersalz
50 g Kokosfett
80–160 g Honig oder 6 Datteln, eingeweicht und püriert
2 TL Vanilleextrakt
selbstgemachte Schokoladensauce (Seite 271) oder „Nutella" (Rezept folgt) (nach Belieben, bei guter Verträglichkeit)

Nüsse, Körner, Chiasamen, Kokosflocken, Zimt und ½ TL Meersalz in der Küchenmaschine zu grobkörniger Konsistenz verarbeiten. Je nach Vorliebe können Sie die Zutaten auch feiner pürieren. Kokosfett in einem Topf bei mittlerer Hitze schmelzen. Den Herd abdrehen und den Honig (oder die Datteln), eine Prise Salz und die Vanille einrühren. Die Körnermischung hinzufügen und gut mit dem süßen Öl vermengen. Auf ein mit Backpapier ausgelegtes oder eingefettetes Blech streichen. Die Hände mit etwas Kokosfett benetzen und die Müslimasse am Blech glatt drücken. Nach Belieben mit Schokoladesauce oder Nutella verzieren. 30 Minuten bis eine Stunde in den Kühlschrank stellen. In rechteckige Riegel schneiden und servieren.

„Nutella"

Ergibt etwa 480 ml

Kakao ist reich an Magnesium und einigen lebenswichtigen Aminosäuren und laut Dr. Natasha Campbell-McBride in der GAPS-Vollwertdiät unbedenklich, sofern keine Verdauungsbeschwerden mehr vorliegen. Sie rät dazu, reines Kakaopulver aus biologischem Anbau zu verwenden. Mit Honig und Sauerrahm verrührt, in selbstgemachter Eiskrem oder als schokoladige Zutat zu Kuchen sorgt er für leckeren Nachtisch. Achten Sie nach erstmaligem Genuss auf Anzeichen von Unverträglichkeit.

240 g eingeweichte oder getrocknete Haselnüsse (Seite 18)
2 EL reines Kakaopulver
1 EL Honig
2–4 EL geschmolzenes Kokosfett
1 Prise Meersalz

Die Nüsse in einer Küchenmaschine so lange mahlen, bis Nussbutter entstanden ist. Die übrigen Zutaten einrühren und die Butter zu einer streichfähigen, homogenen Schokoladencreme verarbeiten.

BIO-RIEGEL AUS EIGENPRODUKTION

Ergibt 8 bis 10 Riegel

Mit diesem Rezept können Sie Ihren Erfindergeist ausleben. Verwenden Sie verschiedene Nusssorten, mischen Sie Kakaosplitter oder Kakaopulver in den Teig, versuchen Sie es mit Dörrzwetschgen oder Marillen anstelle der Datteln oder wälzen Sie die Riegel in Kokosflocken. Nun sind Sie an der Reihe!

100 g Cashews (oder Nüsse nach Wahl)
30 g Walnüsse
5 entkernte Medjoul-Datteln (eine dickfleischige, saftig-süße Sorte)
1 großzügige Prise Zimt
Schale einer Zitrone
¼ TL Meersalz
½ TL Vanilleextrakt (Seite 96)
1 Handvoll Goji-Beeren, Andenbeeren oder getrocknete Heidelbeeren (als Farbtupfer; nach Belieben)

Nüsse in der Küchenmaschine zu feinkörnigem Mehl verarbeiten. Die übrigen Zutaten (bis auf die Beeren) hinzufügen und gut einarbeiten. Mit den Beeren können Sie die Lieblingsfarbe Ihrer Kinder ins Spiel bringen und für zusätzliche Vitamine sorgen. Kugeln oder Rechtecke formen und 1–2 Stunden in den Kühlschrank stellen. Sie können den Teig auch auf ein kleines Blech drücken oder zwischen zwei Bögen Backpapier ausrollen, lange genug kalt stellen und im Anschluss zurechtschneiden.

KAROTTENKUGELN

Ergibt 15 Stück

240 g Nussbutter nach Wahl
40 g Kokosflocken
2 EL Vanilleextrakt (Seite 96)
2 EL Zimt
1 Messerspitze Piment
½ TL Meersalz
80 g kleingeschnittene Datteln
60 g gehackte Walnüsse oder andere Nüsse
1 fein geriebene Karotte

Zutaten mit den Händen verkneten. Mit einem Esslöffel kugelförmige Stücke vom Teig abschneiden und zwischen den Handflächen glatt rollen. Zum Aushärten kalt stellen. Im Kühl- oder Gefrierschrank aufbewahren.

Nachtisch

SOMMERLICHE BEEREN-TARTE MIT NUSSKRUSTE

6 bis 8 Portionen

Mein ganzes Leben lang habe ich die exquisiten Tartes in den Konditoreivitrinen bewundert und mich gefragt, wie in alle Welt sie wohl hergestellt werden. Ich habe beschlossen, die Finessen der französischen Backkunst zu enttarnen und es einfach mal selbst ausprobiert. Alles was Sie benötigen sind schöne, reife Früchte, am besten frisch geerntet, und eine Tarte-Form mit geschwungenem Rand … Gourmetküche für Schnelle!

Boden

120 g eingeweichte oder geröstete Walnüsse (Seite 18)
80 g Kokosflocken
1 Prise Meersalz
5 Datteln

Füllung

2 EL Honig
500 g Sauerrahm
1 Prise Meersalz

Früchte

frische, saisonale Beeren nach Wahl (Heidelbeeren, Himbeeren, Brombeeren, Erdbeeren, Kirschen, Holunderbeeren, Maulbeeren … noch Fragen?)

Die Zutaten für den Boden in einer Küchenmaschine zu einem zähen Teig verarbeiten. Ausrollen und in eine Tarte-Form mit 20 cm Durchmesser drücken. 30 Minuten kalt stellen.

Für die Füllung den Honig ganz langsam in den Sauerrahm einrühren – nicht aufschlagen, da sich der Rahm sonst in Butter verwandelt. Gleichmäßig auf den Boden auftragen und für weitere 30 Minuten kalt stellen.

Legen Sie die Früchte Ihrer Wahl bereit und dekorieren Sie die Torte nach Lust und Laune. Stecken Sie einen kleinen Minzzweig in die Mitte – et voilà: Sie haben das Talent zum Konditormeister!

EISKREM

Ich habe lange an milcheiweiß- und milchzuckerfreier Eiskrem herumexperimentiert und ohne Eidotter war das Ergebnis entweder zu fest gefroren oder nicht kompakt genug. Durch die Beigabe von Dotter wird das Eis richtig cremig und um viele wichtige Nährstoffe reicher. Wenn Sie keine Ei-Allergie haben, mischen Sie ruhig ein paar Stück davon unter die Zutaten. Für uns war es eine gute Möglichkeit zu testen, ob die Ei-Unverträglichkeit unserer Tochter bereits abgeklungen war. In gepressten Säften und Smoothies hat sie Dotter stets verweigert, doch eine Kugel Eiskrem würde sie nie ausschlagen!

Hier noch ein Tipp: Legen Sie den Einsatz Ihrer Eiskremmaschine für mindestens 24 Stunden in den Gefrierschrank, ehe Sie mit dem Eismachen beginnen. Wenn Sie genug Platz haben, können Sie ihm dort auch gleich seinen Fixplatz einrichten, sodass er zu jeder Zeit einsatzbereit ist. Auch die Kokosmilch stelle in einige Stunden vor der Verarbeitung in den Kühlschrank (oder für eine Stunde in den Gefrierschrank).

Unser selbstgemachtes Eis hat uns über einen langen, heißen Sommer in Maine hinweggeholfen und uns viele Besuche im örtlichen Eissalon (ein seit Generationen beliebter Treffpunkt der Boynton-Familie) erspart. Die Kinder hatten Spaß daran, ihren Nachtisch selbst herzustellen und halfen eifrig mit, Geschmacksorten zu kreieren und neue Sorten zu verkosten. Hier sind einige unserer Lieblingsrezepte:

Banane-Nussbutter-Eis

8 bis 10 Portionen

4 sehr reife Bananen mit braunen Flecken, tiefgefroren
60 g Nussbutter
3 EL Honig
60 ml Kokosmilch
1 EL Gelatine
1 TL Vanilleextrakt (Seite 96)
2 Dotter von Bio-Freilandeiern (nach Belieben)

Gefrorene Bananen in 2 cm dicke Scheiben schneiden und mit den übrigen Zutaten in einen Standmixer geben. Zu einer glatten Creme verrühren. Die Eismaschine einschalten und die Bananencreme langsam eingießen. Etwa 20 Minuten lang bis zur gewünschten Konsistenz verarbeiten. Gegen Ende hin können Sie ungesüßte, gehackte Schokolade und Nussstücke einstreuen. Mit Banane als Grundlage lassen sich viele Rezeptideen verwirklichen. Versuchen Sie es anstelle der Nussbutter mit Beeren oder einem Esslöffel Zimt!

Vanille-Schokoladechip-Eis
8 bis 10 Portionen

- 800 ml selbstgemachte Kokosmilch (Seite 23) oder Bio-Kokosmilch aus der Dose, mit vollem Fettgehalt, ohne Guarkernmehl und andere Zusatzstoffe
- Mark von 4 Vanilleschoten
- 1 TL Vanilleextrakt (Seite 96)
- 30 g Schokoladeflocken oder Kakaosplitter
- 1 EL Gelatine
- 250 g Honig
- 2 Dotter von Bio-Freilandeiern (nach Belieben)

Zutaten in einem Standmixer glatt rühren. Eismaschine einschalten und die Schokoladencreme langsam eingießen. 10–20 Minuten lang zur gewünschten Konsistenz verarbeiten. In einen Behälter füllen und einfrieren. Diese Schokochip-Eiskrem schmeckt wahrlich himmlisch. Mit ein wenig Pfefferminzextrakt oder frischer Minze können Sie Schoko-Minz-Eis herstellen.

Wilde-Beeren-Eis
8 bis 10 Portionen

Dieses Eisrezept habe ich mir für unsere Tochter einfallen lassen, für die Honig und Banane tabu sind. Ein wenig Stevia scheint ihr nichts auszumachen und ich bin froh darüber, dass sie mit uns mitschlemmen kann. Wir haben es einige Male mit Honig probiert, doch ihre Anfälle wurden häufiger.

- 70 g Brombeeren (oder Beeren Ihrer Wahl)
- 70 g Himbeeren (oder Beeren Ihrer Wahl)
- 800 ml selbstgemachte Kokosmilch (Seite 23) oder Bio-Kokosmilch aus der Dose, mit vollem Fettgehalt, ohne Guarkernmehl und andere Zusatzstoffe
- 1 EL Gelatine
- 2 TL Vanilleextrakt (Seite 96)
- 3 EL Honig (oder 20 Tropfen flüssiges Stevia oder ein paar Messerspitzen grünes Stevia-Pulver)
- 2 Dotter von Bio-Freilandeiern (nach Belieben)

Die Hälfte der Beeren mit der Kokosmilch, Gelatine, Vanille, dem Honig und den Eidottern in einem Standmixer verrühren. Sie erhalten eine wunderschön pinkfarbene Creme für Ihr Eis. Die übrigen Beeren unterrühren und die Masse langsam in die eingeschaltete Eismaschine füllen. 10 bis 20 Minuten durchlaufen lassen, bis die Creme gefroren ist oder die gewünschte Konsistenz erreicht hat. In einen Behälter löffeln und im Gefrierschrank aufbewahren.

SCHOKOLADENSAUCE

Ergibt 120 ml

Als Überguss auf Eiskrem wird diese Schokoladensauce knackig hart. Den Honig lasse ich für gewöhnlich weg, da das Eis bereits süß genug ist.

2–3 EL Kokosfett
110 g zuckerfreie dunkle Schokolade
1 Prise Meersalz
1 EL Honig (nach Belieben)

Zutaten in einem Topf bei niedriger Hitze verschmelzen. In einem Glasgefäß bei Zimmertemperatur aufbewahren.

LAGERFEUER-LECKEREI

Ergibt 20 bis 30 Stück

In den USA sind Geschichten am Lagerfeuer ohne gegrillte Marshmallows unmöglich. Was sollte ich also tun, als meine Drillinge im Sommerlager mit ihren Freunden „S'mores[28]" zubereiten wollten? Ihnen noch eine alternative Süßigkeit vorsetzen? Das brachte ich nicht übers Herz. Das GAPS-Kochbuch *Internal Bliss* hat mir hierbei ausgeholfen. Die Zubereitung dauert nicht lange und das Ergebnis wird die Schokolade zwischen den Butterkeksscheiben genauso zum Schmelzen bringen wie das Original!

3 EL geschmacksneutrale Gelatine
240 ml eiskaltes Wasser
340 g Bio-Honig
1 TL Vanilleextrakt (Seite 96) oder anderes natürliches Extrakt
Mark einer Vanilleschote
¼ TL Meersalz
Kokosfett oder Ghee zum Benetzen der Handflächen

[28] Ein „S'more" besteht aus einem gegrillten Marshmallow auf einer Scheibe Schokolade zwischen zwei Graham Crackern (ähnlich Butterkeksen).

Boden und Rand einer 20 x 20 cm großen Backform gut einfetten und mit Backpapier auslegen. Das Backpapier an den Seiten überstehen lassen, damit die fertige Schaummasse leichter aus der Form gehoben werden kann.

In der Rührschüssel einer Küchenmaschine die Gelatine in 120 ml eiskaltem Wasser auflösen und bei geringer Geschwindigkeit mixen. In der Zwischenzeit die übrigen 120 ml Wasser in einen kleinen Kochtopf gießen und mit Honig, Vanille und Salz verrühren. Bei mittlerer Hitze leicht aufkochen. Ein Zuckerthermometer in den Topf lehnen und das Wasser unter regelmäßigem Rühren köcheln lassen, bis es 115 °C erreicht hat. Die Temperatur wird sich einige Zeit bei 105 °C halten, dann jedoch schnell auf 115 °C ansteigen (nach ungefähr 7–8 Minuten). Topf vom Herd nehmen.

Gießen Sie das heiße Honigwasser zur weich gerührten Gelatine, während die Küchenmaschine auf niedriger Geschwindigkeit läuft. Erhöhen Sie die Mixgeschwindigkeit auf die höchste Stufe und mixen Sie etwa 10 Minuten lang, bis eine zähflüssige, lockere Marshmallowcreme entstanden ist.

Die Creme in die vorbereitete Form streichen und mit eingefetteten Handflächen glatt streifen. So können

Sie die Creme verteilen, ohne dass sie an Ihren Fingern haften bleibt. Einige Stunden oder über Nacht bei Zimmertemperatur stehen lassen. Die verfestigte Schaummasse mit dem Backpapier aus der Form heben und in die gewünschte Größe schneiden. Nun haben Sie originalgetreue Marshmallows vor sich, frei von all den scheußlichen Zusatzstoffen, und bereit für ihr Rendezvous bei Lagerfeuer mit zuckerfreier Schokolade und selbstgemachten Butterkeksen (Rezept folgt). Halten Sie diese Marshmallows nicht zu lange übers Feuer, da sie rasch schmelzen.

Butterkekse

450 g Mandelmehl
1 TL Gelatine
2 TL Zimt, einen davon zum Bestreuen
170 g Honig
1 TL Vanilleextrakt (Seite 96)
60 g Kokosfett, Butter oder Schmalz

Backrohr auf 275 °C vorheizen. Mehl, Gelatine und Zimt mit einer Küchenmaschine verrühren, Honig, Vanille und Fett hinzufügen und zu einem homogenen Teig verarbeiten.

Ein Backblech einfetten, mit Backpapier auslegen und auch das Papier mit Fett benetzen.

Den Teig auf dem gesamten Backblech verteilen. Es mag so aussehen, als ob die Masse nicht ausreichen würde, doch durch behutsames Glattdrücken mit Handflächen und Fingerspitzen werden Sie das Blech vollständig ausfüllen. Schneiden Sie den Teig in rechteckige Stücke und stechen Sie mit einer Gabel die charakteristischen Löcher in jedes Stück. Die Kekse für 12 Minuten backen.

Sind die Kekse nach dem Backen nicht gleichmäßig braun, können Sie sie am Backpapier wenden und für 1–2 Minuten im ausgeschalteten Rohr nachbacken lassen. Geben Sie Acht, dass sie nicht zu dunkel werden. Die heißen Kekse mit Zimt bestreuen. Auskühlen lassen und vom Blech nehmen.

KOKOSTAFELN

Dies ist eines jener Rezepte, das man einmal ausprobiert und dann sofort nach eigenen Vorlieben neu erfindet! Besorgen Sie sich dazu eine passende Schokotafel-Form.

Grundrezept
Ergibt 4 Tafeln

115 g weiche selbstgemachte Kokosbutter
1 Prise Meersalz
150 g Kokosfett
1 TL Vanilleextrakt (Seite 96)
1 TL Honig (nach Belieben)

Schokolade, Orange und Minze
Ergibt 4 Tafeln

115 g weiche selbstgemachte Kokosbutter
1 Prise Meersalz
150 g Kokosfett
2 EL reines Kakaopulver
2 EL Kakaosplitter (nach Belieben)
1 TL Minzextrakt
Abrieb einer Orange (nicht erforderlich, wenn Sie Schoko-Minz-Tafeln möchten)

Pistazien und Goji-Beeren
Ergibt 4 Tafeln

115 g weiche selbstgemachte Kokosbutter
1 Prise Meersalz
150 g Kokosfett
2 EL reines Kakaopulver
15 g Pistazien, gehackt (oder andere Nüsse)
15 g Goji-Beeren (oder andere Trockenfrüchte)

EIS AM STIEL

Heidelbeer-Sahne
6 Portionen

250 g Sauerrahm (Seite 30)
2 EL Bio-Honig
Abrieb einer Zitrone
1 TL Vanilleextrakt (Seite 96)
35 g gefrorene Bio-Heidelbeeren

Zutaten in einer Schüssel vorsichtig verrühren. In Eisformen füllen und mindestens 4 Stunden tiefkühlen.

Kefir-Beeren
6 Portionen

250 g Kefir (Seite 28) oder 240 ml Kokosmilch (Seite 23), wenn Sie eine Milchallergie haben
75 g frisch geschnittene Bio-Erdbeeren oder Beeren nach Wahl
1 EL Bio-Honig

Kefir und die Hälfte der Beeren mit dem Mixer verrühren. Die übrigen Beeren unterziehen. In Eisformen füllen und tiefkühlen.

Banane-Nussbutter-Schokolade
6 Portionen

2 Bananen, in Stücke geschnitten und tiefgefroren
250 g Kefir (Seite 28) oder 240 ml Kokosmilch (Seite 23), wenn Sie eine Milchallergie haben
50 g zuckerfreie Bio-Schokolade mit 100 % Kakaoanteil, fein gehackt (bei Verträglichkeit)
30 g geröstete Cashews, Walnüsse oder beliebige andere Nüsse (Seite 18), gehackt

Bananen mit Kefir oder Kokosmilch im Standmixer verrühren. Gehackte Schokolade und Cashews einrühren. In Eisformen füllen und tiefkühlen. Lecker!

SCHOKOLADEPUDDING MIT AVOCADO

4 bis 6 Portionen

Avocados zählen nicht ohne Grund zu den sogenannten „Super Foods". Sie sind voll mit Vitaminen, Mineralstoffen und gesunden Fetten. Mit diesem Rezept können Sie Ihre Kinder für mehr davon begeistern. Es beruht auf einem Gericht von Sarma Melngailis, Besitzerin des Restaurants *Pure Food and Wine* in New York City. Als ich es meinen Kindern das erste Mal vorsetzte, haben sie ihre Schüsseln restlos leergegessen. Ich war so erfreut, dass ich ihnen mit breitem Grinsen die Geheimzutat verraten habe. Probieren Sie diesen Pudding auch als Füllung für die Beeren-Tarte auf Seite 267.

120 g gekeimte Pekannüsse
4 EL Kokosbutter oder -fett, erwärmt
85 g Bio-Honig
300 ml Wasser oder Kokosmilch (Seite 23)
30 g und 2 EL Kakaopulver (bei Verträglichkeit)
¾ TL Meersalz
2 TL Vanilleextrakt (Seite 96)
2 mittelgroße Avocados

Pekannüsse mahlen. 2 EL Kokosfett (oder so viel wie nötig) hinzufügen und zu Nussbutter weiterverarbeiten. Pekanbutter, Honig, Wasser, Kakaopulver, Salz und Vanilleextrakt mit einem Küchenmixer vermengen und bei laufendem Mixer das übrige Kokosfett einfließen lassen. Avocados hinzufügen und glatt rühren.

Zum Darüberstreuen:

- gehackte Pistazien oder Walnüsse
- kleingeschnittene frische Erdbeeren oder Himbeeren oder Bananenscheiben
- frische Minzblätter
- Kokosraspeln
- Zimt
- Kokos-Sahne (Seite 281) oder süßen Sauerrahm (Seite 30)

VANILLEPUDDING AUS CHIASAMEN

4 bis 6 Portionen

Die Vorlage für dieses Rezept fand ich auf der Chiasamen-Packung aus dem Supermarkt! Mit 24 Stunden vergorenem Rohmilch-Kefir als Grundzutat ist dieser Pudding auf der Liste unserer begehrtesten Nachspeisen ganz weit oben.

35 g Chiasamen
500 g Joghurt, Kefir oder Kokosmilch (Seite 23)
1 TL Vanilleextrakt (Seite 96)
1 EL Honig oder 1 sehr reife Banane mit braunen Flecken, in kleine Stücke geschnitten

Zutaten in einer Schüssel oder einem Einweckglas verrühren, bedecken und für mindestens 2 Stunden in den Kühlschrank stellen. Den Pudding in einen Küchenmixer füllen und 30 Sekunden lang durchmixen, um zusammenhaftende Chiasamen glatt zu rühren. Mit frischen Himbeeren, gerösteten Kokosflocken oder Rosinen garniert servieren.

GEBRATENE BANANEN MIT ZIMT

2 bis 4 Portionen

2–3 EL Butter, Kokosfett oder Schmalz
2–3 Bananen, in Scheiben geschnitten
½ TL Zimt

Fett in einer Pfanne schmelzen, Bananenscheiben einlegen und etwa 3 Minuten lang im Fett weich kochen, ohne die Scheiben zu wenden. Zimt darüberstreuen und für 1 weitere Minute bei mäßiger Hitze am Herd lassen. Als Begleitung zum Frühstück servieren. Sie können die gebratenen Bananen auch mit einem Tupfer Sauerrahm und einer Prise Zimt obenauf genießen!

KOKOS-SAHNE

Ergibt etwa 250 g

200–250 ml selbstgemachte Kokosmilch (Seite 23) oder Bio-Kokosmilch aus der Dose, mit vollem Fettgehalt, ohne Guarkernmehl und andere Zusatzstoffe
2 TL Bio-Honig
1 TL Vanilleextrakt (Seite 96) oder Mark einer Vanilleschote

Die Kokosmilch über Nacht in einem Glas in den Kühlschrank stellen, sodass sich der Rahm von der Milch absetzen kann. Das Glas aus dem Kühlschrank nehmen und die oberste Rahmschicht in eine Rührschüssel abschöpfen. Die Kokosmilch können Sie zu einer Früchtemilch verarbeiten oder über Ihr nächstes Müsli gießen. Den Rahm mit Honig und Vanille mit einem Handmixer etwa 3 Minuten lang aufschlagen, bis die Schlagsahne steif geworden ist. Zu gedünsteten Früchten, Eiskrem oder Kuchen genießen. Im Kühlschrank aufbewahren.

KÖNIGLICHER KAROTTENKUCHEN

12 Portionen

450 g Kokosbutter
85 g Bio-Honig
125 g Karotten, fein gerieben
1 EL Zimt
80 g Rosinen
40 g Kokosflocken
1 TL Meersalz
1 ½ TL Backpulver
1 TL Vanilleextrakt (Seite 96)
10 Bio-Freilandeier

Backrohr auf 150 °C vorheizen. Die Kokosbutter in ein Glas oder in eine Schüssel streichen und für etwa 20 Minuten im Wasserbad schmelzen lassen. Gut durchrühren.

In der Zwischenzeit eine 23 x 33 cm große, rechteckig Backform einfetten oder mit Backpapier auslegen.

Die erweichte Kokosbutter in eine Rührschüssel geben. Den Honig bei langsamer Mixgeschwindigkeit einrühren. Die übrigen Zutaten – Eier zuletzt – in die Buttermasse einarbeiten, bis ein geschmeidiger Kuchenteig entstanden ist. In die Form füllen und 40 Minuten backen.

„Glasur"

500 g Sauerrahm (Seite 30)
2 EL Bio-Honig
1 TL Vanilleextrakt (Seite 96)
1 TL Zitronenabrieb
1 Prise Meersalz

Zutaten vorsichtig verrühren. Den ausgekühlten Kuchen damit überziehen oder jedes aufgeschnittene Kuchenstück mit einem Sahnehäubchen krönen. Fabelhaft!

VANILLE-CUPCAKES MIT EINFACHER VANILLEGLASUR

12 Portionen

Diese kleinen Küchlein gehen wunderbar auf und werden den erlesenen Ansprüchen einer Kindergeburtstagsfeier auf jeden Fall gerecht!

450 g Kokosbutter
4 große Datteln, eingeweicht
2 TL Zimt
40 g Kokosflocken
10 Bio-Freilandeier
1 TL Meersalz
1 ½ TL Backpulver
2 TL Vanilleextrakt (Seite 96)

Backrohr auf 150 °C vorheizen. Die Kokosbutter in ein Glas oder in eine Schüssel streichen und für 20 Minuten im Wasserbad schmelzen lassen. Gut durchrühren. Die Datteln mit der Kokosbutter in einer Küchenmaschine zu einem homogenen Brei verarbeiten. Die übrigen Zutaten einarbeiten. (Wenn Ihre Küchenmaschine nicht groß genug ist, leeren Sie die Dattelmasse in eine Rührschüssel und rühren Sie die Zutaten mit dem Handmixer zu einem geschmeidigen Kuchenteig. Ein Muffin- oder Cupcakeblech mit Papierförmchen auslegen und jede Form zu drei Vierteln mit Teig befüllen. 30 Minuten backen. Sie können den Teig auch in eine Tortenform füllen und 40 Minuten backen.

Die dazu passende Vanilleglasur finden Sie auf Seite 286.

Vanilleglasur
12 Portionen

Wenn Sie Ihren Kindern selbstgemachte Törtchen auf eine Geburtstagsfeier mitgeben, ist dieses Rezept genau das richtige. Ihre Kinder werden die Vanillecreme lieben. Servieren Sie die Törtchen jedoch Ihren Gästen auf einer Geburtstagsparty bei sich zuhause, wären Sie gut beraten, die vorgegebene Menge an Honig zu verdoppeln, um die zuckerverwöhnten Gaumen nicht zu enttäuschen.

250 g Sauerrahm
Mark einer Vanilleschote
1 EL Honig
2 TL Vanilleextrakt (Seite 96)
Himbeeren (nach Belieben)

Alle Zutaten bis auf die Beeren unter den Sauerrahm ziehen. Die Cupcakes damit verzieren und kühl stellen. Vor dem Servieren auf jedes Törtchen eine perfekt geformte Himbeere setzen. Wenn Sie möchten, können Sie die Creme beim Anrühren mit ein wenig Himbeermus leicht rosa färben.

Variation: Für eine Schokoladenglasur benötigen Sie einen Esslöffel Kakaopulver.

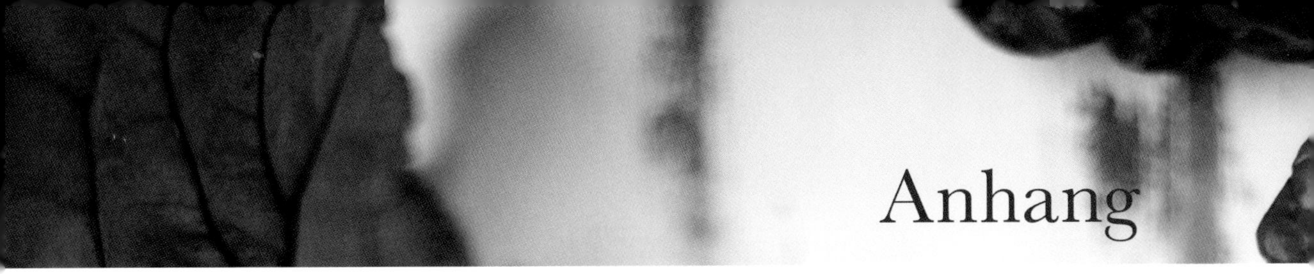

Anhang

DANKSAGUNG

Aus ganzem Herzen möchte ich jenen Personen danken, die es mir ermöglicht haben, dieses Buch zu verwirklichen.

Meiner Familie: Nick, Dossie, Campbell, Cooper, Wyatt und Tanner, ihr nährt meinen Schöpfergeist jeden Tag aufs Neue. Meiner Mutter und meinem Vater: Ihr habt den Grundstein für meine Zufriedenheit und meine Gesundheit gelegt. Und den Boyntons: Wie großartig, ein Teil dieser beschwingten Familie geworden zu sein!

Tausend Dank gilt Natasha und Peter McBride, die uns bei diesem Projekt vorangegangen sind, Mary Brackett für ihre große Begeisterung, ihre wunderschönen Bilder und ihren Ansporn, der mich auf Kurs gehalten hat, unseren Verlegern Brianne Goodspeed und Chelsea Green für die Chance, die sie uns gegeben haben, unserer Lektorin Talie Kattwinkel für ihr scharfes Auge, ihren Feinsinn, ihre Freundschaft und dafür, dass sie „gewusst hat, was ich meine". Ich bedanke mich bei Laura Graye dafür, dass sie mich auf die GAPS-Diät aufmerksam gemacht hat, uns auf diese Reise vorbereitet und mir die ganze Zeit über Halt gegeben hat, bei Sandy Littell für ihre Tipps und Tricks rund um GAPS, bei Monica Corrado für ihren unermüdlichen Einsatz beim Überprüfen der Rezepte in diesem Buch – ohne sie hätte ich es nicht geschafft. Ich bedanke mich bei Sally Fallon Morrell und der Weston-A.-Price-Stiftung dafür, dass sie mein Leben von Grund auf verändert haben, bei Kristin Canty, die mich vor vielen Jahren auf diesen Weg gebracht hat und bei Jim, der unsere waghalsigen Abenteuer unterstützt hat, bei Diana Rodgers für ihren bestärkenden Zuspruch und ich danke meiner guter Freundin Julie MacQueen dafür, dass sie mich unterstützt und Pure7 Chocolates gegründet hat! Mein Dank gilt auch Dr. Evan Hughes und On the Mat Yoga, die mich während des Schreibens fit gehalten haben, dem Supper Club für die vielen schönen Stunden bei Tisch und die überwältigenden Geschmackserlebnisse, Amos Miller und der Truppe von Miller's Organic Farm, die unzählige Menschen mit nahrhaften, nährstoffreichen Lebensmitteln versorgen und ganz einfach „das Richtige tun" und ich danke Jenny Martin, Hannah Sievers und Jana Bretschneider dafür, dass sie so viele Stunden mit mir in der Küche verbracht und meine kleine Rasselbande so lieb gewonnen haben. *Hilary*

Dieses Buch war uns eine Herzensangelegenheit, die ohne die folgenden Personen nicht hätte realisiert werden können. Ihnen gilt mein aufrichtiger Dank.

Chris, du bist der hilfsbereiteste und verständnisvollste Mensch, den ich kenne. Danke für deinen endlosen Optimismus, deine Liebe und dafür, dass du einfach großartig bist. Danke an Chet, der mich dazu getrieben hat, meinen Darmbeschwerden endlich auf den Grund zu gehen und der immer ein Lächeln für mich übrig hat – es erfüllt mich mit größerer Freude, als ich jemals für möglich gehalten hätte. Dank gilt meinen Eltern, Jane und John Giordano, die mich dazu ermutigt haben, meine Leidenschaft für gutes

Essen mit meiner Liebe zur Fotografie zu verbinden und mein Leben mit Weisheit, Liebe und Glück bereichert haben, Sharanda Collette, die mir eine so gute Freundin ist und sich um meinen kleinen Sohn gekümmert hat, damit ich arbeiten konnte, den Giordanos, meiner italienischen Großfamilie, die mich nicht verstoßen hat, als ich Nudeln und Brot verweigerte, und der Familie Brackett für ihren Scharfsinn, ihren Humor und die seit Kurzem gewährte – ahem – Akzeptanz. (Ich hoffe, der Schwiegertochter-Status ist hiermit anerkannt!)

Unsagbar großer Dank gilt zudem Natasha und Peter McBride dafür, dass sie dieses Ernährungskonzept entwickelt haben und uns dabei unterstützt haben, es den Menschen auf so schöne Art und Weise näherzubringen. Ich danke Hilary Boynton dafür, dass sie dem Auftrag, dieses Buch zu schreiben, mit großer Freude und Hingabe nachgekommen ist, sowie Brianne Goodspeed und den Mitarbeitern bei Chelsea Green, dass sie an dieses Buch geglaubt haben und viel Arbeit darin investiert haben – ihr seid einsame Klasse! Dank gilt Talie Kattwinkel, die unsere Worte für den Leser lebendig gemacht hat, Lillian Medville für ihren Ansporn und ihre tatkräftige Unterstützung, Ben und Tara Whitla für ihre Freundschaft und großartige Beratung im Hinblick auf die grafische Gestaltung, Anna Asphar, in der ich eine Gleichgesinnte gefunden habe und die mich in meiner Arbeit hinter der Linse bestärkt, Pater James Barry für sein spirituelles Geleit und seinen wertvollen Dienst für die Menschheit, Stephanie Dyer, die mir als Beraterin und Freundin zur Seite steht, sowie all meine Helden und Heldinnen auf dem Gebiet der Kunsttherapie und gesunden Küche: Alice Waters, Dr. Joseph Mercola, Joel Salatin, Dr. Tom Cowan, Sally Fallon Morell, Donna Gates, Michael Pollan, Sandor Katz, Jamie Oliver, Julia Child, Dr. Justin Groode, Juliane Goicoechea, der gemeinnützigen Organisation *Environmental Working Group*, sowie Carl Honoré und dem *Slow Food Movement*. Danke dafür, dass ihr euch für naturbelassene, nährstoffreiche Lebensmittel stark macht und Menschen wie mir zeigt, wie man durch eine wahrlich gesunde Ernährung sein Wohlbefinden wiedererlangen kann.

Mary

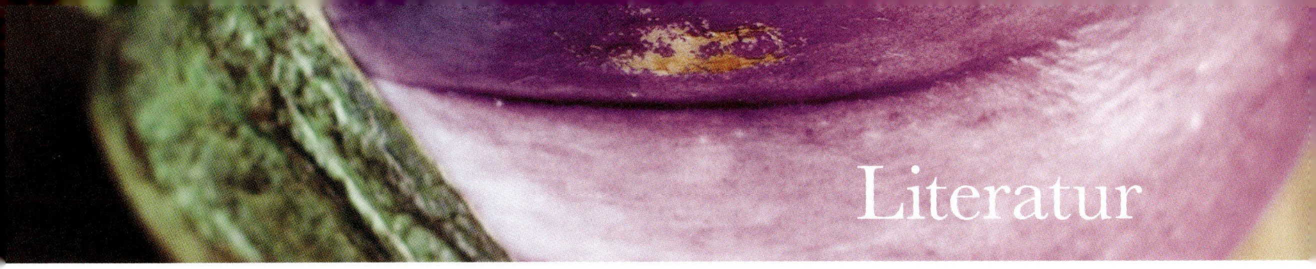

Literatur

BÜCHER

Allan, Christian B./Wolfgang Lutz. *Life Without Bread: How a Low-Carbohydrate Diet Can Save Your Life.* New York: McGraw-Hill, 2000

Campbell-McBride, Natasha. *GAPS Stories: Personal Accounts of Improvement and Recovery Through the GAPS Nutritional Protocol.* Norwich, UK: Medinform Publishing, 2012

Dies.: *Gut and Psychology Syndrome: Natural Treatment for Autism, Dyspraxia, ADD, Dyslexia, ADHD, Depression, Schizophrenia. Norwich,* UK: Medinform Publishing, 2010 [dt.: *GUTS™ – Gut and Psychology Syndrome. Wie Darm und Psyche sich beeinflussen.* Narayana Verlag, Kandern 2015]

Dies.: *Put Your Heart in Your Mouth.* Norwich, UK: Medinform Publishing, 2007

Corrado, Monica. *With Love From Grandmother's Kitchen.* Loveland, CO: Monica Corrado, 2011

Cowan, Tom. *The Fourfold Path to Healing: Working with the Laws of Nutrition, Therapeutics, Movement and Meditation in the Art of Medicine.* Warsaw, IN: Newtrends Publishing, 2004

Enig, Mary. *Eat Fat, Lose Fat.* New York: Plume Books, 2006

Fallon, Sally/Tom Cowan. *The Nourishing Traditions Book of Baby & Child Care.*Warsaw, IN: Newtrends Publishing, Inc., 2013

Fallon, Sally/Mary G. Enig. *Nourishing Traditions: The Cookbook That Challenges Politically Correct Nutrition and the Diet Dictocrats.* Warsaw, IN: Newtrends Publishing, 2003

Gottschall, Elaine. *Breaking the Vicious Cycle.* Baltimore, ON: Kirkton Press, 1994

Hay, Louise. *You Can Heal Your Life.* New York: Hay House, 1984

Katz, Sandor. *The Art of Fermentation.* White River Junction, VT: Chelsea Green Publishing, 2012

Ders.: *Wild Fermentation:* A Do-It-Yourself Guide to Cultural Fermentation. White River Junction, VT: Chelsea Green Publishing, 2011

Krasner, Deborah. *Good Meat.* New York: Stewart, Tabori & Chang, 2010

Lewin, Alex. *Real Food Fermentation: Preserving Whole Fresh Food with Live Cultures in Your Home Kitchen.* Minneapolis: Quarry Books, 2012

Perlmutter, David. *Grain Brain: The Surprising Truth About Wheat, Carbs, and Sugar – Your Brain's Silent Killers.* New York: Little, Brown and Company, 2013

Sadeghi, Habib. *Within: A Spiritual Awakening to Love and Weight Loss.* Los Angeles: Premier Publishing, 2014

Salatin, Joel. *Folks, This Ain't Normal: A Farmer's Advice for Happier Hens, Healthier People, and a Better World.* New York: Center Street Publishers, 2012

Schmid, Ronald F. *Traditional Foods Are Your Best Medicine.* Rochester, VT: Healing Arts Press, 1997

Taubes, Gary. *Good Calories, Bad Calories: Fats, Carbs, and the Controversial Science of Diet and Health.* New York: Anchor Books, 2008

VIDEOS

Canary Kids: *A Film for Our Children.* Web video. Directed and produced by Beth Lambert. www.canarykidsmovie.com

Cooking with GAPS: *The Official GAPS DVD.* DVD. Directed by Dr. Natasha Campbell-McBride. Lynn, MA: Fleetwood Onsite Conference Recording, 2012

Farmageddon: *The Unseen War on American Family Farms.* DVD. Directed by Kristin Canty. Warren, NJ: Passion River Studios, 2012

Food Inc. DVD. Directed by Robert Kenner. Los Angeles: Participant Media, 2009.

The Future of Food. DVD. Directed by Deborah Koons Garcia. Mill Valley, CA: Lily Films, 2004

Genetic Roulette: *The Gamble of Our Lives.* DVD. Directed by Jeffrey M. Smith. Fairfield, IA: Institute for Responsible Technology, 2012

The Greater Good. DVD. Directed by Leslie Manokian Bradshaw, Kendall Nelson, and Chris Pilaro. Hailey, ID: BNP Pictures, 2011

King Corn. DVD. Directed by Aaron Woolf. Brooklyn, OR: Mosaic Films, 2007

Super Size Me. DVD. Directed by Morgan Spurlock. New York: Studio-on-Hudson, 2004

Netzadressen

GAPS UND ERNÄHRUNG ALLGEMEIN

Brackett, Mary G.: *http://mgbrackett.com,* Food- und Lifestyle-Fotografin
Campbell-McBride, Dr. Natasha: *www.gaps.me,* Recherchequelle, um GAPS-Praktiker zu finden; *www.doctor-natasha.com,* bietet hilfreiche Informationen für GAPS-Anfänger und -Fortgeschrittene
Corrado, Monica: *http://simplybeingwell.com,* zertifizierte Ernährungsberaterin und GAPS-Kochtrainerin
GAPS-Ernährung: *http://www.gaps-ernaehrung.at,* allgemeine Einführung, GAPS-Stammtisch in Linz
Kresser, Chris: *http://chriskresser.com,* Integrative Medizin und Paleo-Ernährung
Mercola, Dr. Joseph: *www.mercola.com,* Ernährungsfragen und Gesundheitserziehung
Paleorox: *http://www.paleorox.de/knochenbruehe-rezept,* bietet Paleo-Rezepte
Pfeiffer-Böhme, Damaris: *http://pfeiffer-boehme.de/gaps-was-ist-das.html,* zertifizierte GAPS™-Therapeutin
Schuette, Kim: *www.biodynamicwellness.com,* zertifizierte Ernährungsberaterin
Sisson, Mark: *www.marksdailyapple.com,* Paleo-Guru und Autor des Beststellers „The primal blueprint" (2009)
Symptome.ch: *http://www.symptome.ch/vbboard/ernaehrung/90530-gaps-gaps-ernaehrung-2.html,* das größte Gesundheitsportal der Schweiz
VeganBlatt, das vegane Magazin: *http://www.veganblatt.com/kokosmilch*
Village Green Network: *http://villagegreennetwork.com,* beschäftigt sich mit Ernährungsfragen und gesunder Lebensweise
Weston-A.-Price-Stiftung: *http://www.westonaprice.org/category/translations/german,* beschäftigt sich mit Ernährungsfragen
Zentrum der Gesundheit: *http://www.zentrum-der-gesundheit.de/naturheilkunde.html,* unzensierte Informationen aus den Bereichen Gesundheit, Ernährung und Naturheilkunde

BLOGS

A German Cave Girl: *http://germancavegirl.blogspot.co.at/2011/06/was-bedeutet-eigentlich-primalpaleo.html,* Blog rund um die Themen primal/paleo
Ancestral Health: *http://www.ancestralhealth.info,* Blog rund um das Thema Paleo-Ernährung
Fit und glücklich: *http://fitundgluecklich.net,* Schwerpunkt auf Clean-Eating-Konzept
Gesundheit-natürlich: *http://www.gesundheit-natuerlich.at/index.php/gesundheit/ernaehrung/milch,* bietet u. a. viele Informationen rund um das Thema Milch
Health Home Happy: *www.healthhomehappy.com,* Food-Blog mit Schwerpunkt auf GAPS

Iss Dich gesund: *http://issdichgesund.wordpress.com,* alles rund um gesunde und bewusste Ernährung
Kokosnuss-Blog: *http://www.kokosnussblog.de,* alles rund um die Kokosnuss
Paleoleben: *https://paleoleben.wordpress.com,* Paleo/Primal, natürliches Training und natürliches Leben
Paleorox: *http://www.paleorox.de,* bietet etliche Paleo-Rezepte
The Nourished Kitchen: *http://nourishedkitchen.com,* Food-Blog
The Healthy Home Economist: *www.thehealthyhomeeconomist.com,* Food-Blog mit Anwendungs-Videos
Urgeschmack: *http://www.urgeschmack.de,* Blog um die Themen natürlich essen, gesund leben

BEZUGSQUELLEN

Bio-Austria: *http://www.bio-austria.at/konsumenten__1/aktuell/oesterreichweit/bio_kistl_nachfrage_steigt_stetig,* frische Bio-Lebensmittel, regelmäßig bis vor die Wohnungstür geliefert
Food Cooperative: *http://foodcoops.at; http://foodcoops.de,* österreichische und deutsche Lebensmittelkooperative
GAPS-Online-Store: *www.shop.gapsdiet.com,* (englischsprachige) Bücher und DVDs sowie Vitamine und Hautpflegeprodukte
Gemüsekiste: *http://www.gemuesekiste.at,* wöchentliches Abonnement von Frischgemüse
Ghee: *http://www.kochwerte.de/artikel/ghee-selbst-herstellen, www.pureindianfoods.com*
Joghurt: *http://www.deinjoghurt.de, http://www.die-joghurt-macher.de*
Kefir: *http://kefir.selbst-machen.com*
Kefucha, Kefir und Kombucha: *http://www.kefucha.de*
Keimling: *www.keimling.at,* Gesundheit mit Rohkost, Online-Shop
Kleine Steinzeit: *http://www.kleine-steinzeit.de/paleo,* Online-Shop rund um Paleo-/Primal-Ernährung
Kokosnusswasser: *http://www.kokosnusswasser.net*
Kokosöl : *www.biokokosöl.de*
Kokosprodukte: *http://www.drgoerg.com, www.tropicaltraditions.com*
Meet up: *http://www.meetup.com/rawfood-349,* Schwerpunkt Rohkost
Salz: *www.celticseasalt.com,* See- und Badesalz
Wasser-Filterung: *www.radiantlifecatalog.com,* u. a. alles rund um das Thema Wasserfilterung
Wellness-Drinks: *http://www.wellness-drinks.de,* liefert Bio-Kombucha- und Bio-Kefir-Drinks inkl. Kulturen zum Selbstansetzen

Register

Die Autorinnen

Rich Hornor

Hilary Boynton ist zertifizierte Beraterin für Ganzheitliche Gesundheit. Sie hat an der University of Virginia ihr Psychologiestudium abgeschlossen und ihre praktische Ausbildung am Institut für Integrative Ernährung absolviert. Als leidenschaftliche Mutter von fünf kleinen Kindern konnte Hilary die heilende Wirkung der Nahrung aus nächster Nähe miterleben. Angespornt durch ihre eigenen Erfahrungen mit „Essen als Medizin" begleitet Hilary andere Menschen auf dem Weg zum Wohlbefinden. Mit ihrem Wissen als Köchin, Coach und professionelle Ausbildnerin unterstützt Hilary ihre Klienten, indem sie die Ernährungsphilosophien von „Paleo" und „Primal" mit den Erkenntnissen des *Ancestral Health Movement* und der Weston A. Price Foundation vereint. Hilary ist Leiterin einer Weston-A.-Price-Vereinsgruppe, betreibt zahlreiche Lebensmittelkooperativen, veranstaltet Kochkurse bei sich zuhause und war Wegbereiterin eines Restaurants in Concord/Massachusetts, das ausschließlich Produkte von regionalen Biobauern serviert. Sie lebt mit ihrer Familie in Marina Del Ray, Kalifornien.

Rich Hornor

Mary Giordano Brackett ist eine Befürworterin naturbelassener Lebensmittel und eine kreative Visionärin mit Lebensmittelpunkt in Boston. Nach Abschluss ihres Fotografiestudiums am Massachusetts College of Art and Design fotografierte sie auf unzähligen Hochzeiten und Veranstaltungen, bis sie ihre wahre Leidenschaft entdeckte: die Heilkraft natürlicher Lebensmittel. Sie hat es geschafft, ihre Liebe zur Fotografie mit ihrem großen Interesse an Ernährung zu vereinen. In ihren Illustrationen und Ablichtungen weist sie auf die Bedeutung einer bewussten Ernährung hin. Marys Arbeiten sind in zahlreichen Veröffentlichungen in Print- und Onlinemedien zu finden, und auch in vielen Cafés der Stadt wird man ihre Bilder entdecken. Zurzeit macht sie ihren Master Ernährungswissenschaften. Ihr Ziel ist es, Menschen dabei zu helfen, sich aus den Fängen der Nahrungsmittelindustrie zu befreien und ihren Anspruch auf ein glückliches, gesundes Leben geltend zu machen. Zuhause in Watertown/Massachusetts, kocht Mary täglich mit Begeisterung drei Gerichte für ihren Sohn und ihren Ehemann. Auf *www.mgbrackett.com* kann man sich ein Bild von ihrer Arbeit machen.

Über die Verfasserin des Vorwortes

Dr. Natasha Campbell-McBride ist Humanmedizinerin mit Facharztausbildung auf den Gebieten der Neurologie und Ernährungsmedizin. Sie hält großen Bekanntheitsgrad als Begründerin des GAPS-Prinzips, das sie in ihrem Buch *Gut and Psychology Syndrome*, nun in zweiter Auflage, beschreibt. Sie ist weltweit als Vortragende im Einsatz, wird in vielen Magazinen und medizinischen Fachpublikationen zitiert und hat über eintausend zertifizierte GAPS-Therapeuten in dreißig Ländern ausgebildet.

Aus unserem Programm

ISBN 978-3-7020-1289-2

ISBN 978-3-7020-1263-2

ISBN 978-3-7020-1398-1

ISBN 978-3-7020-1749-1

Noch mehr Auswahl finden Sie auf unserer Homepage:

Aus unserem Programm

ISBN 978-3-7020-1781-1

ISBN 978-3-7020-1484-1

ISBN 978-3-7020-2057-6

ISBN 978-3-7020-1651-7

www.stocker-verlag.com

Dr. Natasha Campbell-McBride
GAPS™
Gut and Psychology Syndrome
Wie Darm und Psyche sich beeinflussen
AUTISMUS
DYSPRAXIE
DYSLEXIE
ADS
ADHS
DEPRESSION
SCHIZOPHRENIE
Narayana-Verlag